N. T. Wright

Paulus für heute –
Der Galaterbrief und der 1. und 2. Thessalonicherbrief

Zusätzlich als E-PDF erhältlich:

N.T. Wright, Paulus für heute – Der Galaterbrief – Studienführer,
ISBN 978-3-7655-7319-4

N.T. Wright, Paulus für heute – Der erste und zweite Thessalonicherbrief,
ISBN 978-3-7655-7323-1

Die Studienführer machen dieses Buch zum idealen Material für Kleingruppen oder zum persönlichen Bibelstudium. Fragen zu jedem Bibelabschnitt helfen, sich die biblischen Texte zu erarbeiten und sie für unsere Welt heute lebendig werden zu lassen.

Titel der englischen Originalausgabe
Paul for Everyone – Galatians and Thessalonichans

Originalausgabe: Society for Promoting Christian Knowledge
36 Causton Street
London SW1P 4ST
www.spckpublishing.co.uk
Großbritannien

Aus dem Englischen von Rainer Behrens

Umschlaggestaltung: Ralf Simon, Jonathan Maul
Satz: DTP Brunnen
Herstellung: CPI – Ebner & Spiegel, Ulm
ISBN Buch 978-3-7655-0623-9

www.brunnen-verlag.de

Für

Chloe, Sam und David

Eine kleine Gabe von einem oft nicht präsenten Paten

Inhalt

Der östliche Mittelmeerraum im 1. Jh. n. Chr.

Schwarzes Meer
THRAZIEN
Via Egnatia
Byzanz
PONTUS
BITHYNIEN
Troas
GALATIEN
ASIEN
Chios
Ephesus
Antiochia
(in Pisidien)
LYKAONIEN
Milet
Ikonion
PISIDIEN
Lystra
Derbe
Knidos
Tarsus
Rhodos
Patara
Rhodos
Antiochia
(in Syrien)
Orontes
Salamis
Paphos
Zypern
Sidon
Damaskus
Tyrus
Ptolemais
Cäsarea
Joppe
Lydda
Jerusalem
Gaza
Alexandria
Totes
Meer
ÄGYPTEN
Nil

Vorwort zur deutschen Ausgabe

Mit der deutschen Ausgabe der Kommentarreihe von N.T. Wright zum gesamten Neuen Testament verbinden sich einige Hoffnungen.

Die erste Hoffnung ist eine schlichte, aber nicht unwichtige: dass Wrights Übersetzung und Auslegung vielen Menschen helfen möge, das Neue Testament besser zu verstehen. Der Kommentar bietet dazu geschichtliche Erläuterungen und Impulse für das Leben hier und heute – kurzweilig erzählt sowie mit Bildern und Geschichten aufgelockert.

Die zweite Hoffnung lautet, dass sich durch die Lektüre die Sicht dafür weiten möge, was das Neue Testament zu sagen hat. N.T. Wright ist ein Mann für die großen Linien und Zusammenhänge der gesamten Bibel. Also werden auch die alttestamentlichen Bezüge des Neuen Testaments gebührend beachtet. Wrights Kommentar zu lesen heißt, sich herausfordern zu lassen, die Bibel als gewaltiges, atemberaubendes Drama zu lesen. Dieses Drama umspannt die Geschichte Gottes mit der Welt von der Schöpfung bis zur Neuschöpfung des Kosmos. Jesus ist darin der Dreh- und Angelpunkt.

Die dritte und größte Hoffnung lautet, dass diese Kommentarreihe dazu dienen möge, dass viele Menschen die Stimme Gottes im Neuen Testament hören. Die Bibel kompetent zu lesen und zu verstehen ist das eine. Sich von dem Drama anstecken zu lassen und selber eine Rolle darin zu spielen, ist das andere. Erst wenn beides geschieht, wird der Gott, der hier präsentiert wird, wirklich ernst genommen.

Das Neue Testament präsentiert diesen Gott schließlich nicht als nette Idee oder Wunschvorstellung, die vielleicht tröstlich, aber nur eine schöne Illusion ist. Dieser Gott wird als die letzte umfassende Wirklichkeit und Jesus von Nazareth als reale geschichtliche Person und lebendiger Herr der Welt präsentiert. Darin steckt Sprengstoff, den es wieder neu zu entdecken und im Geist der Liebe auszuleben gilt.

Rainer Behrens, Herausgeber

Einleitung

Als jemand zum allerersten Mal den Menschen öffentlich von Jesus erzählte, machte er eines ganz klar: Diese Botschaft ist für alle Menschen, und sie ist aktuell, sie ist jeweils *für heute*.

Das war ein großer Tag – manchmal wird er der Geburtstag der Kirche genannt. Der stürmische Wind des Geistes Gottes hatte die Nachfolger Jesu durchgepustet und sie mit einer neuen Freude erfüllt, mit einem Gefühl für Gottes Gegenwart und Kraft. Petrus, ihr Anführer, hatte nur ein paar Wochen vorher wie ein kleines Kind geweint, weil er gelogen, geflucht und geleugnet hatte, Jesus überhaupt zu kennen. Nun war er selbst überrascht, dass er vor einer riesigen Menschenmenge stand und den Leuten erklärte, dass etwas geschehen war, das die Welt für immer verändert hatte. Was Gott für ihn, Petrus, getan hatte, begann er nun für die ganze Welt zu tun: Neues Leben, Vergebung, neue Hoffnung und Kraft blühten auf wie eine Frühlingsblume nach einem langen Winter. Ein neues Zeitalter hatte begonnen. Der lebendige Gott war nun dabei, neue Dinge in der Welt zu tun – und er fing damals an Ort und Stelle mit den einzelnen Menschen an, die Petrus zuhörten. „Diese Verheißung ist für *euch*", sagte er, „und für eure Kinder und für alle, die weit weg sind" (Apostelgeschichte 2,39). Die Botschaft ist nicht nur für die Person neben Ihnen. Die Botschaft ist für alle.

Innerhalb einer erstaunlich kurzen Zeit bewahrheitete sich dies in einem derartigen Ausmaß, dass sich die junge Bewegung in einem Großteil der damals bekannten Welt verbreitet hatte. Die Verheißung, dass die Botschaft für alle war, wurde unter anderem durch die Schriften der frühchristlichen Anführer vorangetrieben. Diese kurzen Werke – zumeist Briefe und Storys über Jesus – wurden weit verbreitet und begierig gelesen. Sie waren niemals für eine religiöse oder intellektuelle Elite gedacht. Von Anfang an richteten sie sich an alle Menschen.

Das gilt für heute genauso wie damals. Natürlich ist es wichtig, dass sich einige Leute sorgfältig mit der historischen Evidenz befassen, mit der Bedeutung der ursprünglichen Wörter (die frühen Christen schrieben auf Griechisch) und mit der exakten und zielgerichteten Stoßkraft dessen, was die Autoren über Gott, Jesus, die Welt und sich selbst sagten. Diese Kommentarreihe basiert ganz klar auf Arbeit dieser Art. Doch der Punkt, um den es letztlich geht, ist der: dass die Botschaft alle Menschen erreicht, besonders Menschen, die normalerweise kein Buch mit Fußnoten und griechischen Wörtern lesen würden. Für diese Menschen sind diese Bücher geschrieben worden. Deshalb gibt es am Ende jedes Bandes eine Liste mit Begriffen, mit den Schlüsselwörtern, ohne die man nicht auskommt. Die Bedeutung dieser Begriffe wird in einfachen Worten erklärt. Immer, wenn ein Wort **fett gedruckt** erscheint, können Sie in der Liste am Ende nachschlagen und sich erinnern, was der Begriff bedeutet.

Heute stehen uns natürlich zahlreiche Übersetzungen des Neuen Testaments zur Verfügung. Die Übersetzung, die ich hier liefere, ist auf dieselbe Leserschaft zugeschnitten: Leser, die den stärker formalen, manchmal gar schwerfälligen Ton von manchen Standardübersetzungen nicht unbedingt leicht verstehen. Ich habe natürlich versucht, mich so nah wie mir möglich an den Urtext zu halten. Doch meine Hauptabsicht war es, sicherzustellen, dass die Wörter nicht nur zu einigen Menschen sprechen können, sondern zu allen Menschen.

Die drei Briefe in diesem Band waren unter den ersten, vielleicht den allerersten, die Paulus an die jungen Gemeinden geschrieben hat. Das bedeutet, dass sie die allerersten Dokumente sind, die wir aus der Anfangszeit der entstehenden Gemeinde haben. Sie sind voller Leben, sprudeln vor Energie, Fragen, Problemen, Aufregung und Gefahr. Vor allem haben sie ein Gespür für die Gegenwart und Kraft des lebendigen Gottes, der die Welt durch Jesus verändert hat und der nun in einer neuen Weise durch seinen Geist am Werk ist. Hier nun also: Paulus für heute – Galater und Thessalonicher!

Tom Wright

Der Galaterbrief

Galater 1,1-9: Paulus macht sich Sorgen um die Galater

1 Paulus, ein Apostel … (mein Amt als Apostel geht nicht auf menschliche Quellen zurück! Auch kam es nicht durch Menschen zu mir; es kam durch den Messias Jesus und durch Gott, den Vater, der ihn von den Toten auferweckt hat) … 2 und die Familie, die bei mir ist; an die Kirchen von Galatien. 3 Gnade sei mit euch und Friede von Gott, unserem Vater, und dem Messias Jesus, unserem Herrn, 4 der sich selbst für unsere Sünden hingegeben hat, um uns aus dem gegenwärtigen bösen Zeitalter zu retten, wie es dem Willen Gottes, unseres Vaters, entspricht, 5 dem die Ehre gebührt durch alle Zeitalter hindurch. Amen.

6 Ich wundere mich darüber, dass ihr euch so rasch von dem, der euch durch Gnade berufen hat, abwendet, und einem anderen Evangelium nachjagt – 7 nicht, dass es ein anderes Evangelium gäbe; es ist nur so, dass ein paar Leute euch verwirren und das Evangelium des Messias pervertieren wollen. 8 Aber sogar, falls wir selbst – oder ein Engel vom Himmel! – ein anderes Evangelium verkündigten, als wir euch verkündigt haben, so eine Person soll verflucht sein. 9 Ich habe es bereits gesagt, und ich sage es jetzt nochmals: Wenn irgendjemand ein anderes Evangelium verbreitet als das, welches ihr empfangen habt, soll diese Person verflucht sein.

Stellen Sie sich vor, Sie seien im Südafrika der 1970er-Jahre. Die Apartheid ist auf ihrem Höhepunkt. Sie haben ein riskantes Projekt zu bewältigen: Sie sollen eine Begegnungsstätte bauen, in der alle gleichermaßen willkommen sind, unabhängig von ihrer Hautfarbe oder

Herkunft. Sie haben den Bauplan entworfen; Sie haben das Fundament so gelegt, dass nur ein dementsprechender Bau gebaut werden kann. Zumindest meinen Sie das.

Sie werden dringend in einen anderen Teil des Landes gerufen. Wenig später erhalten Sie einen Brief. Eine neue Gruppe von Bauarbeitern baut auf Ihrem Fundament weiter. Sie hat den Bauplan geändert und will zwei Gruppenräume mit getrennten Eingängen bauen, einen ausschließlich für Weiße und einen ausschließlich für Schwarze. Einige der Einheimischen sind überaus erleichtert. Sie hatten immer befürchtet, dass es Ärger gebe, wenn alle in einem Gebäude zusammentreffen würden. Andere wiederum fragten die Bauleute, warum der ursprüngliche Bauplan nicht beibehalten wurde. Oh, antworteten die Bauarbeiter leichthin, der Typ, der das Fundament gelegt habe, der habe einige komische Ideen gehabt. Eigentlich habe er gar keine Erlaubnis gehabt, das Zentrum so zu entwerfen. Er habe sich ein bisschen verrannt. Sie seien von den wirklichen Autoritäten geschickt worden. So, wie sie das Gemeinschaftszentrum nun planten, so solle es werden.

Stellen Sie sich jetzt vor, Sie befänden sich mitten im Süden der Türkei zur Zeit der Herrschaft des römischen Kaisers Claudius. Die Mehrheit in der Stadt verehrt die eine oder andere der lokalen Gottheiten, von denen mehrere die Loyalität bestimmter ethnischer Gruppen fordern. Einige haben angefangen, den Kaiser anzubeten und mit ihm die Macht Roms. Es gibt auch eine bedeutende jüdische Minderheit, die ihre eigene Synagoge hat. Diese Juden werden nicht nur vom gängigen heidnischen Götzendienst und Frevel bedroht, sondern auch durch die wachsende Macht des Kaiserkults. Und in diese Stadt ist ein komischer kleiner Jude namens Paulus gekommen …

Bauen, so sagt Paulus häufig, sei sein Projekt; er baue jedoch mit Menschen, nicht mit Ziegeln und Mörtel. Er lege Fundamente für diesen Bau, indem er Menschen eine Nachricht erzähle, die so gut sei, dass sie geradezu schockiert. Nach Aussage von Paulus gibt es einen Gott, den Schöpfer der Welt (eine für Juden ganz übliche Annahme), und dieser Gott habe nun seinen lang ersehnten Plan für die Welt enthüllt. Die Enthüllung geschah durch einen Juden namens Jesus; Paulus sagt, dieser Jesus sei der jüdische **Messias**, eine Art König, der alle Könige wie Auslaufmodelle aussehen lässt (das klingt nach einem Angriff auf Kaiser Claudius). Jesus wurde von den Römern hingerichtet; das machten sie häufig genug mit den Königen anderer Völker. Paulus sagt jedoch, dass der wahre Gott Jesus von den Toten auferweckt hat.

Das ist der Anfang der **Guten Nachricht**, doch damit nicht genug. Nach Aussage von Paulus bedeuten Tod und **Auferstehung** von Jesus, dass dieser Gott jetzt eine neue Familie gründet, eine einzige Familie, eine Familie ohne Spaltungen, ohne getrennte ethnische Gruppen, ohne den Unsinn, dass Juden und **Heiden** keine Tischgemeinschaft miteinander haben dürften. Juden glaubten, dass der kommende Messias der Herr der ganzen Welt sein würde; darum, so argumentiert Paulus, könne er zwangsläufig nur eine Familie haben. Und obwohl diese Familie die Erfüllung dessen sei, was Gott den Juden versprochen habe, sei das Bemerkenswerte daran, dass man wegen Jesus kein Jude sein müsse, um ihr anzugehören. Der Gott Israels wolle nun von der ganzen Welt als „Vater" erkannt werden. Mit dieser guten Nachricht hat Paulus also das Fundament eines aus Menschen bestehenden Gebäudes mitten im Süden der Türkei gelegt. Dann ist er weitergezogen.

Und dann hört er die schlechten Nachrichten. Andere Bauleute sind dazugestoßen, die sich ebenfalls an die Menschen wenden. „Oh", haben sie gesagt, „Paulus hat nicht wirklich gewusst, was er tat. Man kann von solchen Ideen sehr verwirrt werden und in Schwierigkeiten kommen. Auf alle Fälle hat Paulus diese komischen Ideen nur daher, dass er Dinge, die andere Leute ihm gesagt haben, durcheinandergebracht hat. Wir haben Anweisungen von den wirklichen Autoritäten. Dieses Gebäude aus Menschen muss zwei Bereiche haben. Ja, wir glauben alle, dass Jesus der Messias ist; aber wir können Judenchristen und Heidenchristen nicht so leben lassen, als würden sie zu derselben Familie gehören. Wenn die Heidenchristen zu dem wirklichen inneren Kreis gehören wollten, zu der Familie, die Gott Abraham versprochen hat, dann müssen sie Juden werden. Die Männer müssen **beschnitten** werden. Alle müssen das **Gesetz** halten, müssen die Dinge tun, die Juden und Heiden feinsäuberlich voneinander trennen." – Das sei die wirklich **Gute Nachricht**, sagten sie: „Du bist in der Familie Gottes willkommen, wenn du dem Gesetz des Mose folgst."

Denken Sie an dieses Szenario und Sie werden verstehen, warum Paulus sich so anhört, als wolle er in diesem Anfangsabschnitt seines Briefs an die Galater mehrere Dinge auf einmal sagen, die alle ziemlich krass sind. Die wichtigsten Punkte, über die er spricht, sind sein *Apostelamt* und das ***Evangelium***. Wenn Sie diese beiden Themen begreifen, wird der restliche Brief anfangen, Sinn zu ergeben.

Paulus' Gegner in Galatien – wenn Sie so wollen, die konkurrierenden Bauleute – hatten die Galater davon überzeugt, dass Paulus nur ein **Apostel** aus zweiter Hand sei. Das Wort „Apostel" bedeutet „einer, der gesandt wurde". In der frühen Christenheit wurde das zu einem feststehenden Begriff für die ursprünglichen Jünger, die Jesus nach seiner Auferstehung ausgesandt hatte. Die Gegner vertraten die Ansicht, dass Paulus sein Apostelamt und die **Botschaft**, die er verkündigte, von anderen frühen Christen erhalten habe, nicht von Jesus selber. Im Gegensatz dazu hätten sie selber ihre Botschaft (so behaupteten sie) aus Jerusalem erhalten, von den „ursprünglichen" Aposteln wie Petrus und dem Herrenbruder Jakobus.

Paulus antwortet, dass das nicht stimme. Sein Apostelamt, sein Auftrag, diese neue Familie zu gründen, käme von Gott selbst und von Jesus, dem Messias. Paulus' Vision von Jesus auf dem Weg nach Damaskus ist für ihn und für seine Arbeit absolut zentral.

Dasselbe gilt für „das Evangelium": Für Paulus ist es kein neues System der Erlösung oder eine neue Art, religiös zu sein. Es ist die Ansage, dass Jesus, der gekreuzigte Messias, zum Herrn der ganzen Welt erhöht worden ist; deswegen rufe er eine einzige weltweite Familie ins Leben. Das sei das wahre Evangelium, sagt Paulus – „Nehmt euch vor Verfälschungen in Acht! Mehr noch, meidet sie! Sie sind ein Fluch, kein Segen."

Paulus' Ziel als Apostel war, durch die Verkündigung dieses Evangeliums eine einzige Familie zu bilden, die ganz auf Jesus gegründet ist. Das hat er teilweise erreicht und teilweise nicht. Die Herausforderung, die dieses Ziel darstellt, ist in unserer Zeit genauso groß wie zu allen Zeiten. In der Welt bestehen ethnische Konkurrenz und Feindschaft unvermindert weiter fort. Ist es nicht an der Zeit für die Kirche, das apostolische Evangelium wiederzuentdecken und ihm gemäß zu leben?

Galater 1,10-17: Paulus' Bekehrung und Berufung

10 Also ... klingt das, als ob ich auf Anerkennung von Menschen aus
wäre – oder von Gott? Als ob ich Gunst bei Menschen suchen würde?
Wenn ich immer noch darauf aus wäre, Menschen zu gefallen, wäre
ich kein Sklave des Messias.

11 Schaut, Brüder und Schwestern, ich will, dass euch dies ganz klar
ist: Das Evangelium, das ich verkündige, ist keine bloß menschliche
Erfindung. 12 Ich habe es nicht von Menschen empfangen und bin von
niemandem darin gelehrt worden; es kam durch Offenbarung vom
Messias Jesus zu mir.

13 Ihr habt ja sicher davon gehört, wie ich mich verhalten habe, als
ich mich noch innerhalb des „Judentums" bewegte. Ich verfolgte die
Kirche Gottes mit Gewalt und verwüstete sie. 14 Im Judentum übertraf
ich viele meiner jüdischen Altersgenossen; ich befolgte die Traditionen
der Vorfahren mit besonderem Eifer. 15 Als es aber Gott, der mich von
Mutterleib an ausgesondert und mich in seiner Gnade berufen hat, ge-
fiel, 16 mir seinen Sohn zu offenbaren, damit ich die Gute Nachricht
über ihn allen Nationen verkündige, beriet ich mich nicht unmittelbar
danach mit Fleisch und Blut. 17 Ich zog auch nicht nach Jerusalem, wo
sich alle aufhielten, die schon vor mir Apostel gewesen waren. Nein,
ich ging fort nach Arabien und kehrte später nach Damaskus zurück.

John Henry Newman war eine der großen Gestalten im England des 19. Jahrhunderts. Er war ein brillanter Denker und Autor, ein fesselnder Prediger mit einer höchst sensiblen Seele. Er verließ die anglikanische Kirche und wurde 1845 römisch-katholisch. Nach einer langen Laufbahn, während der sich zumindest seine Freunde fragten, was aus der früheren Brillanz geworden war, wurde er zum Kardinal ernannt.

Viele englische Protestanten konnten Newman nie vergeben; für sie war er ein Verräter. Insbesondere der Geistliche und Romanautor Charles Kingsley beschuldigte Newman, er sei (nach heutiger Terminologie) doppelzüngig, er würde es mit der Wahrheit nicht so genau nehmen. Newman, über Gebühr provoziert, schrieb als Antwort darauf einen der Klassiker jenes Jahrhunderts, seine *Apologia pro Vita Sua* (1864). Er ging an den Anfang zurück und erzählte seine eigene Geschichte bis zu seiner Hinwendung nach Rom und darüber hinaus. Die Tiefe und Transparenz der Geschichte hatte ein hohes Eigengewicht. Selbst diejenigen, die mit den Positionen, die Newman übernahm, nicht übereinstimmten, konnten kaum bezweifeln, dass Newman diese Überzeugungen ehrlich und mit einer Leidenschaft für die Wahrheit gewonnen hatte – dass er also die Wahrheit nicht verachtete.

Paulus war in gewissem Sinne in einer ähnlichen Lage. Seine Gegner verbreiteten, er habe das **Evangelium** so zugeschnitten, dass er anderen Menschen damit einen Gefallen tue. Vermutlich dachten sie: Die Tatsache, dass Paulus neu bekehrte **Heiden** nicht **beschneiden** ließ, sei nur ein Trick, um Menschen einen Gefallen zu tun und ihnen das Evangelium billig verkaufen zu können. Die meisten von uns wollen gemocht werden; um das zu erreichen, sind viele Menschen bereit, das zu sagen, was die Leute ihrer Meinung nach hören wollen.

Die ersten neun Verse des Briefs machen ziemlich klar, dass Paulus nicht auf diese Weise vorging. Vers 10 impliziert in der Tat, dass die ersten Verse dazu gedacht waren, genau diesen Eindruck zu vermitteln. Sie waren anscheinend absichtlich geschrieben worden, damit Paulus danach tief Luft holen und mit einem ironischen Lächeln sagen konnte: „Ihr dachtet also, es würde mir um menschliche Anerkennung gehen, was?“ Wie Demetrius in Shakespeares *Ein Mitsommernachtstraum* sagt Paulus zu sich selbst: „Gut gebrüllt, Löwe!“ Jetzt kann er in einer etwas sanfteren Tonlage fortfahren: „Nachdem ich nun derartig krasse Dinge geschrieben habe, sollte wohl unmissverständlich klar sein, dass ich nicht menschliche Anerkennung suche, oder? Anerkennung suchen ist nicht meine Sache. Ich bin der Sklave des **Messias**; nur das zählt.“

Er macht sich dann daran zu erzählen, wie er das Evangelium empfangen hat und was es mit ihm gemacht hatte, als es ihn erreichte. So wie Newman seine Geschichte erzählt, um seine Kritiker zum Schweigen zu bringen, erklärt Paulus, wo er herkam, wie er mit der Offenbarung des auferstandenen Jesus konfrontiert worden war und welche direkten Auswirkungen all das gehabt hatte.

Paulus war mit eindeutigen Vorbildern aufgewachsen. Lange vor der Zeit von Fußballstars und Rockmusikern wurden die Köpfe jüdischer Jungen, wie Paulus einer war, mit Geschichten von den jüdischen Helden aus alter Zeit gefüttert, Geschichten von Propheten und Märtyrern, die für ihren Gott und sein **Gesetz** furchtlos gelebt hatten und ebenso gestorben waren. Paulus beschreibt sich selbst als einen derjenigen, die am leidenschaftlichsten nach den Traditionen der Vorfahren lebten und die ausführlich darüber debattierten, wie genau das Gesetz des Mose im alltäglichen Leben anzuwenden sei – und die es auch entsprechend anwandten. Mit anderen Worten: Er war ein **Pharisäer**, und ein strenger noch dazu. Wir wissen, welchen Vorbildern so jemand nacheiferte – ganz vorne stand der Prophet Elia.

Elia war ein Mann des Feuers. Er rief Feuer auf Soldaten herab, die geschickt worden waren, um ihn zu verhaften. Er rief Feuer auf die Propheten des Baal herab. Er wurde von all denen gefürchtet, die es mit dem Gehorsam gegenüber dem einen Gott Israels nicht mehr so genau nahmen und stattdessen Götzen anbeteten. Für einen jungen Pharisäer wie Saulus aus Tarsus genau der Mann, dem man nacheifern musste. Und das tat er. Er verwüstete die Kirche, genauso wie es (leider) einige noch heute versuchen, nicht zuletzt in Teilen Afrikas und Asiens. Er verstand sich selbst anscheinend als ein moderner Elia, der Israel von dem schrecklichen Unsinn über Jesus von Nazareth reinigte. Weil Jesus gekreuzigt worden war, konnte er einfach nicht der Messias sein. Und weil der Messias nicht göttlich sein würde, durfte er schon gar nicht angebetet werden.

Doch dann – und hier wechselt Paulus in eine Sprache, mit der er sich selbst als einen alttestamentlichen Propheten präsentiert – wurde Paulus in seinem Ansinnen aufgehalten, ähnlich wie Elia. Entmutigt und depressiv war Elia zum Berg Sinai gegangen, um Gott ganz neu zu begegnen, um etwas von der sanften Stimme zu erfahren, nicht nur von Erdbeben, Wind und Feuer. Saulus von Tarsus ging auch fort, wahrscheinlich zum Sinai (er sagt „Arabien", die Bezeichnung für das Gebiet, wo der Sinai war), um dort höchstwahrscheinlich ähnlich einsam mit dem Gott zu ringen, den er anbetete. Zu Saulus' Schrecken und Erstaunen hatte dieser Gott jetzt seinen Sohn offenbart, und er hatte das getan, damit er, Saulus, ein ultra-orthodoxer Jude, den heidnischen Nationen verkündigen sollte, dass Israels Gott sie genauso liebte, wie er Israel liebte.

Woher hatte Paulus diesen Sinn für Ironie? Vielleicht von Gott selber?

Wir sind alle unterschiedlich, und die alten Puritaner sagten, dass Gott nicht jedes Herz auf dieselbe Weise bricht. Es gehört jedoch zum christlichen Leben zentral dazu, dass wir alle von Zeit zu Zeit alleine mit Gott und seinem Willen ringen müssen. Es ist auch notwendig, dass christliche Leiter ihre eigene Geschichte in Wahrhaftigkeit so erzählen, dass sie auch gehört wird. Im Fall von Paulus war seine Geschichte eng damit verbunden, dass Gott Jesus als den wahren Messias enthüllt hatte, den gekreuzigten und auferstandenen Herrn der Welt. Sein Leben, seine Berufung, seine gesamte Identität trug den Stempel der **Botschaft** des Evangeliums. Er war ein echter **Apostel**.

Galater 1,18-24: Paulus' erster Besuch bei Petrus

18 *Dann, drei Jahre später, ging ich nach Jerusalem, um mit Kephas*
zu sprechen. Zwei Wochen blieb ich bei ihm. 19 *Ich traf keine ande-*
ren Apostel, nur Jakobus, den Bruder des Herrn 20 *(was ich euch hier*
schreibe – in der Gegenwart Gottes, ich lüge nicht!). 21 *Dann zog ich*
in die Gegenden von Syrien und Zilizien. 22 *Die messianischen Ver-*
sammlungen in Judäa traf ich nicht von Angesicht. 23 *Sie hörten le-*
diglich, dass derjenige, der sie vorher verfolgt hatte, jetzt die Gute
Nachricht von dem Glauben verkündigt, den er früher zu zerstören
versucht hatte. 24 *Und sie verherrlichten Gott wegen mir.*

Vor ein paar Jahren konnte man in England eine seltsame Werbung auf riesigen Plakatwänden sehen. Ohne weitere Erklärung stand nichts weiter darauf als: „IT IS. ARE YOU? („ES IST. BIST DU?") Das sollte natürlich eine irritierende Aufmerksamkeit erregen. Als dann einige Wochen später die Antwort offenbart wurde, hatte jeder schon darüber nachgedacht. Es ging um eine brandneue Zeitung namens *Independent*. Die Aktion wurde damals als billiger Werbegag empfunden, doch sie muss ganz offensichtlich funktioniert haben, denn ich erinnere mich noch nach mehreren Jahren daran und die Zeitung wird weiterhin gut verkauft. Erstaunlicherweise ist sie zur vierten Zeitung neben den „Großen Drei" geworden, *The Times*, *Telegraph* und *Guardian*. Ob sie jemals tatsächlich unabhängig von den verschiedenen Parteien und Lobbygruppen des britischen öffentlichen Lebens war oder es heute ist, kann ich nicht beurteilen. Doch die Idee von einer neuen Stimme in der öffentlichen Arena hatte etwas Magisches, etwas Frisches – eine Stimme, die nicht einfach sagen würde, was ihr andere Leute, nämlich dieselben alten Mächtigen, diktierten. Wir dürfen vermuten, dass die anderen drei Zeitungen die neue zumindest als eine Bedrohung ansahen. Wessen Leser würde sie abwerben?

Wir könnten das, was Paulus in diesem Abschnitt sagt, mit dem Slogan zusammenfassen: „ICH BIN. BIST DU?" Die Unruhestifter in

Galatien hatten verbreitet, Paulus sei einfach ein Bauer im Schachspiel der judäischen Christen, besonders der **Apostel**. Sie hatten nahegelegt, er sei bloß ein Juniorpartner des christlichen Teams herumwandernder Prediger. Noch dazu sei er nicht einmal ein besonders verlässlicher Prediger! Er habe die Botschaft verdreht, die er von den „höhergestellten" Aposteln erhalten hatte; er habe sie verzerrt, damit Nicht-Juden sie leichter akzeptieren konnten. „Hört also besser auf uns!", sagten die Unruhestifter. „Wir wissen, was die Apostel aus Judäa denken, also die Höhergestellten, die Leute, die Jesus persönlich gekannt hatten. Das könnt ihr uns glauben."

Paulus antwortet mit einer detaillierten Beschreibung seines ersten Besuchs in Jerusalem nach seiner Bekehrung. Der Punkt der ganzen Story besteht in einer Deklaration aus nur einem einzigen Wort: INDEPENDENT – UNABHÄNGIG. Er war nicht nach Jerusalem gegangen, um zu Füßen von Petrus, Jakobus und Johannes zu sitzen, den großen Drei der judäischen Apostel. Er wurde nicht unter ihrer Führung ausgebildet, arbeitete nicht an ihrer Seite in den kleinen Gemeinden. Er sprach mit Petrus (er verwendet hier seinen aramäischen Namen Kephas, was wie das griechische Wort „Petrus" „Fels" bedeutet) und blieb sogar zwei Wochen bei ihm. Er traf den Herrenbruder Jakobus. Aus anderen Quellen wissen wir, dass dieser im damaligen Stadium dabei war, der zentrale Leiter der ganzen christlichen Bewegung zu werden, obwohl er zu Jesu Lebzeiten nicht an ihn geglaubt hatte. Diese beiden Kontakte waren aber auch schon alles. Paulus war nicht der **Jünger** von Petrus und Jakobus. Sie hatten ihn nicht beauftragt, ein untergeordneter Apostel unter ihrer Leitung zu sein. Er war … unabhängig.

Jetzt wird klar, was all dies für die Christen in Galatien im Kern bedeutete – die ja die **Gute Nachricht** über Jesus erstmals von Paulus gehört hatten. „PAULUS IST ES. SIND SIE ES?" – Sind sie unabhängig von den Aposteln aus Judäa? Sind sie sogar von Paulus unabhängig?

Paulus bewegt sich hier natürlich auf einem schmalen Grat. Er glaubt, dass er mit seiner Verkündigung des **Evangeliums**, die eine einzige Familie aus Juden und **Heiden** ins Leben ruft, die im **Messias** zusammengehören, loyal zu Jesus steht. Insofern will er, dass sie auch ihm gegenüber loyal sind. Doch wenn es hart auf hart kommt, müssen sie das Evangelium sogar ihm vorziehen (wie er schon in 1,8 sagte).

Konkurrierende Zeitungen vertreten manchmal unterschiedliche Meinungen, nur um sich voneinander abzugrenzen. Im Unterschied dazu geht es Paulus nicht darum, hervorzuheben, dass er und die Jerusalemer Apostel zwei unterschiedliche Botschaften verkündigen. Die Einheit der Kirche ist ihm äußerst wichtig; ironischerweise kann er in Galatien nur dann für diese Einheit wirken, wenn er seine Unabhängigkeit bekräftigt. Im weiteren Verlauf des Briefs wird er zeigen, dass die Unruhestifter, die nach Galatien gekommen sind und die Autorität von Jerusalem beanspruchen, selber diejenigen sind, die die Dinge durcheinanderbringen. Er, Paulus, predige als unabhängiger Apostel tatsächlich dieselbe grundlegende Botschaft, nach der auch die Kirchen in Judäa lebten.

Der Schluss des Abschnitts ist im Hinblick auf diesen Punkt sehr aufschlussreich. Die kleinen messianischen Versammlungen in Judäa – die auf dem Weg waren, das zu werden, was wir Gemeinden oder Kirchen nennen würden, die damals aber einfach Synagogen waren, deren Mitglieder alle Christen geworden waren – hatten Paulus nie getroffen. Doch als er seine Missionstätigkeit in Syrien und Zilizien aufgenommen hatte, weit weg, nördlich von Paulus' Geburtsort, hatten sie über ihn nicht gehört: „Da ist so ein erbärmlicher Kerl, der eine verwässerte, verfälschte Fassung des Evangeliums predigt." Stattdessen hatten sie vernommen: „Der Mann, von dem wir als dem großen Verfolger gehört hatten, predigt den **Glauben**, den er einst zu zerstören versuchte." Ein unabhängiger Apostel, aber einer mit derselben Botschaft. Das ist der Punkt. Also „verherrlichten sie Gott wegen mir" oder wörtlich „in mir". Sie beschwerten sich nicht bei Gott über diesen Mann, dass er die **Gute Nachricht** pervertiere. „Sie sahen, dass Gott in mir am Werk war, der Gott, den sie im Messias Jesus und durch den **Geist** kannten und liebten; und sie lobten Gott für dieses Werk."

Seitdem sind Jahrhunderte vergangen. Die Frage der Unabhängigkeit der Kirchen, ihrer Lehrer und ihres Evangeliums bei gleichzeitiger gegenseitiger Annäherung ist heute so wichtig wie eh und je. Tragischerweise gibt es immer noch „Grabenkämpfe" zwischen Kirchen, in denen sich nur zu deutlich die ethnischen oder kulturellen Spannungen der Welten, in denen sie leben, widerspiegeln; man denke an den Balkan oder Nordirland. Es gibt immer noch Leute, die zu behaupten versuchen, sie oder ihr System besitze höchste Autorität und jeder, der Unabhängigkeit behaupte, solle wieder auf Linie kommen. Und dann kommt noch die Ironie dazu, dass oft gerade die Kirchen, die ihre Unabhängigkeit am lautesten stolz verkünden, sehr schnell selber wieder neue und strenge Autoritätsstrukturen aufbauen.

Ein Trost, wenn auch nur ein schwacher, ist das Wissen, dass es diese Probleme in der Christenheit schon von Anfang an gab. Noch wichtiger ist allerdings, das Problem nicht nur zu erkennen, sondern zu wissen, wie man ihm begegnet. Wenn wir dazu Paulus als unseren Lotsen nehmen, scheint die erste Grundregel zu lauten: Erzählt die Story in aller Deutlichkeit. Blendet den Hintergrund nicht aus, dem das Problem entsprang. Lernt, sowohl die Unabhängigkeit zu schätzen, die aus einer frischen Sicht von Jesus wächst, als auch die gegenseitige Annäherung zwischen verschiedenen Arten der Predigt des Evangeliums. Richtet euren Blick jedoch weiterhin auf das Hauptthema, und das muss immer Gottes Herrlichkeit sein.

Dies sind nur Grundregeln, noch keine detaillierten Richtlinien. Doch sie waren im ersten Jahrhundert wichtig und sind es auch heute noch.

Galater 2,1-5: Standhaft gegen Widerstand

1 Danach, vierzehn Jahre später, ging ich wieder nach Jerusalem. Bar-
nabas und Titus nahm ich mit mir. 2 Ich ging aufgrund einer Offenba-
rung dorthin. Ich legte ihnen das Evangelium vor, das ich unter den
Heiden verkündige (dies geschah im vertrauten Kreis, in der Gegen-
wart der Schlüsselpersonen), für den Fall, dass ich in irgendeinem Be-
reich nicht gut laufe oder gelaufen wäre. 3 Aber sogar der Grieche, Ti-
tus, der mich begleitete, wurde nicht zur Beschneidung gezwungen …
4 aber wegen einiger falscher Familienmitglieder, die heimlich einge-
schleust worden waren, die sich von der Seite her eingeschlichen ha-
ben, um die Freiheit auszuspionieren, die wir im Messias Jesus haben,
um uns in die Sklaverei zu führen; 5 ich habe ihnen keine Autorität zu-
erkannt, keinen Augenblick lang, damit die Wahrheit des Evangeliums
für euch bestehen bleibt.

Der Anthropologe Nigel Barley schrieb zwei berühmte (und oft sehr lustige) Bücher: *Traumatische Tropen: Notizen aus meiner Lehmhütte* und *Die Raupenplage: Von einem, der auszog, Ethnologie zu betreiben*. Die Bücher handeln vom Dowayo-Stamm, bei dem er eine Weile in einem entlegenen Teil der Afrikanischen Republik Tschad lebte. Er lernte ihre Sprache, mit den ganzen subtilen Unterschieden in der Stimmlage, die eine absolut höfliche Bemerkung in eine ganz unanständige verwandeln können. Er untersuchte ihre Bräuche und versuchte, deren Sinn zu verstehen: ihr Säen und Ernten von Getreide, ihre Rituale zur Beschwörung des Regens, ihre Eheregelungen, ihren Respekt gegenüber ihren Ahnen und oft ihre Angst vor ihnen. Schritt für Schritt wurde ihm klar, dass diejenige Zeremonie im Zentrum der Kultur, die mehr oder weniger allem anderen Sinn verlieh, das Ritual der **Beschneidung** der männlichen Nachkommen war.

Er wurde niemals Zeuge dieser Zeremonie. Sie wurde als ein Geheimnis abgeschirmt. Er konnte nie genau herausfinden, wann sie stattfand; sie fiel nie in die Zeit einer seiner Besuche. Doch die Frage, welche Jungen beschnitten waren und welche noch nicht (das Ritual wurde in der Zeit der Pubertät vollzogen) und wer zusammen mit wem beschnitten worden war, lag in vielen Diskussionen nur ganz knapp unter der Oberfläche, auch wenn die Diskussion sich anscheinend um ein Thema drehte, das mit dem Ritual kaum etwas zu tun hatte. Beschneidung war ein entscheidendes Identitätsmerkmal der Männer des Stammes.

Sozialpsychologen haben so ihre Theorien, warum Beschneidung in bestimmten Kulturen so eine große Rolle spielt. Das Ritual scheint zwei Dinge hervorzuheben: die Bedeutung der reproduktiven Funktion und die Tatsache, dass sexuelle Begierde eine Kraft ist, die irgendwie kontrolliert werden muss (wenn man auch aufgrund von Barleys Berichten über das Leben der Dowayo sagen muss, dass dieser Aspekt dort deutlich mehr symbolisch als tatsächlich ist). Die Ursprünge der Beschneidung verlieren sich im Nebel der Vorzeit, obwohl die Bibel von einem Ereignis spricht, bei dem Gott Abraham befahl, er und seine Familie sollten beschnitten werden, und zwar als Zeichen des **Bund**es, den Gott mit Abraham und seiner Familie geschlossen hatte (1. Mose 17). Die Juden waren bei Weitem nicht das einzige Volk in der altorientalischen Welt mit diesem Brauch, und auch heute noch stehen sie damit ja nicht alleine da.

Ein Großteil des Galaterbriefs dreht sich um die Tatsache, dass Beschneidung in den Gemeinden, in denen **Heiden** Mitglieder geworden waren, fast schon wie eine Obsession *das* zentrale Problem war – was auch Gemeinden umfasste, die Paulus selber gegründet hatte. Es ging dabei komplett um die Frage der Identität, um das Wissen, wer man selbst war und wer sonst noch zu seiner Gruppe gehörte, zu seinem Stamm, seiner ethnischen Familie. In der ganz frühen Kirche spielte das keine Rolle, weil alle ersten Christen Juden waren; also waren alle Männer sowieso schon beschnitten. Doch sobald Nicht-Juden die **Gute Nachricht** von Jesus hörten, an sie glaubten und getauft wurden, kam die Frage nach den Identitätsmerkmalen auf, und zwar ziemlich heftig.

Wir werden sehen, dass sich das Problem in gewissem Sinne um das jüdische **Gesetz** drehte. Juden mussten das mosaische Gesetz einhalten; galt also dasselbe auch für Christen, die an den jüdischen **Messias** glaubten? Ja und nein, sagt Paulus. Das jüdische Gesetz definiert die Juden als eine Familie im Gegenüber zu allen anderen ethnischen Gruppen, und wenn Menschen aus jenen Gruppen Christen werden, dann tun sie das zu denselben Bedingungen. Das wird Paulus im Rest des Briefs in einer ausführlichen Argumentation aus verschiedenen Blickwinkeln darlegen.

Doch das Problem fokussierte sich aus einem ganz bestimmten Grund auf die Beschneidung. Es war oft schwer zu sagen, wer das mosaische Gesetz einhielt und wer nicht. Man konnte sich nicht sicher sein, ob jemand ausschließlich koscheres Essen aß; man konnte nicht genau feststellen, wie jemand den **Sabbat** einhielt. Und es gab sowieso seit Langem schon Streit darüber, was genau in diesen Bereichen als gesetzestreu galt und was nicht. Bei der Beschneidung wusste man jedoch, woran man war. Ein Mann war entweder beschnitten oder nicht. Ein Mann konnte ebenso wenig teilweise beschnitten sein wie eine Frau teilweise schwanger. Es war ein todsicherer Test.

Aus diesem Grunde ringt Paulus mit der Frage der Beschneidung von Titus, als er das zweite Mal nach seiner Bekehrung Jerusalem besucht. Er schreibt über dieses Erlebnis abgehackt und schwer verständlich – was vielleicht Paulus' Verärgerung und Frustration angesichts der Vorwürfe gegen ihn widerspiegelt.

Folgendes scheint passiert zu sein: Die Unruhestifter in Galatien, die ihr Bestes gaben, das Apostelamt von Paulus und die Vollständigkeit des von ihm gepredigten **Evangeliums** in Zweifel zu ziehen, hatten den Christen in Galatien erzählt, Paulus wolle letztlich doch, dass alle nicht-jüdischen Christen beschnitten würden. Das sei ein Teil der **Botschaft** gewesen (so mochten sie gesagt haben), den er ihnen in Galatien verschwiegen hatte – entweder, weil er dazu keine Zeit hatte, oder weil er sich nicht sicher war, ob die Beschneidung sie abschrecken würde. Jedenfalls, so sagten sie, habe Paulus Titus bei seinem Besuch in Jerusalem beschnitten, damit Titus in den Genuss der wahren Gemeinschaft mit den dortigen **Aposteln** kommen konnte.

Dieser Vorwurf trieb Paulus zu der Erklärung, was tatsächlich passiert war und was nicht. Unglücklicherweise sind die Verse 3-5 nicht so klar, wie wir uns das wünschen würden, und einige Leute sind immer noch der Auffassung, Paulus habe Titus tatsächlich beschnitten, obwohl er das nicht zugeben will. (Laut Apostelgeschichte 16,3 hatte er das immerhin mit Timotheus gemacht, damit dieser ihn begleiten konnte, wenn er in den Synagogen predigte.) Ich denke, es ist wahrscheinlicher, dass Titus nicht beschnitten wurde und dass Paulus schlicht und einfach beschämt und verärgert war, dass dieses Thema überhaupt aufgekommen war.

Der Abschnitt bestätigt dann drei Dinge im Hinblick auf Paulus' zweiten Besuch in Jerusalem nach seiner Bekehrung:

Erstens: Er ging nicht dorthin, um das Evangelium kennenzulernen; er kannte es bereits. Er ging, weil Gott ihm gesagt hatte, dass er gehen solle, vielleicht durch eine prophetische „Offenbarung" (siehe Apostelgeschichte 11,27-30).

Zweitens: Er erklärte den Jerusalemer Aposteln, was er in der Welt der Heiden predigte – nicht, um etwas Neues zu lernen, sondern um seine Einheit mit der Jerusalemer Gemeinde, dem Kernland des christlichen **Glaubens**, zu wahren.

Drittens: Es waren Leute in Galatien gewesen, die er „falsche Familienmitglieder" nennt, eine Wendung, die vielleicht eine verächtliche Umkehrung dessen war, was diese Leute über Titus gesagt hatten. Sie waren, so sagt er, eingeschmuggelt worden, um diesen Teil der Bewegung zu überprüfen, also um zu sehen, wer diese Menschen waren, die behaupteten, Jesus nachzufolgen, sich aber nicht darum scherten, das mosaische Gesetz einzuhalten. „Ja, es gab einige derartige Leute; aber ich habe ihnen keinen Moment nachgegeben." Zur Debatte stand und steht „die Wahrheit des Evangeliums".

Warum? Weil das Evangelium die Verkündigung ist, dass der gekreuzigte und auferstandene Jesus der Herr der Welt ist. Und wenn er der Herr der ganzen Welt ist, dann müssen diejenigen, die an ihn glauben, die ihm ihre Treue schwören, eine einzige Familie bilden. Es darf keine Spaltungen aufgrund der Nation oder der ethnischen Zugehörigkeit geben. Wenn die Kirche dies von Paulus gelernt hätte, anstatt es bequemerweise zu vergessen, hätten sich viele Probleme in der heutigen Welt vielleicht vermeiden lassen.

Wie sieht es in Zukunft aus? Wird die Kirche jetzt ihre Lektion lernen? Wird sie dies vor einer zuschauenden Welt sichtbar zeigen?

Galater 2,6-10: Paulus' Übereinkunft mit Petrus und Jakobus

6 Wie dem auch sei, alle, die im Ruf stehen, jemand zu sein – was auch
immer jemand sein mag, für mich macht das keinen Unterschied, weil
Gott unparteiisch ist – alle mit diesem Ruf gaben mir keine weite-
ren Bedingungen mit. 7 Im Gegenteil: Sie erkannten an, dass mir das
Evangelium für die Unbeschnittenen anvertraut ist, ebenso wie das
Evangelium für die Beschnittenen Petrus anvertraut worden ist. 8 (Es
ist nämlich so: Derselbe, der Petrus die Kraft verlieh, ein Apostel für
die Beschneidung zu werden, verlieh mir die Kraft, zu den Heiden
zu gehen.) Mehr noch: Sie kannten die Gnade, die mir gegeben wor-
den war. 9 Jakobus, Kephas und Johannes, die als „Säulen" angesehen
werden, reichten Barnabas und mir die rechte Hand der Verbunden-
heit zum Zeichen, dass wir zu den Heiden gehen sollten und sie zur
Beschneidung. 10 Sie baten uns nur, dass wir uns um die Armen küm-
mern – genau das habe ich immer mit Eifer getan.

Einer der berühmtesten Wanderwege Englands verläuft im Lake District über einen Höhenzug namens *Striding Edge*. Er verläuft östlich des Berges Helvellyn, eines der höchsten englischen Berge. Insbesondere bei schlechtem Wetter ist er auch einer der gefährlichsten. Die meisten englischen Berge sind relativ ungefährlich, dieser aber nicht. Ich habe den Helvellyn mehrfach erklommen, auch bei tiefem Schnee, aber ich bin nie Striding Edge entlanggelaufen, und langsam frage ich mich, ob ich zu alt dafür werde.

Anhand der Bilder von Striding Edge und der Erzählungen anderer Bergwanderer kann man erkennen, dass die Schwierigkeit dieser Route in ihrer Enge und Höhe besteht. An vielen Stellen kann man rechts neben seinem Fuß rund 400 Meter in ein Tal hinabschauen und neben dem linken Fuß in ein anderes ebenso tiefes Tal. Da braucht man einen kühlen Kopf und starke Nerven. Und der eigentliche Weg – nun, er schlängelt sich natürlich recht holprig dahin, biegt um diese und jene Kurve und bleibt auf dem schmalen Grat auf der Höhe, weil es die einzige Möglichkeit ist, vorwärtszukommen. Ein Schritt zu weit nach rechts oder links oder nach vorne, wenn der Weg eine scharfe Biegung macht, und man fällt über die Kante.

In diesem Abschnitt bewegt sich Paulus ebenfalls auf einem echt schmalen Grat. Daher dreht und wendet er sich in verschiedene Richtungen. Unterhalb seines rechten Fußes kann er einen klaffenden Abgrund über dem einen Kliff erkennen: Wenn er die Tatsache zu stark betont, dass Jakobus, Petrus und Johannes seine Predigt des **Evangeliums** an die **Heiden** guthießen, werden seine Gegner sagen: „Na also! Haben wir es nicht gesagt? Er hat es bloß von ihnen erhalten und hat es jetzt durcheinandergebracht, wie wir euch gesagt haben!" Gleichzeitig kann er neben seinem linken Fuß in einen anderen Abgrund über ein anderes Kliff blicken: Wenn er den Punkt hervorhebt, dass es Gott nicht kümmert, wer in der Kirche wer ist, dass also aus Gottes Sicht alle gleich und die Jerusalemer **Apostel** letztlich nicht wichtiger sind als alle anderen, geht er das Risiko ein, die Gemeinschaft mit dem Zentrum des christlichen **Glaubens** aufzukündigen. Doch die Einheit der Kirche ist für Paulus absolut entscheidend. Einheit ist der Gipfel des Berges, das Ziel auf der anderen Seite des gefährlichen Kamms, und weil Paulus entschlossen ist, heile dort anzukommen, geht er auf dem Weg weiter, auch wenn das plötzliche, ruckartige Richtungswechsel beinhaltet.

Dreimal spricht er von denen, die etwas Besonderes zu sein „schienen" oder in diesem „Ruf" standen. Paulus wusste natürlich, wie heikel dies war; die Jerusalemer Apostel waren Jesus von Anfang an nachgefolgt. Der Einzige, auf den das nicht zutraf, war Jesu eigener Bruder. Sie hatten also eine Art natürlichen Vorrang, an den er nicht heranreichen konnte. Bei den ersten beiden Erwähnungen ihres Rufes in Vers 6 macht Paulus eine scharfe Wendung nach links: „Wer sie gewesen sein mögen oder wer sie nicht gewesen sein mögen, macht für mich keinen Unterschied, weil Gott die Menschen nicht unterschiedlich behandelt. Es kümmert Gott nicht, ob jemand blaue oder braune Augen hat, alt oder jung ist, groß oder klein, dick oder dünn, männlich oder weiblich, reich oder arm, bekannt oder unbekannt." Es ist Teil des Evangeliums, dass Gottes Liebe allen gleichermaßen gilt; wer das auch nur für einen Moment vergisst, geht über die Kante des Kliffs.

Bei der dritten Erwähnung dieses Themas in Vers 9 gibt er diesen „besonderen" Leuten ihren Spitznamen, der im allgemeineren Sinne in die Umgangssprache eingegangen ist. Sie waren als „Säulen" bekannt, so sagt er (wir sagen ja noch heute, jemand sei eine „Säule" der Gemeinschaft). Säulen werden normalerweise nur bei ganz großartigen Gebäuden verwendet; und in Jerusalem war das offensichtlichste derartige Gebäude natürlich der **Tempel**. Jakobus, Petrus und Johannes, so müssen wir annehmen, waren als „Säulen" bekannt, weil die frühe Kirche sich in gewissem Sinne als der neue Tempel verstand.

Dreimal beschreibt er, was bei seinen Treffen mit diesen „Säulen" passierte. Erstens fügten sie nichts zu seiner Botschaft hinzu. Sie sagten ihm nicht, sein Evangelium sei unzulänglich und er solle den Befehl hinzufügen, dass sich die Männer beschneiden lassen mussten. Zweitens waren sie gerne bereit, einer Aufteilung der Arbeit zuzustimmen: Er würde in die Welt der Heiden gehen und sie in die jüdische Welt. (Das scheint Paulus ein viel größeres Gebiet zu geben. Das erinnert mich an die alten Briefkästen in London, die jeweils zwei Einwurfschlitze hatten. Auf dem einen stand LONDON und auf dem anderen ALL OTHER PLACES. Doch zu jener Zeit gab es Juden im gesamten Mittelmeerraum, also war das Gebiet von Petrus nicht wirklich kleiner.) Drittens baten sie ihn eindringlich, weiterhin an die Armen zu denken. Der Grund, aus dem Paulus und Barnabas zu jener Zeit in Jerusalem gewesen waren, bestand fast sicher darin, den dortigen Gemeinden finanzielle Hilfe zu bringen, die an den Folgen einer Hungersnot litten (siehe Apostelgeschichte 11,27-30).

Paulus hat den Balanceakt auf dem schmalen Grat erfolgreich hinter sich gebracht. Er hat klargestellt, dass er nicht unter der Fuchtel der Jerusalemer Apostel stand. Doch er hat ebenso deutlich gemacht, dass diese sich über ihn und sein Wirken sehr freuten.

Im Hintergrund all dieser Dinge und als Hilfe für Paulus, das Gleichgewicht zu halten, stand das geheime, aber entscheidende Wirken Gottes. „Derselbe, der Petrus und mir die Kraft gab …“ ist Ausdruck für das seltsame, innige und kraftvolle Wirken des einen Gottes. „Sie kannten die Gnade, die mir gegeben worden war.“ Wenn doch nur Kirchenführer und gewöhnliche Mitglieder demütig genug sein könnten, das gnädige Wirken des einen Gottes in und durch diejenigen anzuerkennen, die auf unterschiedliche Weise arbeiten, mit unterschiedlichen Menschen und unterschiedlichen Traditionen, dann würde das Evangelium sich verbreiten, egal wie steil das Kliff zu beiden Seiten abfällt.

Galater 2,11-14: Paulus konfrontiert Petrus in Antiochia

11 Als aber Kephas nach Antiochia kam, leistete ich ihm Widerstand.
Er lag falsch. 12 Bevor gewisse Leute von Jakobus kamen, aß Petrus
mit den Heiden. Nachdem sie aber eintrafen, zog er sich zurück und
sonderte sich ab, weil er die Beschneidungsleute fürchtete. 13 Die üb-
rigen Juden taten es ihm gleich und machten sein Theater mit. Sogar

Barnabas ließ sich von ihrem Schwindel mitreißen. 14 *Als ich aber ge-*
wahr wurde, dass sie nicht der geraden Linie der Wahrheit des Evan-
geliums folgten, forderte ich Petrus vor allen anderen heraus: „Schau
her, du bist ein Jude, aber du hast wie ein Heide gelebt. Wie kannst du
da Heiden zwingen, Juden zu werden?“

Als mein Bruder noch zur Schule ging, spielte er bei einer Aufführung des Stückes „Noye's Fludde“ von Benjamin Britten mit. Er spielte sogar die Rolle von Noah höchstpersönlich. Sein Kostüm und Make-up waren hervorragend. Obwohl er erst siebzehn Jahre alt war, sah er wie ein ganz alter Mann aus, komplett mit Bart und grauem Haar. Die Regie verlangte von ihm, dass er durch die Haupteingangstür des Auditoriums auftrat. Doch als er dort ankam, hielt ihn ein übereifriger Saalordner für einen alten Gammler und versuchte, ihn am Eintreten zu hindern. Das war ein großes Kompliment für den Make-up-Künstler.

Im antiken griechischen Theater war das Make-up nicht ganz so weit entwickelt wie heute. Also gab es ein Standardverfahren, um dem Publikum dabei zu helfen, das Geschehen auf der Bühne als Realität zu erleben. Schauspieler trugen Masken, die sie sich am Ende eines Stabs vor ihre Gesichter hielten. Die offensichtliche Täuschung führte niemanden hinters Licht, aber sie machte es den Zuschauern möglich, tiefer in das Theaterstück einzutauchen. Das griechische Wort für „schau-spielen“, das sich auf Leute bezieht, die vorgeben, jemand zu sein, auch wenn sie in Wahrheit jemand anderes waren, ist das Wort, von dem wir die englischen Wörter *hypocrite* (Heuchler) und *hypocrisy* (Heuchelei) ableiten. Bereits in Paulus' Zeit bedeuteten diese Worte nicht nur „Schauspieler“. Sie bedeuteten, was unsere Worte bedeuten, dass nämlich jemand hinterlistig eine Rolle spielt und vorgibt jemand zu sein, der er nicht ist.

Das ist der Vorwurf, den Paulus an Petrus in der berühmten Konfrontation in Antiochien richtete. (Antiochien, in der nordöstlichen Ecke des Mittelmeers, etwa 500 Kilometer von Jerusalem entfernt, war eines der großen Zentren der frühen Christenheit; nach Apostelgeschichte 11,26 war es der erste Ort, an dem die Jünger Jesu „Christen“ genannt wurden, „**Messias**-Menschen“.) Paulus war einer der jungen Leiter in der Kirche in Antiochien, und dort war es offensichtlich Brauch, dass Judenchristen und **Heiden**christen gemeinsam an einem Tisch aßen.

Es ist für westliche Menschen heute schwer zu verstehen, wie ernst die Frage der Tischgemeinschaft in der frühen Kirche war. Wir sind daran gewöhnt, uns in ein Café zu setzen – in einem Bahnhof zum Beispiel – und einen Tisch mit dem zu teilen, der gerade dort sitzt. Wenn wir in ein Restaurant gehen, erwarten wir selbstverständlich einen Tisch für uns und unsere Freunde. Aber wenn wir z. B. mit Kollegen von der Arbeit essen gehen, dann halten wir uns nicht damit auf, Fragen nach ihrer ethnischen Zugehörigkeit zu stellen. Wenn wir jedoch kurz innehalten, dann erinnern wir uns, dass es bis vor Kurzem viele Orte in der Welt gab und dass immer noch ein paar existieren, an denen es Menschen gibt, die sich nicht mit Ihnen hinsetzen und essen werden, wenn Ihre Haut die falsche Farbe hat oder wenn Sie bekanntermaßen der falschen Religion angehören. Oder vielleicht verrät einfach Ihr Akzent, dass Sie der falsche Personentyp sind. Es gibt an einigen Orten sogar Gesetze, die solches Vermischen verbieten. Gemeinsam mit Menschen zu essen ist eines der mächtigsten Symbole der Zugehörigkeit. Genauso wie die **Beschneidung** ein Symbol ist, bei dem es um Familienidentität geht, so ist es auch die Tischgemeinschaft.

Die Frage von Petrus' Schauspielerei – zuerst aß er zusammen mit nicht-jüdischen Christen und dann weigerte er sich, genau das zu tun – ist daher eng verbunden mit der Frage des vorherigen Absatzes, ob Heidenchristen sich beschneiden lassen mussten, um zum Volk Gottes zu gehören. Es ist alles Teil desselben Problems, das in Galatien so heiß diskutiert wurde.

Warum also erzählt Paulus ihnen von dieser Konfrontation in Antiochien, und warum sagt er, dass Petrus und Barnabas schauspielerten?

Es ist wahrscheinlich, dass die Unruhestifter in Galatien den Neubekehrten bereits erzählt hatten, dass Paulus und Petrus in Antiochien um die Frage gestritten hatten, ob Heidenchristen wirklich volle Mitglieder der Familie seien. Sie hatten vielleicht eine Version der Story gehört, in der Petrus die besten Argumente hatte. Und mit der so erzählten Story untermauerten sie kräftig ihre Sicht der Dinge vor den verwirrten Galatern. „Da, seht ihr", werden sie wohl gesagt haben, „Paulus hat nicht die komplette Story erzählt. Petrus war schließlich Jesu rechte Hand. Er wusste, dass ihr nicht zu dem wahren Israel gehören könnt, wenn ihr nicht vollständig Juden werdet. Er verweigerte die Tischgemeinschaft mit unbeschnittenen Heiden."

So muss Paulus seine Version der Story erzählen, um deutlich zu machen, dass dies nicht nur ein Streit zwischen zwei Interpretationsmöglichkeiten eines vergleichsweise nebensächlichen Aspekts war. Es ging um das Herzstück des **Evangeliums**. (Einer der wichtigsten Aspekte der christlichen Leiterschaft ist die Fähigkeit, zu erkennen, was die wirklich wichtigen Fragen sind, und zu erklären, warum.) Er unterscheidet zwischen dem echten Petrus und dem schau-spielenden Petrus, dem Petrus, der sich eine Maske vor sein Gesicht hält und vorgibt, jemand anders zu sein.

Der echte Petrus ist der Petrus, der tief in seinem Inneren weiß, dass Gott in Jesus, dem Messias, eine neue Familie geschaffen hat, in der Juden und Heiden gleich sind. Es ist schwer, so zu leben, nachdem man sein Leben lang Heiden wie eine andere Spezies angesehen hat; Petrus hatte es jedoch getan. Doch dann passierte Folgendes: Genauso wie es Petrus erging, als er auf dem Wasser ging und dann auf die Wellen um ihn herum blickte, geschah etwas, das ihn versinken ließ. Bestimmte Personen kamen von Jakobus. Paulus sagt nicht, dass Jakobus sie gesandt hatte; aber Petrus wusste, dass sie Hardliner waren, die die Vorgehensweise in Antiochien nicht unterstützen würden. So hält er die Maske der jüdischen Anständigkeit vor sein wahres Gesicht, was bedeutet, dass er sich für den Augenblick von den Heidenchristen absondert. Seine Maske ist so überzeugend, dass die anderen

Judenchristen von ihr eingenommen sind wie der Saaldiener an der Tür des Auditoriums. Und sogar Barnabas (wir können Paulus' Trauer und Wut konzentriert in dem Wort „sogar" fühlen; Barnabas war sein enger Freund und Kollege gewesen) macht das Schauspiel mit, das Maske-Tragen, den Bluff.

Paulus' Konfrontation ist direkt und auf den Punkt gebracht. „Petrus, du hast als Heide gelebt, ohne einen Unterschied zwischen Juden und Nichtjuden zu machen. Wie kannst du jetzt darauf bestehen, wie dein Verhalten darauf ausrichten, dass Heiden Juden werden müssen, um zu einem Teil des inneren Kreises von Gottes Volk werden zu können?"

Das ist also der Vorwurf: „Du bist einfach widersprüchlich." Petrus hat in der einen Minute so gehandelt und in der nächsten genau entgegengesetzt. Paulus ist dabei, den Punkt innerhalb eines größeren theologischen Rahmens weiterzuentwickeln. Aber sein grundsätzlicher Punkt, der durch die Jahrhunderte der Kirchengeschichte hallt als eine Warnung an alle, die von Zeit zu Zeit Masken der Anständigkeit aufsetzen wollen, ist ganz klar: Alle, die in Christus sind, müssen die sein, die sie wirklich sind. Sie brauchen keine Masken und kein Make-up im **Reich Gottes**.

Galater 2,15-21: Durch den Glauben, nicht durch Werke des Gesetzes gerecht gemacht

15 Von Geburt her sind wir Juden, nicht „heidnische Sünder". 16 Wir wissen aber, dass ein Mensch nicht durch Werke des jüdischen Gesetzes gerecht erklärt wird, sondern nur durch die Treue des Messias Jesus.

Deshalb glaubten auch wir an den Messias Jesus: Damit wir für „gerecht" erklärt werden, aufgrund der Treue des Messias und nicht aufgrund der Werke des jüdischen Gesetzes. Schaut, auf jener Basis kann kein einziges Geschöpf für „gerecht" erklärt werden.

17 Was also nun? Im Bestreben, im Messias für „gerecht" erklärt zu
werden, wird es offensichtlich, dass wir „Sünder" sind. Wird deshalb
der Messias zu einem Diener der Sünde? Auf keinen Fall! 18 Wenn ich
die Dinge, die ich einst niedergerissen habe, erneut aufrichte, dann
zeige ich dadurch, dass ich ein Gesetzesbrecher bin.
19 Lasst es mich so erklären: Durch das Gesetz bin ich dem Gesetz
gestorben, damit ich für Gott leben kann. 20 Ich bin mit dem Messias
zusammen gekreuzigt worden. Und doch lebe ich – ich bin es aber
nicht selbst; der Messias lebt in mir. Und das Leben, das ich noch
im Fleisch führe, lebe ich innerhalb der Treue des Sohnes Gottes, der
mich geliebt und sich selbst für mich gegeben hat.
21 Ich weise Gottes Gnade nicht zurück. Wenn „Gerechtigkeit"
durch das Gesetz kommt, dann ist der Tod des Messias sinnlos.

Von Margaret Thatcher wird eine bekannte Geschichte aus der Zeit erzählt, in der sie die Premierministerin des Vereinigten Königreichs war. Sie war zu Besuch in einem Altenheim, ging von Zimmer zu Zimmer und traf ältere Bürger, die dort eine lange Zeit gewohnt hatten. Eine alte Dame schien überhaupt nicht zu bemerken, dass sie die Hand einer weltberühmten Politikerin schüttelte. „Wissen Sie, wer ich bin?", fragte Frau Thatcher. „Nein, meine Liebe", erwiderte die alte Dame, „aber ich würde die Krankenschwester fragen, wenn ich Sie wäre. Sie weiß normalerweise Bescheid."

Es ist eine seltsame Vorstellung für die meisten von uns, aber für einige eine sehr notwendige: dass Sie vielleicht wieder von vorne anfangen *zu lernen, wer Sie sind*. Genau das ist es, was die Menschen, die schwere Gedächtnisverluste erlitten haben, tun müssen. Es ist das, was Menschen, die andere Verluste erlitten haben, ebenfalls tun müssen: Der Flüchtling ohne Heimat, Land oder Familie ist nur ein Beispiel dafür. Und es ist genau diese Art von Übung, die Paulus in diesem vielschichtigen und komplexen Text erklärt: eine Identität zu verlieren und eine andere wieder aufzubauen.

Hier rückt er den zugrunde liegenden Problemen zwischen sich und den „Unruhestiftern“ richtig zu Leibe. Es geht nicht um ein paar Nuancen in der Auslegung des **Evangeliums** oder des jüdischen **Gesetzes**. Es geht nicht einfach nur darum, eine Art von Missionsstrategie gegen eine andere zu stellen. Es geht um die Frage, *wer du im* ***Messias*** *bist.* So grundlegend ist es. Paulus' frontaler Zusammenstoß mit Petrus in Antiochien drehte sich um die christliche Identität. Bei seinem leidenschaftlichen Appell an die Galater geht es um ihre christliche Identität.

Oft geben Paulus' dicht formulierte Absätze (wie dieser hier) ihre Geheimnisse preis, wenn man sich ihnen vom Ende nähert, wo er alles in einem einzigen großen Statement auf dem Höhepunkt zusammenfasst. In diesem Fall ist es Vers 20: „Ich bin mit dem Messias zusammen gekreuzigt worden. Und doch lebe ich – ich bin es aber nicht selbst; der Messias lebt in mir. Und das Leben, das ich noch im Fleisch führe, lebe ich innerhalb der Treue des Sohnes Gottes, der mich geliebt und sich selbst für mich gegeben hat.“ Dies ist der Kern von Paulus' Argument. Man muss alles verlieren, auch die Erinnerung daran, wer man zuvor war; und man muss akzeptieren und lernen, mit einer neuen Identität zu leben, auf einer neuen Grundlage.

Die Frage, auf die Paulus und Petrus gestoßen sind, die Frage danach, ob Juden- und **Heiden**christen gemeinsam an einem Tisch essen dürfen, ist die Frage: Wer ist Gottes wahres Israel? Wer ist das wahre Volk Gottes? Sind es alle, die zum Messias gehören? Oder sind es nur Judenchristen (darunter auch Proselyten, d. h. Heiden, die zum jüdischen Glauben übergetreten waren), und die Heidenchristen bleiben Bürger zweiter Klasse?

Paulus konzentriert sich in seiner Antwort auf den grundlegendsten aller Punkte. Gottes wahres Israel besteht aus einer Person: dem Messias. Er ist der Treue. Er ist der wahre Israelit. Das ist die Grundlage der Identität innerhalb des Volkes Gottes.

Die Frage wird dann zu folgender Frage: Wer *gehört* zum Messias? Wie kommt *diese* Identität zum Ausdruck?

Paulus beantwortet das mit einer seiner bekanntesten Überzeugungen, in die sich der moderne westliche Mensch nach wie vor nur schwer einfinden kann. Die, die zu dem Messias gehören, sind *im Messias*, sodass gilt: Das, was für ihn wahr ist, ist auch für sie wahr. Die Wurzeln dieser Vorstellung liegen im jüdischen Glauben an den König. Der König repräsentiert sein Volk (man denke an David, der gegen Goliath kämpft und Israel gegen die Philister *repräsentierte*); was für ihn wahr ist, ist auch für sie wahr. Dieser Absatz erklärt das nicht, er setzt es voraus. Paulus wird später noch näher darauf eingehen. Sein Punkt hier ist ganz einfach: Alle, die „im Messias" sind, sind das wahre Volk Gottes. *Und das bedeutet: Heiden genauso wie Juden.*

Er spricht von sich selbst als einem Juden, der Christ geworden ist, um diesen Punkt zu machen. Er sagt: Wir Juden, auch wenn wir in die **Bundes**familie hineingeboren wurden, finden unsere wahre Identität als Volk Gottes jetzt nicht durch die Dinge, die uns als unverwechselbares Volk kennzeichnen – also nicht durch das jüdische Gesetz. Wenn wir glauben, dass Jesus der Messias ist (und ohne diesen Glauben gibt es kein Christentum), dann glauben wir, dass der *gekreuzigte* Jesus der Messias ist. Und wenn wir „im" gekreuzigten Jesus sind, dann bedeutet das, dass unsere früheren Identitäten nicht mehr relevant sind. Sie sollten vergessen werden. Wir werden nicht mehr über den Besitz des Gesetzes definiert oder über seine detaillierten Anforderungen, die Juden in den Gegensatz zu Heiden setzen. „Ich starb dem Gesetz, auf dass ich für Gott lebe." Wir müssen jetzt lernen, wer wir in einer ganz neuen Weise sind.

Wer sind wir dann? Wir sind das Volk des Messias, und sein Leben wirkt jetzt in uns. Und da sein wesentlicher Zug seine liebevolle Treue ist, ist unser wesentlicher Zug, also das Einzige, was uns tatsächlich definiert, unsere eigene liebevolle Treue, die dankbare Antwort des **Glaubens** an den Gott, der seinen Sohn sandte, um für uns zu sterben. Dies ist der Kern der christlichen Identität.

Die Worte, die Paulus als seine Kurzform für christliche Identität verwendet, für die Zugehörigkeit zu Gottes Familie, werden in der Regel mit „gerecht" und „Rechtschaffenheit" übersetzt. Dieses Wort hat für verschiedene Menschen verschiedene Bedeutungen. Wie wir im nächsten Kapitel sehen werden, steht es für Paulus im Zusammenhang mit Gottes Verheißung an Abraham, die nun im Messias erfüllt ist, damit Gott eine einzige weltweite Familie erschaffe, deren Identitätsmerkmal Glauben ist. Und es meint Familien-Identität, den Status der Bundesmitgliedschaft, den Gott seiner ganzen Familie gibt, allen, die an das Evangelium glauben. Darüber hinaus spricht der Begriff auf herrliche Weise von Gottes rettender Gerechtigkeit, die die gesamte ungerechte Welt umarmt und heilt und die in der Gegenwart die Männer, Frauen und Kinder rettet, die seiner in Jesus offenbarten Liebe vertrauen. Das sind die Menschen, die als „gerecht" oder als „gerechtfertigt" bezeichnet werden.

Der wichtigste Punkt all dieser Aspekte des Galaterbriefs ist ganz einfach. Paulus zeigte Petrus, dass sogar Judenchristen ihre alte Identität verloren haben, die durch das Gesetz definiert war, und eine neue Identität, definiert nur durch den Messias, bekommen haben.

Das bedeutet jedoch nicht, wie er in den Versen 17-18 sagt, dass wir durch den Verlust der jüdischen Identität „Sünder" sind; so betrachteten die Juden die Heiden. Im Gegenteil: Wenn du wie Petrus die Mauer zwischen Juden und Heiden erneut aufbaust, dann ist das der Beweis, dass du selbst ein Gesetzesbrecher bist. Wenn das Gesetz das ist, was wirklich zählt, dann passe gut auf: Du hast es gebrochen!

Das Gesetz aber ist nicht mehr das, was zählt. Wenn Gerechtigkeit (Bundesmitgliedschaft, **Rechtfertigung**) von dem jüdischen **Gesetz** kam, dann hätte der Messias nicht sterben brauchen. Separate Tische innerhalb der Kirche zu haben heißt, die großzügige Liebe des Messias mit Füßen zu treten. Eines der Kennzeichen von Jesu öffentlichem Wirken war offene Tischgemeinschaft. Gott will, dass das von jenem Tag an bis heute ein Kennzeichen der Menschen ist, die zu Jesus gehören.

Galater 3,1-9:
Gottes Verheißung und Abrahams Glaube

1 Ihr Galater begreift es einfach nicht! Wer hat euch verhext? Das Bild
von König Jesus am Kreuz wurde euch doch klar vor Augen gemalt!
2 Ich will nur eines von euch wissen: Habt ihr den Geist empfangen,
weil ihr die Werke der Tora befolgt habt – oder weil ihr gehört und
geglaubt habt? 3 Ihr seid so unverständig: Im Geist habt ihr angefan-
gen, und enden wollt ihr im Fleisch? 4 Sollte all das, was ihr gelitten
habt, umsonst sein – falls es denn wirklich umsonst sein sollte? 5 Er,
der euch den Geist gegeben und machtvolle Taten unter euch gewirkt
hat – tat er dies, weil ihr die Tora so gut befolgt habt, oder durch Hö-
ren und Glauben?

6 Es ist wie bei Abraham: „Er glaubte Gott, und das wurde ihm als
Gerechtigkeit angerechnet.“ 7 Ihr wisst deshalb, dass die Menschen
des Glaubens die Kinder Abrahams sind. 8 Die Bibel hat vorhergese-
hen, dass Gott die Nationen durch Glauben gerecht machen würde.
Also hat sie Abraham schon im Voraus das Evangelium verkündet mit
den Worten: „Die Nationen werden in dir gesegnet werden.“ 9 So seht
ihr: Die Menschen des Glaubens werden zusammen mit dem glauben-
den Abraham gesegnet.

Eine berühmte Geschichte erzählt von dem Seiltänzer Charles Blondin (1824–1897), der ein Seil über die Niagarafälle spannte und mehrere Male darüberlief. So überzeugt war er von sich, dass er sowohl vorwärts als auch rückwärts darüberlief und auf dem Weg verschiedene Tricks vorführte; so setzte er sich beispielsweise auf einen kleinen Hocker und nahm dort eine Mahlzeit ein. Aber der berühmteste Trick war der folgende: Er fragte, ob sich jemand freiwillig von ihm auf dem Rücken über das Seil tragen lassen würde. In einem der wohl größten physischen Vertrauensbeweise, der jemals von einem Menschen einem anderen gegenüber erbracht wurde, trat ein mutiger oder vielleicht verrückter Mann nach vorne und wurde auf den Schultern des großen Mannes getragen.

Angenommen, der Mann hätte nun auf halber Strecke zu Blondin gesagt: „Das ist alles schön und gut, aber ich vertraue Ihnen wirklich nicht mehr. Ich glaube, ich mache den Rest lieber alleine. Lassen Sie mich runter und ich werde von hier aus ohne Sie weitergehen." Man kann sich die scharfe Antwort, die er bekommen hätte, ziemlich gut vorstellen, nicht nur von dem professionellen Seiltänzer, sondern auch von allen zusehenden Freunden oder Familienmitgliedern. „Sind Sie von allen guten Geistern verlassen? Wie haben Sie sich vorgestellt, ganz alleine hinüberzukommen?"

Das ist genau die Reaktion von Paulus, als er hört, dass seine geliebten Galater darüber nachdenken, sich **beschneiden** zu lassen. Wer hat sie in seinen Bann geschlagen? Sind sie von Sinnen? Zweimal nennt er sie „geistlos" oder „unverständig"; sie scheinen die Fähigkeit, klar zu denken, verloren zu haben. Sie haben im **Geist** angefangen; meinen sie nun, sie könnten im Fleisch weitermachen? Sie haben im **Glauben** angefangen; meinen sie nun, sie könnten mit Werken des jüdischen **Gesetzes**, der **Tora**, weitermachen?

Um zu verstehen, warum dies für Paulus ganz klar Unsinn ist, müssen wir uns daran erinnern, was auf dem Spiel stand. Er war vor allem darum besorgt, wer die Galater zu sein glaubten. Waren sie Teil der **Messias**-Familie, des Volkes, das zu dem neuen Zeitalter gehörte, das mit dem Tod Jesu und seiner **Auferstehung** begonnen hatte? Oder versuchten sie, ein Teil der physischen Familie Israels zu werden, sich durch Beschneidung dem Volk Gottes anzuschließen, wie es durch die ethnische Herkunft definiert wurde? Im ersten Vers wiederholt Paulus den Punkt, den er am Ende von Kapitel 2 gemacht hat: Jesus, der Messias, war ihnen als der Gekreuzigte vor Augen gestellt worden; wie konnten sie nun jemals wieder denken, dass die Zugehörigkeit zur physischen Familie Israels eine Option wäre? (Das Wort für „vor Augen gemalt" kann bedeuten, dass er tatsächlich ein großes Bild von einem Kreuz malte, um ihnen zu zeigen, was mit Jesus geschehen war.

Ein Tourist in einem Zug hat mich einmal gebeten, ihm von Jesus zu erzählen, und ich habe ihm tatsächlich ein Kreuz aufgemalt. Die meisten Menschen in der Antike wussten allerdings nur zu gut, was Kreuze bedeuteten und wie sie aussahen, und es ist möglich, dass Paulus nur meint, dass er Jesu Kreuzigung sehr anschaulich beschrieben hatte.)

Er gibt ihnen in diesem Abschnitt zwei sehr solide erste Gründe, warum sie sich nicht loslösen und versuchen sollten, alleine zu laufen. Erstens hat Gott ihnen seinen Geist gegeben; zweitens waren sie bereits die wahren Kinder Abrahams. Dies ist das erste Mal, dass er diese zwei Punkte erwähnt, und sie werden beide im weiteren Verlauf des Briefs noch sehr wichtig werden.

Für Paulus war der Geist (wir könnten „Heiliger Geist" schreiben, aber Paulus wechselt leicht zwischen Gottes Geist und dem Geist des Menschen hin und her, und es ist einfacher, dieselbe Form beizubehalten) Gottes eigener Geist, kraftvoll wirksam dort, wo die **Gute Nachricht** von Jesus verkündigt wurde. Der Grund war, dass der Geist in Paulus' Predigt am Werk war. Dieser Predigt hatten die Galater ursprünglich geglaubt, wie Paulus in 1. Thessalonicher 1,5 sagt. Paulus kann über das „Wort" Gottes als ein Wort sprechen, das eine Eigenwirksamkeit entfaltet, wenn es gepredigt wird (1. Thessalonicher 2,13). Er kann auch das **Evangelium** selbst als Träger dieser Macht darstellen (Römer 1,16) oder erklären, dass man nur durch den Geist das grundlegendste Bekenntnis des christlichen Glaubens ablegen kann, nämlich dass „Jesus der Herr ist" (1. Korinther 12,3). Wenn man diese Stellen zusammennimmt, dann lautet der Punkt: Wenn das Wort des Evangeliums gepredigt wird, wirkt der Geist Gottes in den Herzen der Menschen und führt sie zum Glauben.

Wenn ihr euch also beschneiden lasst, sagt Paulus, dann stimmt ihr zu, dass es nicht der Geist ist, auf den es ankommt, sondern das Fleisch – das Fleisch eurer Vorhaut, und „das Fleisch" als der ganze Bereich der Existenz der Menschheit in Aufruhr gegen Gott. Ihr klettert vom Rücken des einen, der euch in Sicherheit bringen kann, und beharrt darauf, Dinge in einer Weise zu tun, von der ihr wisst, dass sie zu einer Katastrophe führen wird. Ihr vergesst, wie diese ganze Sache angefangen hat, und denkt, ihr könntet die Regeln auf halbem Weg neu erfinden. Ihr ignoriert die Tatsache, dass alles, was ihr gegenwärtig genießt – das derzeitige geistliche Leben der Kirche und die mächtigen Dinge, die Gott mitten unter euch tut, also Heilungen und dergleichen –, aufgrund des Geistes und im Zusammenhang eures Vertrauens auf Gottes Gnade geschieht. Die Galater wurden nicht Christen, indem sie das jüdische Gesetz hielten, das sich mit den Dingen des Fleisches beschäftigt; sie leben nicht als Christen weiter, indem sie das jüdische Gesetz einhalten. Christsein beginnt als eine Angelegenheit des Glaubens und daran ändert sich auch nichts. Das jüdische Gesetz hat dazu nichts zu sagen.

Paulus hat damit „Geist“ und „Glauben“ auf der einen sowie „Fleisch“ und „Gesetz“ auf der anderen Seite einander gegenübergestellt. Dieses doppelte Entweder/Oder wird im Verlauf des Briefs sehr wichtig werden. Aber nun wendet er sich dem zentralen Thema zu: Wer dem Evangelium glaubt, ist bereits in jeder entscheidenden Hinsicht ein Kind Abrahams.

Es ist möglich, dass die „Agitatoren“ gegenüber den Galatern darauf bestanden hatten, dass sie auf dem Weg zur Erlösung das jüdische Gesetz halten müssten, um wahre Kinder von Abraham zu sein – und somit wahre Israeliten, wahre Monotheisten; und dass es darum auch erforderlich sei, beschnitten zu werden. Doch selbst wenn Paulus hier auf ein solches Argument antwortet, gibt es keinen Zweifel daran, dass er in jedem Fall die Frage von Abrahams Familie ins Zentrum seiner Argumentation stellen möchte.

Sein eröffnender Schachzug in den Versen 6-9 besteht darin, zwei wichtige Passagen aus der Story von Abraham zu nehmen und zu zeigen, in welche Richtung sie weisen. (Wir nennen ihn der Einfachheit halber „Abraham“, wie Paulus es tut, auch wenn bis 1. Mose 17,5 sein Name schlicht „Abram“ ist.) 1. Mose 15 beschreibt den **Bund**, den Gott mit Abraham geschlossen hatte, als er ihm eine große Familie und das Land als sein Erbe verheißen hatte. Entscheidend war dabei, dass Abraham Gottes erster Verheißung glaubte. Das bedeutet jedoch nicht, dass er sich mit seinem Glauben seine Mitgliedschaft im „Bund" Gottes *verdiente*; die Verheißung war bereits gegeben. Der Glaube war vielmehr das Kennzeichen, das zeigte, dass er jetzt mit Gott im Bund stand. 1. Mose 15 fährt mit der Verheißung fort, dass diese große Familie für eine Weile in einem fremden Land leben und dann durch eine weitere große Tat Gottes wieder in ihr Erbe zurückgeführt werden würde. Mit anderen Worten: Von Anfang an ist der **Exodus** im Blick.

Wie 1. Mose 15 vom Glauben als Kennzeichen der Zugehörigkeit zum Bund spricht, so verheißt 1. Mose 12, der Beginn der Story Abrahams, dass Gott alle Nationen durch ihn segnen wird. Was erhält man, wenn man beides zusammennimmt? Kurz und kompakt haben wir hier Paulus' ganze Argumentation: Wenn Menschen das Evangelium von Jesus glauben, sind sie bereits Abrahams wahre Kinder. Es gibt nicht nur keine Notwendigkeit, den Glauben als das Kennzeichen der Zugehörigkeit aufzugeben und zu versuchen, sie auf eine andere Art und Weise sicherzustellen; dies zu tun bedeutet sogar, wie beim Hinunterklettern vom Rücken des Seiltänzers, ein Unglück heraufzubeschwören. Glaube ist nicht ein vorübergehendes Kennzeichen, das später für etwas anderes eingetauscht wird. Er ist das Zeichen der Zugehörigkeit, das uns von einer Seite des Flusses bis hinüber zur anderen Seite hinüberführt.

Galater 3,10-14: Erlöst vom Fluch des Gesetzes

10 *Es ist nämlich so: Alle, die zu dem Lager gehören, das sich durch das „Tun der Werke des Gesetzes" definiert, sind unter einem Fluch! Ja, die Bibel drückt es so aus: „Verflucht ist jeder, der nicht an jedem Detail im Buch des Gesetzes festhält, um es zu tun."* 11 *Weil aber niemand durch das Gesetz vor Gott gerechtfertigt wird, ist es klar, dass*

„der Gerechte durch Glauben leben wird.“ [12] Das Gesetz dagegen kommt nicht aus Glauben. Im Gegenteil: „Wer sie tut, lebt durch sie.“
[13] Der Messias hat uns vom Fluch des Gesetzes erlöst, indem er an unserer Stelle ein Fluch geworden ist, wie die Bibel sagt: „Jeder, der an einem Baum hängt, ist verflucht.“ [14] Dies geschah, damit der Segen Abrahams im König Jesus bis zu den Nationen fließen konnte – damit wir die Verheißung des Geistes durch den Glauben empfangen können.“

Ich stand zwei Stunden lang im Stau. Die Wegweiser sagten mir, dass ich in die richtige Richtung fuhr. Ich kannte die Straße und wusste, dass ich auf dem richtigen Weg war. Aber nichts bewegte sich. Die Uhr tickte langsam weiter; ich machte mir Sorgen über die Sitzung, zu der ich fahren sollte; aber ich konnte nichts machen.

Dann, ganz plötzlich und unter viel Gehupe, ging es endlich weiter. Der Verkehr begann wieder zu fließen und bald fuhren wir im normalen Tempo die Straße entlang. Etwa eine Meile weiter entdeckten wir, was uns aufgehalten hatte. Am Straßenrand war ein großer LKW umgekippt. Kräne hatten ihn nun aus dem Weg geräumt und nun lag er dort – ein Denkmal der Blockade, die unseren Tagesablauf durcheinandergebracht hatte.

Paulus kann leicht sagen, dass uns der Glaube an das **Evangelium** zu einem Kind Abrahams macht, egal ob wir Juden oder **Heiden** sind. Unter Nicht-Juden wie unter Juden war allgemein bekannt, dass das **jüdische Volk** – das heißt Abrahams Familie – durch die besonderen Kennzeichen dessen, was es tat, definiert und von seinen Nachbarn abgegrenzt wurde, wo immer **das Volk** in der Welt hinzog. Die Juden hielten den **Sabbat**. Sie weigerten sich bestimmte Lebensmittel zu essen, das bekannteste ist wohl Schweinefleisch. Und sie **beschnitten** ihre männlichen Kinder und männlichen Konvertierten. So gebot es das Gesetz, das jüdische **Gesetz**, das Gott Mose auf dem Berg Sinai gegeben hatte. Dies waren die Worte des **Bundes**. Sich auf Abraham zu berufen, als ob man über Mose hinweggehen könne, bedeutete einfach, den wesentlichen Teil der jüdischen Story zu ignorieren, das Herz der jüdischen Praxis, ein zentrales Element in der jüdischen Theologie.

Aber Paulus ignoriert das nicht. Er erzählt die Story anders. Er spricht von einer gigantischen Straßenblockade im Plan Gottes. Bei der Verheißung Gottes an Abraham ging es nicht nur um die Juden; sie war für alle Nationen bestimmt. Die ersten Zeilen in 1. Mose 12 sagen das bereits. Das war sozusagen die Straße, auf der Gottes Heilsplan zu den Menschen gebracht werden sollte: Abrahams Familie sollte dem Rest der Welt Gottes Heil bringen. Aus diesem Grund gab es diese Familie überhaupt. Aber was war mit dieser Familie geschehen? Und was war, konsequenterweise, mit Gottes Plan und Verheißung geschehen?

Hier und anderswo ist Paulus in seiner Antwort ganz deutlich: Die physische Familie Abrahams, das jüdische Volk, war wie ein großer Lkw in der Straße umgekippt und blockierte nun die ursprüngliche Absicht. Die Verheißung Gottes hatte immer noch Bestand; Gott hatte immer noch vor, die ganze Welt durch Abrahams Familie zu segnen; aber Israel, der Träger der Verheißung, versagte nicht nur selber, sondern es stand auch der weiteren Erfüllung im Weg. In diesem zugegeben dicht formulierten kleinen Absatz zeigt Paulus, wie Gott mit beiden Aspekten dieses Problems durch den Tod Jesu und die Gabe des Geistes umgegangen war – die beiden Aspekte, die in seinem Denken üblicherweise die Mittel sind, mit denen Gott das tut, was notwendig war, um seinen Plan zu vollenden.

Das Gesetz war die Ursache, die Israel veranlasste, auf dem Weg zu stürzen. Als Wegweiser für das Volk Gottes enthielt es die „Straßenverordnung“, die davor warnte, dass bestimmte Verhaltensweisen Fluch statt Segen bringen würden. („Segen“ war natürlich der ursprüngliche Zweck des Bundes; „Fluch“ das genaue Gegenteil.) Der Grund dafür bestand nicht darin, dass Gott knauserig oder gemein war, sondern es gab einen Zusammenhang von Handeln und Folgen; im Straßenverkehr würde man sagen: „Wenn du in dieser Kurve über 80 km/h fährst, dann wirst du mit dem Lkw einen Unfall bauen.“

Und der Fluch, um den es geht, war nicht eine Art außerirdischer Fluch, eine Verdammung, die einfach die gegenwärtige Gemeinschaft mit Gott und ein darauffolgendes glückliches Leben mit ihm zerstören würde. In 5. Mose, dem Haupttext, aus dem Paulus hier zitiert, ist der „Fluch" etwas, das in der Geschichte passieren wird: Israel wird ins **Exil** gehen, fort aus dem Land der Verheißung. Der Fluch des Exils – das Volk Gottes am Boden zerstört und von den heidnischen Nationen verschleppt – stellt das genaue Gegenteil von dem dar, was Gott im Sinn hatte, dass er nämlich die Nationen durch Israel segnen würde. Die Verheißung erreicht ihr Ziel nicht. Die Straße ist komplett blockiert.

Unterdessen verkündet Israels Heilige Schrift selbst, dass es einen anderen Weg zur Verheißung gibt. Habakuk, der zu einer Zeit schreibt, in der Israel zerstört wurde, spricht vom **Glauben** als dem einzigen Weg zum Leben – während 3. Mose weiter betont, dass es für das Leben im Rahmen des Gesetzes wesentlich sei, das Gesetz zu befolgen. Aber was wird passieren, wenn das Gesetz selbst das Volk umgestürzt hat, das die Verheißung trug?

Paulus sagt: Pass auf, was Gott getan hat. Der Fluch, von dem 5. Mose redet, wurde von Israels Repräsentant getragen, vom **Messias.** Er ist an den Ort der Straßenblockade gekommen, den Ort, an dem die heidnischen Nationen das Volk Gottes unterdrückten. Was war das Symbol der Unterdrückung im ersten Jahrhundert? Ganz einfach: das Kreuz, an dem die Römer Zehntausende von denen, die sich gegen sie auflehnten, hinrichteten. Jesus nahm als Messias Israels das Gewicht von Israels Fluch auf sich, nicht nur in irgendeinem abstrakten theologischen Sinn, sondern ganz wörtlich und in dem historischen Ereignis, als er am Kreuz starb.

Das doppelte Ergebnis ist genau das, was gebraucht wurde. Zuerst wurde die Straßenblockade aus dem Weg geräumt. Der Verkehr kann fließen, wie Gott es sich immer vorgestellt hat: von der Verheißung an Abraham durch seine Familie, seinen „Samen" (in der Person von Israels Repräsentant, dem Messias), bis hin zu allen Nationen. „Der

Segen Abrahams gelangt im Messias Jesus bis zu den Nationen“: So drückt Paulus es prägnant aus.

Zweitens wird das ethnische Israel weder im Straßengraben liegen gelassen noch einfach zur Seite geschoben. Was Israel den Propheten wie Jeremia, Hesekiel, Joel und anderen zufolge brauchte (auf jeden von ihnen bezieht Paulus sich regelmäßig in seinen Schriften), war die Erneuerung des Bundes: Gott musste seinen Geist auf Israel ausgießen und damit Glauben ermöglichen. Auf diese Weise wieder aufgerichtet, konnten sie sich dem Verkehrsfluss auf dem Weg zu Gottes verheißenem Erbe anschließen. Gut, sagt Paulus, und genau das ist jetzt passiert: „Damit wir (also Juden, die dem Evangelium glauben) die Verheißung des Geistes durch den Glauben empfangen können.“ Das Kreuz Jesu und die Gabe des Geistes bedeuten, dass Gott das Problem bewältigt hat, das verhinderte, dass der Segen in die ganze Welt hinausging, und dabei ist auch Israel mit eingeschlossen.

Welche Hindernisse stehen heute im Weg, sodass Gottes Segen die Welt nicht erreichen kann? Wie können die Tatsache des Kreuzes und die Gabe des Geistes auf diese Probleme bezogen werden?

Galater 3,15-22:
Christus der Same – Christus der Mittler

15 *Meine Brüder und Schwestern, lasst mich ein menschliches Bild ver-*
wenden. Wenn jemand ein gültiges Testament aufsetzt, kann keiner
es für ungültig erklären oder etwas ergänzen. 16 *Nun, die Verheißun-*
gen gelten „Abraham und seiner Familie“. Es ist nicht die Rede von
„seinen Familien“, als ob es mehrere gäbe, sondern es deutet auf eine:
„und deiner Familie“ – was sich auf den Messias bezieht.
17 *Ich meine damit Folgendes: Gott hat ein gültiges Testament auf-*
gesetzt. Das Gesetz, welches 430 Jahre später kam, kann es nicht
außer Kraft setzen und die Verheißung für null und nichtig erklären.

18 Wenn das Erbe aber durch das Gesetz käme, käme es nicht länger
durch die Verheißung; Gott hat es Abraham aber durch Verheißung
anvertraut.

19 Wozu dann das Gesetz? Wegen der Übertretungen wurde es ein-
geführt, bis die Familie zu dem geworden wäre, was verheißen ist. Es
wurde von Engeln niedergelegt, durch die Hand eines Mittlers. 20 Er
ist aber nicht der Mittler des „einen" – Gott aber ist einer!

21 Richtet sich denn das Gesetz gegen Gottes Verheißungen? Selbst-
verständlich nicht! Nein; wenn ein Gesetz gegeben worden wäre, wel-
ches Leben schafft, dann erhielte man durch das Gesetz Anteil am
Bund. 22 Die Bibel hat aber alles unter die Macht der Sünde einge-
schlossen, damit die Verheißung – welche der Treue des Messias Jesus
entstammt – denen gegeben würde, welche glauben.

„Das hätte er so gewollt." Wie oft ist dieser Satz verwendet worden, um einen Streit zu beenden, nachdem jemand gestorben war und die Familie versuchte, die Beerdigung zu organisieren, den Nachlass zu regeln oder dafür zu sorgen, dass die verwaisten Kinder gut versorgt werden. Familienstreitigkeiten darüber „was der-und-der gewollt hätte" können manchmal so schwierig sein wie die eigentlichen Erbstreitigkeiten. Alle Geistlichen wissen, wie frustrierend der Versuch sein kann, einen Gottesdienst zu gestalten, der die Musik, Lesungen und andere Elemente enthält, die der Verstorbene „gewollt hätte". Juristen erinnern uns daher stets daran, wie viel besser es ist, vorher alles schwarz auf weiß festzuhalten, sodass es keine Unklarheiten gibt.

Paulus argumentiert hier, dass Gott schwarz auf weiß dargelegt hat, was er will und beabsichtigt, und dass keine späteren Streitigkeiten dies ändern können. Sein Punkt lautet: Die „Agitatoren" in Galatien sind wie Leute auf einer Beerdigung, die versuchen, ihre eigenen Anliegen durchzudrücken – insbesondere ihr Verlangen nach einem starken ethnischen Israel ohne irgendwelche Verbrüderung mit unbeschnittenen **Heiden** – unter dem Vorwand, „was er gewollt hätte". Ihr Argumentation scheint ihre Stärke aus der Tatsache zu beziehen, dass sie das **Gesetz** – das Gott immerhin durch Mose Israel gegeben hatte – anscheinend auf ihrer Seite haben. Paulus' Gegenargument lautet: Wenn der ursprüngliche **Bund** klar ist, steht seine Änderung überhaupt nicht zur Debatte und das Gesetz muss einen völlig anderen Zweck gehabt haben.

Worin bestand also Gottes ursprüngliche Absicht? Darin, dass Abraham eine einzige weltweite Familie haben sollte, die in einer Gruppe besteht, die nicht durch Abstammung oder ethnische Zugehörigkeit definiert ist, sondern durch **Glauben**. Genau das erklärte Paulus in den Versen 6-9 auf der Grundlage von 1. Mose 12 und 15. Jetzt untersucht er, was das in der Praxis bedeutet.

Das Problem in dieser Passage, das in den meisten Übersetzungen zum Vorschein kommt, ist das Wort „Samen", das ich hier mit „Familie" wiedergegeben habe. Allein dadurch ergibt Paulus' Argumentation nämlich erst wirklich Sinn. Gott gab „Abraham und seinem Samen" Verheißungen; der „Samen" steht hier im Singular und verweist auf den **Messias** – der für Paulus Gottes Volk repräsentiert. Der „singuläre Samen" meint daher *die eine, im Messias vereinigte Familie, die Gott immer beabsichtigt hatte*. Das war Gottes im Bund ausgedrückter Wille und nichts im **Himmel** oder auf Erden kann das umstoßen, mit Sicherheit nicht das Gesetz, das vergleichsweise spät auf der Bildfläche erschien. Die Verheißung kommt zuerst und muss bestehen bleiben.

Ich unterrichtete einst den Galaterbrief in einer Klasse in Montreal und einer meiner aufgewecktesten Studenten – ein junger Geistlicher aus Kenia – konnte an dieser Stelle nicht mehr an sich halten: „Aber warum gab Gott dann das Gesetz?" Ich antwortete damals: Wenn du hier genau diese Frage hast, bist du Paulus offensichtlich genau richtig gefolgt, denn das ist genau die Frage, die er in Vers 19 selber anspricht. Und seine Antwort lautet: Das Gesetz war *ein notwendiger Teil der Story, die in der Zwischenzeit ablief* – also zwischen der Gabe der Verheißung und ihrer Erfüllung. Obwohl viele Paulusleser angenommen haben, er habe das Gesetz für etwas Schlechtes gehalten, dass beiseitegewischt werden müsse, ist das ein völliges Missverständnis. Um das zu erkennen, müssen wir etwas begreifen, das im paulinischen Denken entscheidend wichtig ist, das er aber in der vorliegenden Passage nur andeutet.

Paulus ist sich völlig im Klaren, dass die Menschheit insgesamt sündig ist und unter dem Gericht Gottes steht. Er ist sich ebenfalls im Klaren, dass Gott Abraham berief, damit durch seine Familie letztendlich das Heilmittel gefunden werden könnte, welches das Problem der Menschen und sogar des gesamten Kosmos löst. Doch seit jenem Tag war Abrahams Familie ebenfalls nach wie vor Teil der Menschheit. Das Volk, das Träger der Lösung war, war selber auch Teil des Problems. Die Ärzte waren selber mit der Krankheit infiziert.

Was musste also geschehen? Antwort: Die Ärzte mussten selber unter Quarantäne gestellt werden, bis die Medizin, die sie bei sich hatten, zur Wirkung kommen konnte. Das Gesetz war eine Art zeitlich begrenzter Quarantäne für diesen Zweck; immer noch auf dem Gesetz zu beharren, nachdem die Lösung gefunden worden war, ist absurd. Das Gesetz wurde Paulus zufolge aufgrund dieses Zwischenzustands gegeben, dieser Zeit der physischen Familie Abrahams, des Volkes Israel. Es war in der Tat „aufgrund der Übertretung" gegeben worden. Eine „Übertretung" ist nicht bloß eine Sünde, eine boshafte Tat, sondern ein Gesetzesbruch. Es war für eine bestimmte Zeit gegeben worden, bis die eine, von Gott beabsichtigte und verheißene Familie mit dem Messias ankommen sollte.

Der Punkt der sehr schwierigen Verse 19 und 20 lautet daher: Das Gesetz wurde nicht nur durch die Vermittlung von Engeln gegeben (damit sagt Paulus, dass das Gesetz tatsächlich Gottes wundervolles und heiliges Gesetz war), sondern auch durch den „Vermittler", also durch Mose. Doch Mose kann nicht der Vermittler sein, durch den Gott den „Einen" erschafft, also die eine Familie, die er immer wollte; doch Gott ist Einer und daher (wie Paulus in Römer 3,29-30 erklärt) verlangt er nach einer Familie, nicht nach vielen Familien. Sich selbst überlassen hätte das Gesetz, das Israel unter Quarantäne gestellt hatte, mindestens zwei Familien hervorgebracht (Israel und gläubige Heiden; das war die Lage in Antiochia, als sich Petrus und die anderen von den Heidenchristen trennten) und möglicherweise noch viele weitere Familien, wenn das Prinzip akzeptiert worden wäre, dass unterschiedliche Gruppen von Christen nach ethnischer Herkunft eingestuft werden sollten. Das kann nicht Gottes Absicht gewesen sein.

Wiederum stehen wir vor einer Frage, zu der uns Paulus führt. (Diese Fragen antworten in den Paulusbriefen nicht bloß auf Probleme; sie bringen unser Verständnis immer auch einen Schritt weiter.) Sieht es nicht so aus, als ob das Gesetz *gegen* Gottes Verheißungen steht?

Mit Sicherheit nicht. Im Gegenteil: Nicht das Gesetz ist das Problem, sondern der Zustand der physischen Familie Abrahams ist das Problem. Wie der Rest der Menschheit bestand sie aus Sündern und war daher todgeweiht. Wenn die Bestimmungen des Gesetzes in der Lage gewesen wären, das Problem zu lösen, wäre das gut und schön gewesen: Der Bund wäre dann und dort erfüllt worden. Das war jedoch nicht der Fall, wie Paulus bereits in 2,21 gesagt hatte. Das Gesetz hatte diese Wirkung nicht. Es war schlicht eine Quarantäne-Regulierung, als solche wichtig und gesund, aber es war die ständige Erinnerung, dass die gesamte Menschheit inklusive der Familie Abrahams sündig war. Und es war zu diesem Zweck vorhanden bis zu der Zeit, als Gott die Verheißung endlich erfüllte.

Als er das tat, geschah das nicht durch das Gesetz, sondern durch die Treue des repräsentativen Israeliten, also durch Jesus, den Messias. In ihm ist die Verheißung jetzt wahr geworden, und zwar nicht nur für eine einzige ethnische Gruppe, sondern für alle, die glauben, Juden und Heiden gleichermaßen. Paulus ist hier sehr nah an dem, was er in Römer 3,21-26 sagt. Genau das war die ganze Zeit Gottes Plan gewesen: eine weltweite Familie, deren Kennzeichen der Glaube sein würde. Diese Familie wurde jetzt im Messias erschaffen; die Zugehörigkeit zu ihr wurde den Galatern durch ihren Glauben an Jesus als Messias und Herrn geschenkt; sie benötigten nichts Zusätzliches, um sie vollständig zu Mitgliedern zu machen. Unter das Gesetz zurückzugehen würde sogar heißen, wieder unter den Quarantäne-Bestimmungen zu leben, die nur für die Zwischenzeit gedacht waren.

Diese Passage hat uns sehr viel zu sagen über die Gewissheit aller, die dem **Evangelium** glauben. Sie sind alle Mitglieder des wahren Volkes Gottes, unabhängig von ihrem ethnischen Hintergrund. Das ist eine Lektion, welche die Kirche immer noch lernen muss. Diese Lektion hilft uns auch, besser zu verstehen, wie das Alte Testament aus christlicher Sicht gelesen werden sollte. Das Alte Testament war von Gott gegeben und bleibt ein Teil der christlichen Bibel; daran sollte kein Zweifel sein und es sollte kein Versuch unternommen werden, Paulus etwas anderes sagen zu lassen. Doch gerade aufgrund der christlichen Story darüber, wie Gott mit seinem Volk seit Abraham gehandelt hat, werden die Bestimmungen jetzt beiseitegelegt, die dazu gedacht waren, Israel sozusagen unter Quarantäne zu stellen – und zwar nicht, weil sie schlecht, unbedacht, unnötig oder nicht von Gott beabsichtigt waren, sondern weil sie gut, entscheidend, wirksam waren, aber ihre Aufgabe nun erledigt haben.

Galater 3,23-29: Die Ankunft des Glaubens

23 *Bevor diese Treue*[1] *da war, hielt das Gesetz uns gefangen und unter Aufsicht, bis die Treue offenbart werden würde.* 24 *So war das Gesetz für uns wie ein Babysitter, der sich um uns gekümmert hat, bis der Messias kam und wir auf der Grundlage der Treue Anteil am Bund bekommen.*

25 *Jetzt aber, wo diese Treue gekommen ist, stehen wir nicht länger*

1 *Treue:* Das griechische Wort *pistis* bedeutet zugleich „Glaube" und „Treue". Tom Wright übersetzt es hier als „faithfulness = Treue", an anderen Orten als „faith = Glaube".

unter der Aufsicht des Babysitters. 26 *Durch die Treue, die im Messias*
Jesus ist, seid ihr alle nämlich Kinder Gottes.

27 *Schaut, jeder von euch, der in den Messias Jesus hineingetauft*
wurde, hat den Messias angezogen. 28 *Da gibt es nicht länger Juden*
oder Griechen, Sklaven oder Freie; es gibt nicht länger „männlich“
oder „weiblich“; im Messias Jesus seid ihr alle eins.

29 *Und wenn ihr zum Messias gehört, seid ihr Abrahams Familie.*
Das Erbe steht euch zu.

Einer der schlimmsten Abende im Leben meiner damals noch jungen Tochter war der Abend, an dem sie gebeten worden war, bei Freunden Babysitter zu sein – eine Aufgabe, die sie schon öfter gerne und gut übernommen hatte. Weder wir noch unsere Freunde wussten allerdings, dass die beiden Kinder an jenem Abend ganz schlechter Laune waren und es ihren Eltern verübelten, dass diese ausgingen. Sie ließen ihren Frust und Ärger an meiner Tochter aus. Der Abend war heftig für sie, sie schaffte es aber, die Kinder vor allzu großen Bösartigkeiten zurückzuhalten. Sie – und ich denke, auch die Kinder – waren sehr erleichtert, als der Abend vorbei war.

Paulus’ Bild vom **Gesetz** in der Story Israels fokussiert sich jetzt auf die Aufgabe und Rolle des Gesetzes als Babysitter, bis Israel erwachsen werden sollte. Das Wort, das ich mit „Babysitter“ übersetzt habe, verwies in Paulus’ Welt normalerweise auf einen Sklaven, dessen Aufgabe darin bestand, sich tagtäglich im Namen der Eltern um die Kinder zu kümmern, sie zur Schule zu bringen, ihre Sicherheit zu gewährleisten, sie vor Unheil zu bewahren etc. In vielen Kulturen gibt es immer noch solche Leute, die manchmal sogar wie Familienmitglieder werden, auch wenn die Kinder schon groß sind. In der westlichen Welt wird diese Aufgabe manchmal von einem Au-pair-Mädchen übernommen.

Paulus’ grundlegender Punkt bezieht sich hier auf die Story Israels in der Zeit zwischen Mose und der Ankunft des **Messias**. Während dieser Zeit *war Israel immer noch ein Kind, um das sich besonders gekümmert werden musste.* Die Tatsache, dass Israel in seiner Kindheit einen Babysitter brauchte, hieß nicht, dass der Babysitter mit seiner Aufgabe fortfahren sollte, nachdem das Kind schon erwachsen war. Und Paulus behauptet in diesem Brief durchgängig: Mit der Ankunft des Messias war Israel endlich Gottes erwachsenes Kind geworden. Israel hat das Alter der Verantwortlichkeit oder Vertrauenswürdigkeit erreicht. Und das Wort für „Vertrauenswürdigkeit" ist dasselbe wie das Wort für „**Glauben**". Paulus kann daher erklären, dass „Glaube" – dasselbe griechische Wort kann bedeuten: „Treue", „Vertrauen", „Vertrauenswürdigkeit", „Verlässlichkeit" – das Zeichen von Reife ist; mit anderen Worten: das Zeichen, dass der Babysitter nicht mehr gebraucht wird. Die Treue des Messias ist das Zeichen, dass hier nun endlich ein reifer Israelit ist, gekommen, um Gottes Verheißung zu erfüllen. Der antwortende Glaube des Gläubigen ist das Zeichen, dass diese Person vollumfänglich und vollständig ein Mitglied der Familie Gottes ist – völlig unabhängig von ihrem ethnischen Hintergrund.

Also erklärt er in Vers 26: Ihr alle seid Kinder Gottes durch seine Treue, im Messias Jesus. „Kinder Gottes" ist selber ein Titel für Israel: Israel, sagte Gott, ist mein Sohn, mein Erstgeborener (2. Mose 4,22). Das heißt: Dieser Titel gehört zur großartigen Story vom **Exodus**, Gottes Erlösung Israels aus der Sklaverei in Ägypten, auf die sich Paulus im nächsten Punkt seiner Argumentation beziehen wird (4,1-7). Diese Story, die Grundlage von allem, was Israel über sich selbst als Gottes erlöstes Volk wusste, wird jetzt von Paulus aufgenommen und einen Schritt weitergeführt. Die gesamte Geschichte Israels von Mose bis zum Messias, so wird er erklären, war wie die Zeit, während der Israel in Ägypten versklavt war. Jetzt war die Zeit der Befreiung gekommen. Wollt ihr wieder in die Kindheit zurückgehen, obwohl ihr doch erwachsen sein könntet? Wollt ihr wieder zurück in die Sklaverei, obwohl ihr frei sein könntet? Und das Kennzeichen des erwachsenen Kindes Gottes, das Kennzeichen von Gottes freiem Volk, besteht darin, dass er ihnen Verantwortung übergibt: Sie sind Menschen des Glaubens, des Vertrauens. Sie glauben dem **Evangelium**.

Doch wie kann die Zugehörigkeit zum Volk des Messias ihnen diesen Status verleihen, Gottes erwachsene Kinder zu sein? Paulus erklärt das in einem dicht formulierten, teilweise verwirrenden Abschnitt. Wenn er das Wort „**Christus**“ verwendet, meint er damit nicht nur „Messias“, sondern auch, dass der Messias derjenige ist, der Israel in sich selbst zusammenfasst. Für Paulus ist entscheidend, dass jemand „im“ Messias ist oder „zum“ Messias „gehört“. Das ist nicht bloß ein geistlicher Zustand, der aus einer bestimmten Art von innerer Erfahrung hervorgeht oder darin besteht. Für Paulus bedeutet es, einer bestimmten Gemeinschaft zuzugehören, der neuen königlichen Familie, dem Volk des Messias; und in diese Familie gelangt man durch die **Taufe**.

Die Taufe geschieht daher „in den Messias hinein“: Sie ist die Tür, durch die man in die Mitgliedschaft der einen Familie eintritt, die Gott Abraham verheißen hat. Paulus erläutert hier nicht, in welchem Verhältnis die Taufe zum Glauben steht; er nimmt an, dass beides vorhanden ist, was ja ganz natürlich ist, denn „Jesus ist Herr“ war ja das, was der Taufkandidat zu bekennen hatte. Er diskutiert auch nicht wie in 1. Korinther 10 die Probleme, die durch Menschen entstehen, die getauft sind, aber nicht zu realisieren scheinen, was damit alles zusammenhängt.

Wer getauft ist, hat „den Messias angezogen“. Diese Menschen sind die Familie des Messias. Das Ergebnis ist, dass alte Unterscheidungen im Hinblick auf ihren Status in der Familie, auf ihre Stellung vor Gott und voreinander, nicht mehr relevant sind. Das heißt nicht, dass jeder Aspekt ihrer menschlichen Identität irrelevant wird; Paulus ist sich immer noch bewusst, dass er ein Judenchrist ist (siehe z. B. Römer 11,1-6). Das ist jedoch nicht die Grundlage seiner Stellung als Teil der wahren Familie Abrahams. Er ist sich nach wie vor bewusst, dass manche Menschen Sklaven sind und andere frei; warum hätte er sonst den Brief an Philemon geschrieben? Er ist sich nach wie vor bewusst, dass es männlich und weiblich gibt; darauf deuten zahlreiche Passagen hin. Doch der Punkt lautet: *All diese Unterschiede sind irrelevant für deinen Status in Christus*. Vor dem Kreuz sind alle gleich, wie schon oft gesagt wurde. „Ihr seid alle eins im Messias Jesus."

Dann kommt der großartige Abschluss des ganzen Kapitels. Paulus' Punkt lautet ganz klar: Gott hat Abraham eine einzige Familie verheißen – und im Messias hat Gott genau diese eine Familie erschaffen. „Wenn du zum Messias gehörst, bist du Abrahams Familie." Warum sollte man also irgendwo anders suchen? Warum sollte man versuchen, auf irgendwelche andere Weise ein Kind Abrahams zu werden? Doch wenn du Teil der Familie Abrahams bist, bist du auch erbberechtigt zu den Bedingungen des ursprünglichen Bundeswillens Gottes (3,15-18).

Dieser Abschnitt hat in jeder Situation ein kräftiges Wort mitzureden, in der die Kirche entlang ethnischer oder kultureller Grenzen gespalten ist – etwas, das traurigerweise heute viel öfter vorkommt als zu Paulus' Zeiten. Die meisten der großen Trennungen im Christentum – die östliche Orthodoxie gegenüber den Westkirchen (also Rom und die Kirchen, die sich von Rom trennten); der Protestantismus Nordeuropas und seiner Kolonien gegenüber dem Katholizismus Südeuropas und seiner Ableger; die rudimentäre schottisch/englische Spaltung in presbyterianische und episkopale Kirchen und viele andere der neueren Freikirchen, die oft verschiedene Kulturen und soziale Milieus widerspiegeln – die meisten dieser Spaltungen sind zwar historisch verständlich, fallen aber unter Gottes Gericht, wenn sie im Lichte dieses Kapitels betrachtet werden. Die Leidenschaft für Paulus' Evangelium überträgt sich direkt in eine Leidenschaft für die Einheit der Kirche.

Ebenso gilt: Paulus' Argumentation über das unreife und reife Volk Gottes führt zu einigen bohrenden Fragen nach uns selbst als Einzelpersonen und als Kirchen. Sind wir wirklich erwachsen? Sind wir vertrauenswürdig? Glauben wir wirklich? Oder ziehen wir es insgeheim vor, von einem Babysitter betreut zu werden?

Galater 4,1-7: Der Sohn und der Geist

1 Lasst es mich so erklären: Solange der Erbe noch ein Kind ist, gibt es
keinen Unterschied zu einem Sklaven – obwohl er in Wahrheit ja der
Herr über alles ist! 2 Er steht unter Aufsicht und Vormundschaft bis zu
dem Zeitpunkt, den sein Vater festgelegt hat.

3 Nun, mit uns verhält es sich genauso. Als wir noch Kinder waren,
waren wir „versklavt“ von den „Elementen dieser Welt“. 4 Als aber die
Zeit für die Erfüllung gekommen war, sandte Gott seinen Sohn, von
einer Frau geboren, unter dem Gesetz geboren, 5 damit er alle erlösen
kann, die unter dem Gesetz sind und wir so als Söhne adoptiert werden.

6 Weil ihr aber Söhne seid, hat Gott den Geist seines Sohnes in
unsere Herzen gesandt, der ruft: „Abba, Vater!“ 7 Also bist du nicht
länger ein Sklave, sondern ein Sohn! Und wenn du ein Sohn bist, bist
du auch durch Gott ein Erbe.

Wenn Sie jemals versucht haben, eine Geschichte zu schreiben, haben Sie wahrscheinlich herausgefunden, dass Ihre Charaktere in Schwierigkeiten geraten, aus denen sie nur sehr schwer wieder herauszuholen sind. Vor diesem Problem standen mehrere Romanautoren des 19. Jahrhunderts, oft mit Helden und Heldinnen, die finanzielle und familiäre Probleme bekamen, für die es keine offensichtlichen Lösungen gab. Ein beliebter Ausweg aus dem Dilemma bestand darin, eine vorher nicht erwähnte Person sterben zu lassen, die einem der Charaktere ein großes Erbe hinterließ. Gegen Ende des Romans kommt ein Brief an, der mitteilt, dass der seit Langem vergessene Onkel oder Cousin, vielleicht am anderen Ende der Erde, gestorben war und ein Vermögen hinterlassen hatte. Plötzlich löst sich alles. Es kommt neue Hoffnung auf, die Probleme sind vergessen und alle feiern.

Wir können die Leichtigkeit belächeln, mit der ein Romanautor einen Charakter aus seinen Problemen herausholt und der Geschichte ein Happy End gibt, und zwar mit einem Mittel, das mit dem Rest des Plots nichts zu tun hat. Heutige ernsthafte Romanliteratur missbilligt derartige Tricks normalerweise – vielleicht weil wir in einer Welt leben, in der es erheblich weniger reiche, aber vergessene Onkel gibt. So eine plötzliche Wendung im Plot – und auch der Traum, den viele hegen, dass etwas Unerwartetes geschieht und alle ihre Probleme im Handumdrehen löst – hat für mich zum Teil auch deswegen eine Anziehungskraft, weil eine erstaunliche Ähnlichkeit zu der Story besteht, die Paulus in dieser Passage erzählt, eine Story, die im Christentum so zentral ist, dass sie auch dort gut bekannt ist, wo man die Paulusbriefe gar nicht studiert.

Die Story handelt genau von Menschen, die berechtigt sind, eine Art Vermögen zu erben, doch die sich dieser Tatsache überhaupt nicht bewusst sind. Es gibt zwei Kategorien von Menschen, die das „Vermögen" gemeinsam erben sollen. Sie sind von unterschiedlicher Herkunft, werden letztlich aber doch zusammen sein. Mit anderen Worten: Es geht um Judenchristen und **Heiden**christen, die von ganz unterschiedlichen Ausgangslagen herkommen. Das ist für Paulus jedoch in dem Moment bedeutungslos, in dem sie Christen werden. Es ist wie bei einer Person, die sonntags einfach über die Straße gehen muss, um zur Kirche zu kommen, und einer anderen Person, die mit dem Hubschrauber aus einem anderen Land zur Kirche kommt: Ihre Anreise ist völlig unterschiedlich, aber ihr Ziel ist dasselbe.

Paulus beginnt, wo er am Ende der vorigen Argumentation aufgehört hat: mit dem Sohn, der auch der Erbe ist. Innerhalb dieses Bildes bedenkt er die Lage so einer Person vor Erreichung der Volljährigkeit: Der Vater ernennt Treuhänder, die sich um den Sohn kümmern, ähnlich dem Babysitter im vorherigen Abschnitt (3,24-25). Paulus entwickelt nun seinen Gedanken in Beziehung zu zwei weiteren Gedankenreihen: erstens zum Handeln Gottes im neuen Exodus, dem großen und letzten Akt der Erlösung, vollbracht in **Christus** und durch den **Geist**; zweitens zur parallelen Reise von Juden und Heiden aus parallelen Situationen der Sklaverei auf ihrem Weg zum **Glauben** und zur Freiheit. Wir müssen uns diese beiden nacheinander anschauen, bevor wir den Absatz dann wieder zusammenzusetzen.

Diese Verse stecken voller Exodus-Sprache. Gott berief Mose, um Israel aus der Sklaverei in Ägypten in die Freiheit zu führen, in das Erbe des verheißenen Landes. Nach einer langen Zeit des Wartens, die bereits in 1. Mose 15 vorhergesagt wurde, kam die Zeit der Erfüllung: Gott sandte Mose, um sein Volk zu erlösen, sie also aus der Sklaverei freizukaufen. Damit sollte auch erwiesen werden, was Mose dem Pharao gesagt hatte: „Israel ist mein Sohn, mein Erstgeborener." Die Freiheit wurde durch das Passah erreicht, mit dem Opfer der Lämmer und der Tötung der erstgeborenen Ägypter. Nachdem das Volk Ägypten verlassen hatte, kamen sie vierzig Tage nach dem Passah zum Sinai. Dort wurde ihnen das **Gesetz** gegeben als Führer durch die Wüste in ihr Erbe. Das ist die Story, die alle Juden kennen; sie bildet die Grundlage vieler jüdischer antiker wie moderner Schriften.

Stellen Sie sich vor, diese Story sei auf eine Glasplatte gemalt, sodass Sie während der Betrachtung des Bildes dennoch durch das Glas schauen können. Halten Sie sich dieses bemalte Glas vor die Augen, schauen Sie sich die Story an, die Paulus in diesem Abschnitt erzählt, und passen Sie auf, was geschieht. Israel ist in der Sklaverei – doch die Sklaventreiber sind jetzt nicht die Ägypter, sondern „die Elemente der Welt", eine unübliche Wendung, die wahrscheinlich auf die Schutzengel oder Gottheiten verweist, die sich im jüdischen Denken um die verschiedenen Nationen kümmern. In einem seiner mutigsten Schachzüge sagt Paulus, dass das jüdische Gesetz selber bloß zu einem weiteren Schutzengel geworden war, der sich um Israel kümmert und Israel von den Nationen getrennt hält – mit anderen Worten: dass das Gesetz momentan jede Erfüllung von Gottes langfristiger Absicht verhindert, Freiheit und Integration zu bringen, also eine einzige weltweite Familie zu erschaffen.

Doch dann kommt das neue Passah. Gott sandte jetzt nicht Mose, sondern seinen eigenen Sohn, den **Messias** Jesus, damit durch seinen Tod Freiheit erkauft und die Sklaven wahre Kinder werden konnten. Doch nicht nur das: Vierzig Tage nach dem Passahfest, beim Pfingstfest, hatte Gott jetzt nicht das Gesetz gegeben, sondern seinen eigenen

Geist, den Geist seines Sohnes, um sein Volk in seine wahren Kinder zu verwandeln, und zwar sowohl in ihrem inneren Wesen als auch dem rechtlichen Status gemäß. Der Erweis dafür besteht in Folgendem: Wenn der Geist am Werk war, ist das Gebet, das unaufgefordert aus ihrem Herzen kommt, das Gebet Jesu, der Gott bei seinem vertrauten aramäischen Namen nannte: *Abba*, Papi. (*Abba* wurde von jüdischen Erwachsenen wie auch von Kindern verwendet; der Punkt ist nicht das Alter der Kinder, sondern die Innigkeit und Vertrautheit des Wortes.)

Das Volk Israel entdeckte in Ägypten plötzlich, dass Gott ein Erbe für sie hatte und dass er sie aus der Sklaverei befreien und in ihr Erbe führen würde. Das ist jetzt geschehen, sagt Paulus, nur auf tiefere und endgültige Weise und für Juden und Heiden gleichermaßen. Indem er die Story auf diese Weise erzählt, konnte er auch andeuten, dass Gottes Erlösung des Kindes für Heiden genauso gilt wie für Juden – weil die Heiden natürlich genauso den Schutzengeln unterworfen waren, den Gottheiten, die berufen waren, um sich um sie zu kümmern.

Obwohl Paulus in Vers 3 also über Juden spricht („wir"), ist das, was er über diese Christen gewordenen Juden sagt, dazu gedacht, ihre Story der Story der Heidenchristen weitestgehend anzugleichen. Sein Ziel besteht durchgängig darin, die Galater, die natürlich selber Heidenchristen sind, erkennen zu lassen, dass ihre Pilgerreise vom Heidentum zum christlichen Glauben Schritt für Schritt der jüdischen Pilgerreise vom Status des „kleinen Kindes" unter dem Gesetz bis zum christlichen Glauben entspricht. Natürlich gibt es auch Unterschiede. Die Juden folgten bereits demselben Gott, der jetzt in Jesus und durch den Geist offenbart worden war, während die Heiden Götzen folgten (siehe nächster Abschnitt). Doch die Wegstrecken verlaufen parallel und der Zielort ist derselbe.

Im Exodus offenbarte sich der Gott Abrahams auf neue Weise als Gott, der den Bund einhielt, der Gott, der das Schreien seines Volkes hörte und zu ihrer Rettung herabkam. Das Buch Exodus (2. Mose) versteht dies als Offenbarung von Gottes persönlichem Namen, **JHWH** (2. Mose 3,14; 6,2-8). In einem Schachzug, der so mutig wie neu ist, erklärt Paulus nun, dass der eine Gott Abrahams durch sein Handeln in Jesus und dem Geist sich jetzt selbst bekannt gemacht hat, und zwar nicht bloß mit Namen und durch dieses Handeln, sondern in seiner persönlichen Gegenwart als Mensch unter Menschen, als ein Jude unter Juden. Gottes Sohn Jesus und der Geist des Sohnes Gottes sind beide von Gott ausgesandt, und zwar nicht als Wesen, die von ihm weit entfernt oder isoliert sind, sondern als seine eigene Selbstoffenbarung, seine eigene persönliche Gegenwart. Obwohl Theologen erst einige Zeit nach Paulus das Wort „Trinität" benutzten und die technischen Begriffe, die damit zusammenhängen, liegen die Wurzeln des christlichen Gottesverständnisses („drei in einem") bereits in diesem frühen, wenn nicht *frühesten* Dokument der jungen Kirche vor.

Im letzten Vers dieses Abschnitts wechselt Paulus plötzlich von der zweiten Person Plural zur zweiten Person Singular. „*Du*", sagt er und zeigt mit dem Finger auf den Leser: Du, nicht die Person neben dir; du bist jetzt kein Sklave mehr, sondern ein echtes Kind und wahrhaftiger Erbe. Bevor nicht jeder Leser und jede Leserin dieses Wort an sich persönlich gerichtet gehört hat, ist die Botschaft noch nicht durchgedrungen. Der Autor Paulus blieb ein Prediger, und der Prediger Paulus wusste, wie man diesen Punkt eindringlich vermittelte.

Galater 4,8-11: Der wahre Gott und die falschen Götter

[8] *Wie dem auch sei, damals kanntet ihr Gott noch nicht. Deshalb wart*
ihr an diejenigen Wesen versklavt, die doch ihrem Wesen nach nicht
Götter sind. [9] *Jetzt aber, da ihr Gott erkannt habt – besser gesagt: Er*
hat euch erkannt – wie könnt ihr da zu den schwachen und armseli-
gen Dingen zurückkehren und ihnen wieder dienen? [10] *Ihr haltet euch*

an Tage, Monate, Jahreszeiten, Jahre! [11] *Ich habe Angst um euch; vielleicht war meine harte Arbeit für euch eine einzige Verschwendung.*

Der Wal ist einer der großartigsten Anblicke im Tierreich. Auf einem kleinen Boot aufs Meer hinauszufahren, dort vielleicht einige Stunden zu warten und dann eines dieser prachtvollen Geschöpfe an die Oberfläche kommen zu sehen oder gar bei einem gewaltigen Sprung aus dem Wasser heraus zu beobachten – das ist etwas Faszinierendes. Und zu den schönen Dingen dabei gehört, dass diese Tiere frei sind. Sie tun, was sie wollen und leben ihr eigenes Leben.

Es gibt aber auch Wale, die in Gefangenschaft leben. Einige werden in riesigen Aquarien gehalten, wo man sich (meistens) gut um sie kümmert. Man füttert sie regelmäßig und bringt ihnen erstaunliche Dinge bei. Sie sind ziemlich intelligent und lieben es, mit Menschen zu arbeiten und zu spielen und vor einem großen Publikum mit ihren Kunststücken anzugeben.

Manche Leute halten jedoch nichts davon, Wale in Gefangenschaft zu halten. Vor einigen Jahren schafften es Tierschützer an der Pazifikküste Nordamerikas, einen Wal aus einem Aquarium neben dem Ozean zu befreien. Doch dann geschah etwas Erstaunliches. Der Wal schwamm ein wenig herum, verbrachte eine kurze Zeit im Meer und kehrte dann freiwillig zum Aquarium zurück. Er hatte offensichtlich entschieden, dass es ihm besser ging, wenn er in der Gefangenschaft versorgt würde, als wenn er sich in der gefährlichen und schwierigen Welt außerhalb des Aquariums selbst durchbeißen müsste.

Das war auch die Wahl, vor der die Israeliten unter Mose standen. Sie waren unter seiner Führung aus der Sklaverei in Ägypten gekommen und standen nun vor der langen Reise in eine unbekannte Zukunft. Sie wussten oft nicht, wo die nächste Mahlzeit herkommen würde, und als sie regelmäßig dasselbe zu essen bekamen, hatten sie das schnell satt. Sie hatten Angst: zunächst vor den Ägyptern, von denen sie verfolgt wurden, dann vor den Kanaanitern, die das verheißene Land verteidigten. Immer wieder schrien sie zum Himmel: Warum haben wir Ägypten verlassen? Es ging uns als Sklaven besser als jetzt, wo wir diesem verrückten Traum nachjagen (2. Mose 14,11-12; 16,3; 17,3; 4. Mose 14,1-4)! Ab und an zettelten sie gar eine Verschwörung an, um einen anderen Führer zu wählen und nach Ägypten zurückzukehren wie der Wal, der in die Gefangenschaft zurückging.

Dieses Bild von der Wüstenwanderung Israels steht im Hintergrund des leidenschaftlichen Appells von Paulus in diesem Abschnitt. Die Christen in Galatien waren aus ihrem „Ägypten“ des Götzendienstes, der Anbetung falscher Götter, herausgekommen. Sie waren befreit worden, erlöst durch die persönliche Tat des einen wahren Gottes in seinem Sohn und seinem Geist (4,4-7). Nun scheint es, als hätten sie einen Blick auf die weite und Angst machende Welt der Freiheit geworfen, und was sie sahen, gefiel ihnen nicht. Sie waren entschlossen, wieder in die Welt zurückzukehren, in der das Leben sicherer erschien, geregelter, eine Welt, in der man wusste, wo man hingehörte – mit anderen Worten: zurück zum Leben in der Sklaverei. Sie entscheiden sich, so sagt Paulus, dahin zurückzugehen, wo sie schon vorher gewesen waren, zurück zu den alten heidnischen Göttern, die sie angebetet hatten bis zu der Zeit, als sie vom lebendigen Gott befreit wurden.

Oberflächlich betrachtet ist das eine erstaunliche Behauptung. Denn die Galater waren nicht drauf und dran, wieder ihre alten heidnischen Gottheiten anzubeten; sie stehen kurz davor, Juden werden zu wollen. Aber Paulus bleibt hartnäckig. Nun, da der **Messias** gekommen ist und mit ihm die neue Welt, in der Gottes Gnade alle Menschen gleichermaßen erreichen will, sieht die Sache so aus: Wer versucht, das Judentum anzunehmen, erklärt seine Vorliebe für ein System, in dem ethnische und territoriale Zugehörigkeit zählt, im Gegensatz zur Zugehörigkeit zur neuen Familie des Messias. Sie wählen die Herrschaft des jüdischen **Gesetzes**, das Israel in der Zeit von Mose bis zum Messias in einem Zustand belassen hatte, der mehr oder weniger der Sklaverei gleichkam (3,23-25; 4,3). Sie sagen quasi, dass sie es vorziehen, von der alten Garde der Gottheiten beherrscht zu werden, die die verschiedenen Nationen unter ihrer Knute hielten, als von dem wahren

Gott, der nun in seinem Handeln in Jesus gezeigt hat, wer er in Wirklichkeit ist.

Paulus sagt ganz klar, dass das jüdische Gesetz von Gott gegeben wurde, und zwar mit einem Zweck in seinem Gesamtplan. Doch nun, da der Plan in Erfüllung gegangen war, sieht es so aus, dass jeder, der in das frühere Stadium zurückkehrt, das Gesetz behandelt, als sei es etwas Unabhängiges, das auf ewig bestehen könne; mit anderen Worten: als müsse man es wie einen Gott behandeln. Doch die Galater sollten eigentlich wissen, dass sich beim Christwerden alles darum drehte, der Herrschaft von versklavenden „Göttern“ zu entkommen und Freiheit darin zu finden, den wahren Gott zu kennen.

Oder vielmehr: von dem wahren Gott erkannt zu werden. Paulus korrigiert sich in Vers 9 selbst, denn wie er auch in 1. Korinther 8,2-3 sagt: Was wirklich zählt, ist nicht, dass du Gott kennst, sondern dass Gott dich kennt. Unsere Kenntnis von Gott ist gering, schwach und bruchstückhaft; sie ist von unseren Stimmungsschwankungen und Gefühlen abhängig. Wenn das unser Christsein ausmachen würde, würden wir auf äußerst schwankende Fundamente aufbauen. Es zählt, dass Gott uns kennt; nicht nur in dem Sinne, dass er *von* uns weiß, auch wenn das natürlich ebenfalls stimmt, sondern in dem Sinne, dass er von seiner Seite der Beziehung aus eine Verbindung aufgenommen hat, einen **Bund**, in dem er uns durch und durch kennt und uns als seine eigene Familie bezeichnet.

Die Wahl ist also klar. Du gehst entweder den Weg der Freiheit weiter, bist erkannt von dem Gott, der sich als Vater, Sohn und Geist offenbart hat (4,4-7). Oder du kehrst zurück, wirst wieder ein Götzenanbeter und damit genauso versklavt wie vorher. Die primäre Falle für einen Christen besteht nicht darin, moralische Gesetze zu brechen, obwohl auch das eine ernste Sache ist, sondern die Hauptfalle besteht im Götzendienst – in der Anbetung falscher Götter, die zu unmoralischem Verhalten führt. Dies ist der Fokus des Appells, den Paulus hier formuliert. Bete den wahren Gott an, und alles andere wird daraus folgen.

Das Symptom ihrer Rebellion, das er hier hervorhebt, ist eines, das er nirgendwo sonst erwähnt, doch es handelte sich offensichtlich um eine Sache, die im Leben der jungen Christen in Galatien immer wichtiger wurde. „Ihr haltet euch an Tage, Monate, Jahreszeiten und Jahre!", sagt Paulus. Wir wissen, dass die Christen von ganz frühen Zeiten an verschiedene Feste feierten: Paulus spricht selbst davon, dass der erste Tag der Woche ein besonderer ist (1. Korinther 16,2), und es ist sicher, dass die frühen Christen sich regelmäßig an diesem Tag versammelten, den sie den „Tag des Herrn" nannten (Offenbarung 1,10), den Tag, der aufgrund der **Auferstehung** Jesu für immer ein besonderer Tag ist. Auch Ostern wurde schnell zu einem bedeutenden jährlichen Fest, und in der frühen Kirche behielten viele, wie auch Paulus selbst (Apostelgeschichte 20,6.16; 1. Korinther 16,8) die Gewohnheit bei, sich an den jüdischen Festen wie dem Passahfest oder Pfingsten zu orientieren. Es kann also nicht darum gehen, dass alles Beachten von Tagen und Zeiten verboten werden sollte. Auf jeden Fall sagt Paulus in Römer 14,5-6, dass das Beachten oder Nichtbeachten bestimmter Tage etwas ist, das jeder Christ als eine Sache persönlicher Jüngerschaft selbst entscheiden kann.

Hier im Galaterbrief scheint es darum zu gehen, dass die Galater darauf bestanden, die jüdischen Feste zu feiern; doch der Punkt, um den es bei diesen Festen ging, bestand darin, dass sie alle auf jene großartige Erlösungstat vorausblickten, die Gott eines Tages vollbringen würde. Wie konnte man also solche Feste feiern, wenn Gottes Zukunft in Jesus **Christus** bereits angekommen war? Indem sie diese Feste feiern, sagen die Galater, dass sie nicht sicher sind, ob Gott tatsächlich schon getan hat, was er zu tun versprochen hatte – doch das **Evangelium** dreht sich ja gerade darum, *dass* er es schon getan hat! Daher ist es verständlich, dass Paulus sich voller Verzweiflung zu fragen beginnt, ob alle seine Bemühungen um die Galater vergeblich gewesen seien.

Doch der Kern des Abschnitts und vielleicht seine zentrale Stoßrichtung für uns Christen heute besteht im Ruf, wahre Freiheit darin zu finden, den wahren Gott zu kennen und von ihm erkannt zu werden. Das Leben der Hingabe und Anbetung macht uns frei von der Herrschaft anderer Götter. Wir schauen dann verehrend auf den wahren Gott, dessen Charakter und Taten wir niemals genug studieren können. Doch die anderen Götter werden uns weiterhin einflüstern, dass wir es vielleicht vorziehen sollten, uns wieder von ihnen versklaven zu lassen. Es ist einfacher, dein Leben von den alten Optionen beherrschen zu lassen: Identität durch die ethnische Gruppe oder den Stamm, Loyalität gegenüber einem geografischen Territorium, die Versuchungen von Geld, Sex und Macht. Es ist viel schwieriger, dem Gott zu folgen, der sich in Jesus und im Geist offenbart hat, und in der Gemeinschaft mit anderen Nachfolgern wahre Freiheit, wahres Menschsein zu lernen. Doch es gibt eigentlich keine Alternative, das wird Paulus noch zeigen. Gott hat gehandelt; wir haben die Auswirkung jenes Handelns erlebt. Wenn wir jetzt zurückgehen, verleugnen wir nicht nur uns selbst und unsere christliche Erfahrung, sondern wir verleugnen Gott selbst.

Galater 4,12-20: Paulus appelliert an seine Kinder

12 *Werdet wie ich! – Denn ich bin wie ihr geworden, meine liebe*
Familie. Das ist meine Bitte an euch. Ihr habt mir kein Unrecht zuge-
fügt: 13 *Nein, ihr wisst, dass ich euch das Evangelium in erster Linie in*
körperlicher Schwachheit verkündet habe. 14 *Ihr habt mich nie verach-*
tet oder ausgelacht, obwohl mein Zustand eine ziemliche Herausfor-
derung für euch darstellte. Ihr habt mich aber willkommen geheißen,
als ob ich ein Engel von Gott, ja sogar der Messias Jesus selbst wäre!
15 *Was ist mit dem Segen passiert, den ihr damals empfangen habt? Ja,*
ich bezeuge, dass ihr euch sogar die Augen ausgerissen hättet, wenn
das möglich wäre, um sie mir zu geben. 16 *Bin ich jetzt euer Feind ge-*
worden, weil ich euch die Wahrheit sage?

17 Diese anderen Leute bemühen sich sehr um euch, aber das ge-
schieht nicht mit guten Absichten. Sie wollen euch ausschließen, da-
mit ihr euch dann umso mehr um sie bemüht. 18 Natürlich ist es immer
gut, sich eifrig um etwas Gutes zu bemühen, und dies nicht nur, wenn
ich bei euch bin. 19 Meine Kinder, es scheint, dass ich wiederum in We-
hen liege für euch, bis der Messias völlig in euch Gestalt angenommen
hat. 20 Ich wäre so gerne gerade jetzt bei euch und könnte meinen Ton-
fall ändern. Ich weiß einfach nicht mehr weiter mit euch.

Der Französischlehrer war sehr streng. Wir durften in seinem Unterricht kein Wort Englisch sprechen und er selber tat das auch nicht. Alles musste auf Französisch gesagt werden, auch ganz belanglose Kommentare oder Bitten. Er war entschlossen, dass wir nicht nur lernten, Französisch zu lesen, zu schreiben und zu sprechen; wir sollten auch Französisch denken.

Daher waren wir umso überraschter, als er eines Tages ins Klassenzimmer kam, sich vor uns hinstellte und ganz ruhig auf Englisch redete. Wir hatten ihn nie zuvor Englisch sprechen hören. Er war sehr zornig. In der vorherigen Woche hatten wir eine Prüfung gehabt und alle hatten sehr schlecht abgeschnitten. Was er zu sagen hatte, konnte er nur mit dem richtigen Schockeffekt vermitteln, indem er seine übliche Vorgehensweise aufgab und auf Englisch redete, als wollte er damit sagen: „Ihr wart so schlecht in Französisch, dass ich in dieser Sprache vielleicht nie wieder mit euch reden kann." Das hinterließ einen bleibenden Eindruck. Nach ein paar Minuten nahm er aber wieder den normalen Französischunterricht auf.

Wir sind nun an den Punkt des Galaterbriefs gekommen, an dem Paulus sozusagen aufhört, theologisch zu sprechen. Er unterbricht seinen Gedankengang und spricht auf eine völlig andere Weise zu seinen überraschten Zuhörern. Mindestens seit 2,15 hat er bisher Schritt für Schritt seine Argumentation aufgebaut, die von seinen Zuhörern (und auch von uns 2000 Jahre später!) verlangt, dem Ganzen aufmerksam zu folgen und gründlich darüber nachzudenken. Wie ein Lehrer, der den Unterricht unterbricht, sich vor die Klasse hinstellt, seine Brille abnimmt und die Schüler direkt anspricht, sagt er ihnen nun ganz plötzlich, was er denkt, wie er sich fühlt, welche Gedanken ihm auf einer eher persönlichen Ebene durch den Kopf gehen. Dies ist ein Moment, wo er von Herz zu Herz spricht. Fast in jeder Zeile appelliert er an Freundschaft, Familienloyalität, an eine gegenseitige Verbindung, die durch die gemeinsame Erfahrung dessen geknüpft worden war, was Gott für sie alle getan hatte.

Das geht alles auf die Zeit zurück, als Paulus erstmals in Galatien angekommen war. Er war damals in schlechter Verfassung. Wir kennen das Problem nicht genau; einige meinen, er war krank; andere, dass er bei einer kürzlich erlebten Verfolgung brutal zusammengeschlagen worden war. (Falls er krank war, kennen wir die genaue Krankheit nicht, auch wenn es sehr viele Spekulationen darüber gibt.) Seine körperliche Verfassung war jedenfalls bei seiner Ankunft derart schlecht, dass die Galater ziemlich abgestoßen waren. Das hinderte sie jedoch nicht daran, ihn willkommen zu heißen; tatsächlich geschah Folgendes: Während er die **Gute Nachricht** von Jesus verkündigte, wirkte Gott derart kraftvoll durch ihn, dass sie wussten, dass sie in der Gegenwart von jemand Außergewöhnlichem waren – und entsprechend behandelten sie ihn auch. „Als ob ich ein Engel wäre“, sagt er, „als ob ich der **Messias** wäre, Jesus höchstpersönlich!“

Im Hintergrund scheint zu stehen, dass Paulus sie erinnert, dass sein „Fleisch“, seine körperliche Verfassung, damals für sie kein Problem darstellte. Sie sollten daher jetzt nicht annehmen, ihr „Fleisch“, also ihr gegenwärtiger Zustand, nämlich ihr Unbeschnittensein, wäre für ihn oder sonst jemanden ein Problem. Persönlichkeitskulte, schöne Kleidung, physische **Beschneidung**, Reichtum, edle Herkunft, sozialer Status – was es auch sei, das ist alles irrelevant, wenn es um die Predigt des **Evangeliums** geht, darum, dieses Evangelium zu hören oder nach ihm zu leben. Paulus möchte, dass sie erkennen: Wie er als Jude mit Freude bereit war, für das Evangelium zu leiden, so sollten sie bereit sein, seinen Status mit ihm zu teilen, also den Status, schlicht und einfach durch nichts als den **Glauben** an Jesus **Christus** definiert zu sein.

Was ist also schiefgelaufen, fragt er? Was ist mit dem Segen passiert, diesem wunderbaren Zustand, als sie dem Wort und der Kraft des Evangeliums ihre Herzen und ihr Leben geöffnet hatten und von innen her verwandelt wurden? Damals hätten sie alles für ihn getan („sich ein Auge ausreißen für jemanden“ war ein üblicher Ausdruck für „ich würde alles für dich tun“). Da er ihnen jetzt nichts als die Wahrheit gesagt hat, werden sie sich nun doch wohl nicht von ihm abwenden, oder? Dies ist ein direkter Appell an die Loyalität einer Freundschaft. Eine theologische Argumentation ist wichtig, aber wenn diese nicht in einem Kontext geschieht, in dem Menschen in gegenseitigem Vertrauen und aufgrund derselben christlichen Erfahrung miteinander verbunden sind, wird so eine Argumentation nur den Kopf erreichen, nicht das Herz und wahrscheinlich nicht den Willen.

Der wahre Grund für den Bruch – oder den potenziellen Bruch – in ihrer Beziehung waren die anderen Leute, die dazugekommen waren. Paulus nennt sie hier nur „sie“, doch es ist klar, was diese Leute machen wollen. Sie wollen die Galater ausschließen. Wir erinnern uns an Kapitel 2: Sie wollen eine Gemeinschaft auf zwei Ebenen einrichten, einen äußeren Kreis für **Heiden**christen und einen inneren Kreis für Judenchristen. Auf diese Weise können sie sich ihren jüdischen Freunden oder Familien als richtige **gesetz**estreue Juden präsentieren. Dann werden sie die Galater zwingen, unterwürfig dazuzukommen und um Beschneidung als Preis der Zulassung zum inneren Kreis zu bitten.

Paulus weiß jedoch, dass es im Raum der Gnade Gottes keine äußeren und inneren Kreise geben kann. „Sie bemühen sich um euch“, sagt er. Das Wort für „bemühen“ ist eigentlich „eifrig“ und betont den Eifer, von dem Paulus selber einst erfüllt war, Eifer für Gott und das Gesetz; Eifer, Menschen zum Judentum zu bekehren. Doch jetzt benutzt Paulus das Wort auch in einer breiteren Bedeutung. Eifer in diesem weiteren Sinne ist eine gute Sache: Es ist gut, vor Eifer für Gottes Wirken zu brennen, aber es muss entlang der richtigen Linien geschehen (vgl. Römer 10,2, wo Paulus seine jüdischen Mitbürger als Menschen beschreibt, die Eifer für Gott haben, aber ohne Erkenntnis). Paulus will, dass sie in Liebe entflammt sind für Gott, für das Evangelium, für die Gemeinschaft mit allen anderen Gläubigen. Der Eifer, den „sie", die Gegner oder Agitatoren, an den Tag legen, ist von anderer Art; sie sind mit Eifer entflammt, der darauf zielt, ihre Sicht vom Volk Gottes als einer Familie zu konsolidieren, die prinzipiell auf ethnischer, körperlich gekennzeichneter Mitgliedschaft beruht.

Angesichts dieser Sachlage ist Paulus schier verzweifelt. Was kann er machen? Was kann er sagen, das sie zu einer Sinnesänderung bewegt? Er kommt sich vor wie eine Mutter, die nach der Geburt noch einmal Wehen durchmacht und zusieht, wie ihre Kinder Schwierigkeiten haben, reife Erwachsene zu werden, die sie doch eigentlich sein sollten. Er beschreibt sein Ziel mit ihnen an dieser Stelle ganz bemerkenswert: „bis der Messias völlig in euch Gestalt angenommen hat." Sein Ziel besteht darin, dass das messianische Leben – die sich selbst hingebende Liebe, die alle gleichermaßen umarmt – in ihrer Gemeinschaft sichtbar wird. Wenn er doch nur persönlich bei ihnen sein und ihnen alles freundlich und sympathetisch erklären könnte, mit einer Körpersprache, die ihnen zeigen würde, wie sehr er sie liebte; das würde in ihnen eine antwortende Liebe und ein ebensolches Vertrauen hervorrufen! Briefe sind ein schwacher Ersatz für persönliche Anwesenheit, auch wenn sie einen wertvollen Nebeneffekt haben: Wenn Paulus den Galatern nicht geschrieben hätte, hätten wir nicht diesen ganzen Reichtum an Einsicht und Lehre!

Dieser kleine Abschnitt steht also an dieser Stelle des Galaterbriefs als ein Zeuge für die Hochzeit von Kopf und Herz in der Lehre und pastoralen Arbeit, die zum Evangelium dazugehören. Wir mögen vielleicht Menschen vom Kopf her überzeugen, doch bevor wir ihnen nicht ins Auge schauen können (oder ihnen genau dieses Gefühl auf anderen Kommunikationswegen vermitteln können), werden wir wahrscheinlich wenig Wirkung erzielen. Paulus, einer der größten Theologen aller Zeiten, wusste: Was wirklich zählt, ist, dass das Leben des Messias in dieser Gemeinschaft gewinnt, das Leben, in dem keine Rolle spielte, ob man Jude oder Grieche war. Er war entschlossen, diesen Punkt auf jede erdenkliche Weise zu vermitteln. Er kehrt nun zur theologischen Argumentation zurück, nachdem er sie daran erinnert hat, dass er nicht nur ein Gehirn mit Mundanschluss ist, sondern ein warmherziger Mensch, der vor allem an Liebe und Loyalität appelliert.

Galater 4,21-31: Die beiden Söhne Abrahams

21 *Ihr wollt also jetzt wirklich unter dem Gesetz leben? In Ordnung,*
dann sagt mir: Seid ihr bereit, zu hören, was das Gesetz sagt? 22 *Die*
Bibel berichtet, dass Abraham zwei Söhne hatte; einen von einem Skla-
venmädchen und einen von einer freien Frau. 23 *Das Kind des Sklaven-*
mädchens wurde nach dem Fleisch geboren. Das Kind der freien Frau
dagegen gemäß der Verheißung.

24 *Betrachtet dies als eine Bildrede. Diese beiden Frauen stehen für*
zwei Bündnisse: eine stammt vom Berg Sinai und ist in der Sklaverei
geboren; das ist Hagar. 25 *(Schaut, Sinai ist ein Berg in Arabien, und*
in diesem Bild entspricht er dem gegenwärtigen Jerusalem, weil dieses
mit seinen Kindern in der Sklaverei lebt.) 26 *Das Jerusalem, das oben*
ist, ist frei – und sie ist unsere Mutter.

27 *Die Bibel sagt nämlich:*
Feiere, du Kinderlose, die niemals geboren hat!
Juble und schrei vor Freude, die du niemals Wehen spürtest!
Die unfruchtbare Frau hat viel mehr Kinder
als sie, die einen Ehemann hat.

28 *Ihr, meine liebe Familie, seid Kinder der Verheißung, in einer Linie*
mit Isaak. 29 *Es ist heute noch so wie damals: Der nach dem Fleisch*
Geborene verfolgt den nach dem Geist Geborenen. 30 *Aber was sagt*
die Bibel? „Wirf das Sklavenmädchen und ihren Sohn hinaus! Der

Sohn des Sklavenmädchens soll nicht zusammen mit dem Sohn der Freien erben." 31 *Also, meine liebe Familie, sind wir nicht Kinder des Sklavenmädchens, sondern der Freien.*

Vor nicht allzu langer Zeit gab es ein internationales Rugby-Spiel, das in strömendem Regen ausgetragen wurde. Das Spielfeld wurde immer matschiger und die Spieler immer dreckiger. Die Zuschauer konnten nicht mehr erkennen, welche Spieler zu welcher Mannschaft gehörten. Dann entdeckte der Schiedsrichter, dass nicht mal er noch erkennen konnte, wer zu welchem Team gehörte. Und schließlich konnten das nicht mal die Spieler selber erkennen.

Also bot ihnen der Schiedsrichter an, sich saubere Trikots anzuziehen. Doch eine der beiden Mannschaften weigerte sich: Sie waren stolz auf ihr Nationalmannschaftstrikot und wollten nicht wie Weicheier aussehen, die nasse gegen trockene Kleidung austauschen. Die andere Mannschaft freute sich hingegen und zog die warme, trockene Ausrüstung an. Als sie wieder das Spielfeld betraten, konnte nicht nur jeder den Unterschied zwischen den Teams erkennen; die Mannschaft mit der sauberen Ausrüstung fühlte sich so viel besser, dass sie das Spiel gewann.

Paulus erkennt an dieser Stelle des Galaterbriefs, dass mittlerweile so viele miteinander verzahnte Themen auf dem Tisch liegen, dass es Zeit ist, die Dinge zu sortieren. Die verschiedenen Elemente der Argumentation wurden im Verlaufe der Debatte zwischen ihm und den Gegnern ziemlich verwischt und die Galater versuchen, dem allen noch Sinn abzugewinnen. Also entscheidet sich Paulus für einen Plan, der allen Beteiligten klarmachen wird, wer sozusagen auf welcher Seite spielt.

Die Gegner haben behauptet, dass sie das jüdische **Gesetz** auf ihrer Seite haben. Paulus, so sagen sie, hätte sorgfältig vermieden, den Galatern die gesamte Story zu erzählen. Wenn sie (die Galater) richtige Kinder Abrahams werden wollen, also Teil des wahren Volkes Gottes, müssten sie dem Gesetz folgen und sich auch **beschneiden** lassen (der offensichtlichste Startpunkt für **Heiden**). Doch Paulus sah das anders. Aber er wird ihnen nicht durchgehen lassen, dass sie ihm unterstellen, er kenne oder befolge das Gesetz nicht. Das Gesetz, die ersten fünf Bücher der Bibel, erzählt selber eine Story, die seiner Argumentation erhebliches Gewicht verleiht. Also greift er auf eine der unglücklichsten Episoden im Buch Genesis (1. Mose) zurück: zur Story von Abrahams Frau und Abrahams Konkubine sowie zu den Söhnen, die ihm jede gebar. Und er verwendet dies als Bild für das, was zu seiner eigenen Zeit vor sich geht.

Die Story wird in 1. Mose 16 und 21 erzählt. Vor der Geburt von Isaak (aber nach der Verheißung von 1. Mose 15, die das Thema im Hintergrund von Galater 3 ist) riet Abrahams Frau Sarah ihm, im Einklang mit der damaligen Gepflogenheit ein Sklavenmädchen zur Konkubine zu nehmen und mit ihr Kinder zu haben, die als Sarahs eigene Kinder zählen würden. Abraham stimmte zu.

Der Schuss ging ziemlich nach hinten los. Hagar, das betreffende Sklavenmädchen, wurde schwanger und begann, seine Überlegenheit gegenüber der immer noch unfruchtbaren Sarah auszuspielen. (In jener Kultur war Kinderlosigkeit ja eine Schande für eine Frau.) Daraufhin behandelte Sarah Hagar schlecht; Hagar lief davon, gab aber nach, kehrte zurück und gebar einen Sohn, Ismael. Später wurde auch Sarah schwanger, nachdem Gott ihr eine konkrete Verheißung gegeben hatte (1. Mose 17,15-21; 18,9-14), und sie gebar Isaak. Wieder etwas später wurde Sarah aufgrund ihres eigenen Sohnes Isaak eifersüchtig auf Ismael und schickte ihn und seine Mutter weg. Ismael wurde der Vater der Völker Arabiens. Isaak wurde der Vater von Jakob und Esau und damit von ganz Israel.

Wie können wir – oder eigentlich auch Paulus – all dem Sinn abgewinnen? Wie können wir all das ordnen und entscheiden, was in dieser komplexen biblischen Story was bedeutet?

Es ist möglich, dass Paulus' Gegner diese Story benutzt hatten, um ihren Punkt zu untermauern, der lautete: Obwohl die Galater in gewissem Sinne durch den Glauben an das **Evangelium** zum Volk Gottes hinzugestoßen sein mochten, sah es doch so aus, als gäbe es jetzt zwei Familien, die beide behaupteten, Abrahams Kinder zu sein. Wenn dem so ist, mögen die Gegner gesagt haben, müssen sie, die Judenchristen, ja wohl die wahren, freien Kinder sein, die Nachkommen Isaaks. Unbeschnittene Heidenchristen müssen in diesem Sinne Kinder Ismaels sein, Außenseiter, Fremde, Araber im Gegensatz zu den Bürgern Israels.

Paulus stellt sich auf den Kopf und argumentiert mit 1. Mose, um seinen eigenen Punkt deutlich zu machen. Also gut, sagt er, mal angenommen, Abraham hätte wirklich zwei Familien: Woran kann man erkennen, wer zu welcher Familie gehört? Welche Seite ist die eigentliche Sklaven-Familie und welche ist die freie Familie?

Der Schlüssel besteht darin, dass die wahre Familie – mit anderen Worten: die Isaak-Familie – die Familie ist, die durch Gottes Verheißung erschaffen wurde. Abraham und Sarah entschieden sich, Kinder durch Hagar zu haben, ohne jegliche Verheißung von Gott; Ismael wurde daher „nach dem Fleisch" geboren, Isaak jedoch nach Gottes Verheißung.

Von hier aus gesehen werden alle anderen Teile des Bildes – die anderen Spieler in den beiden Mannschaften, wenn man so will – erkennbar. Paulus hatte bereits gezeigt, dass das am Sinai gegebene mosaische Gesetz in der Zeit zwischen Mose und der Ankunft des **Messias** die Funktion hatte, Israel versklavt zu halten (3,23-4,3). Das Gesetz bringt also auf sich allein gestellt keine Kinder Isaaks hervor, sondern Kinder Ismaels.

Paulus erklärt dies mit einem Vers, der frühe Verfasser von Abschriften des Briefs verwirrte, die den Text daher in verschiedenen Versionen kopierten. Er schrieb wahrscheinlich Folgendes (wie in der Übersetzung oben angenommen): „Denn Sinai ist ein Berg in Arabien." Mit anderen Worten: Das mosaische Gesetz, das auf dem Berg Sinai gegeben wurde, entspricht nun den Außenseitern im ursprünglichen Bild. Einige Kopisten schrieben jedoch Folgendes nieder: „Hagar ist der Berg Sinai in Arabien"; doch damit wird letztendlich derselbe Punkt gemacht. In der Story entspricht Hagar dem Berg Sinai, dem Ort, der das Gesetz symbolisiert, auf das sich die Gegner in Galatien berufen.

Die „Mannschaftsaufstellungen" sehen also bisher wie folgt aus:

Isaak	*Ismael*
➢ Verheißung	➢ Fleisch
➢ frei	➢ Sklave
	➢ Sinai

Jetzt führt Paulus eine völlig neue Dimension in die Story ein. Seine Gegner nehmen die Autorität aus Jerusalem in Anspruch; das mag laut Paulus wohl so sein, aber sie reden vom „gegenwärtigen Jerusalem" im Unterschied zum „himmlischen Jerusalem", „das Jerusalem, das oben ist" und das die wahre Heimat aller Gläubigen ist. Zur Demonstration zitiert er einen Text aus Jesaja 54, der an Jerusalem gerichtet ist und verheißt, dass die Stadt, die damals geplündert worden war, nun wieder Kinder im Überfluss haben würde. Es ergibt sich also folgendes Bild:

➢ Jerusalem, das oben ist	➢ „das gegenwärtige Jerusalem"
➢ ausgeplündert, aber jetzt fruchtbar	➢ mit seinen Kindern in der Sklaverei

Schließlich macht er zwei letzte Schachzüge. Erstens: Alle, die an Jesus glauben, also Gottes Verheißungen vertrauen und nicht ihrer „fleischlichen" Identität, gehören auf die Seite Isaaks, während diejenigen, die behaupten, sie repräsentierten das gegenwärtige Jerusalem, zu Ismael gehören:

➢ Galatische Christen	➢ mit Jerusalem verbundene „Agitatoren“
➢ vertrauen auf Gott durch den Geist	➢ vertrauen auf „fleischliche“ Identität

Zweitens: Ismael-Menschen werden Isaak-Menschen verfolgen; aber letztendlich werden sie hinausgeworfen. Die Isaak-Familie wird die Verheißungen erben, nicht die Ismael-Familie (das ist natürlich ein Widerhall des Endes von Kapitel 3):

➢ Galatische Christen	➢ mit Jerusalem verbundene „Agitatoren“
➢ verfolgt	➢ Verfolger
➢ werden erben	➢ werden hinausgeworfen

Paulus ist nicht daran interessiert, über das Schicksal der Agitatoren zu spekulieren. Der Punkt, den er hervorheben will, lautet: „Wir“ – Paulus selber und diejenigen, die dem Evangelium glauben, das er gepredigt hat – können nicht als Außenseiter eingestuft werden, als Bürger zweiter Klasse oder Abrahams illegitime Familie. Alle, die dem Evangelium glauben, sind wie Isaak Menschen der Verheißung, die freie Familie Gottes.

Galater 5,1-6: Freiheit in Christus

1 Der Messias hat uns befreit, damit wir die Freiheit genießen können!
Seid also standhaft und lasst euch nicht die Fesseln der Sklaverei anlegen.
2 Schaut her, ich, Paulus, sage euch: Wenn ihr euch beschneiden
lasst, wird der Messias euch nichts nützen. 3 Ich bezeuge es nochmals
jedermann gegenüber, der sich beschneiden lässt, dass er dann ver-

pflichtet ist, das ganze Gesetz zu halten. [4] *Ihr habt euch vom Messias getrennt, ihr Leute, die ihr durch das Gesetz gerechtfertigt werden wollt! Ihr seid aus der Gnade gefallen.* [5] *Durch Geist und Glauben warten wir nämlich mit großer Erwartung auf die Hoffnung der Gerechtigkeit.* [6] *Im Messias Jesus haben nämlich weder Beschneidung noch Unbeschnittensein irgendeine Kraft. Alles, was zählt, ist Glaube, der durch die Liebe wirksam ist.*

Der See ist im Winter vier Monate lang zugefroren; die Eisschicht ist mindestens drei Meter dick. Die Leute fahren nicht nur mit Motorschlitten darüber, sondern sogar mit Autos und Lastwagen. Es ist spannend – und auch ganz bequem – zum Dorf auf der anderen Uferseite einfach quer über den See zu fahren.

Doch Ende März oder Anfang April kommt der Frühling sogar bis zu den Seen nördlich von Montreal. Plötzlich ist das Eis nicht mehr so dick. Weise Autofahrer versuchen dann nicht mehr herüberzufahren. Die Dorfbewohner lassen einen alten Wagen mitten auf dem See stehen. Wenn er zu sinken beginnt, wissen sie, dass die Zeit gekommen ist, die Überfahrten zu beenden. Sehr bald wird der See eisfrei sein; es werden wieder Boote fahren und jeder, der das Auto auf die andere Seite transportieren möchte, muss die Fähre benutzen.

Paulus' Punkt lautet folgendermaßen: Der Frühling ist zum Volk Gottes gekommen. Über tausend Jahre lang war ihre Gemeinschaft mit Gott durch das **Gesetz** hergestellt worden. Das war immer im Wesentlichen eine Herrschaft des Winters gewesen, eine Zeit des Wartens. Es gibt sozusagen Arten des Reisens, die dieser Winterzeit angemessen sind. Doch wenn man so erpicht auf diese Arten ist, dass man sie im Frühling nicht aufgeben will, bleibt man entweder an der Wasserkante stecken – oder man wird gar den Versuch riskieren, die Überfahrt zu wagen, wenn das Eis das Gewicht nicht mehr trägt.

Paulus' Gegner, um diese Illustration weiterzuspinnen, wollten unbedingt darauf beharren, dass jeder den See mit dem Auto überqueren sollte. Sie hatten alle möglichen Straßenverkehrsordnungen entwickelt, um die Überfahrt zu garantieren. Die Hauptsache für die Männer, die ihre Reise in die jüdische **Bund**esgemeinschaft antraten, war die **Beschneidung**. Sie war wie das Anlassen des Motors; sie war das Zeichen, dass sie sich verpflichtet hatten, die Überfahrt auf diesem Wege zu machen.

Doch Paulus' Punkt lautet die ganze Zeit, dass dieser Weg nicht mehr zur Verfügung steht. Der Frühling ist gekommen, das Eis ist geschmolzen und es gibt einen neuen Weg über den See. Und diesmal wird der Frühling nicht wieder weggehen. Gottes neue Welt ist in die Welt hineingebrochen und es wird nie wieder Winter werden. Der **Messias** hat die Bootsflotte eingerichtet, die die Überfahrt für alle ermöglicht, die bereit sind, ihre alten Fahrzeuge am Ufer stehen zu lassen.

Wenn sich die Galater – **Heiden**christen! – also zur Beschneidung überreden lassen, sind sie wie Menschen, die sich überzeugen lassen, ihre Autos zu starten und sich für eine Fahrt über das Eis bereit zu machen, wenn das Eis bereits schmilzt. Auf diese Weise ist die Überfahrt jetzt unmöglich. Wer sich beschneiden lässt, verpflichtet sich, das ganze Gesetz zu halten, die ganze jüdische **Tora**. Es geht nicht bloß um eine nebensächliche rituelle Forderung, die ganz bequem neben der Hingabe an den Messias Platz hat. Das haben die „Agitatoren" zwar angedeutet, aber Paulus kann aufgrund seiner Ausbildung als Pharisäer erkennen, dass dies nur der Anfang ist. Beschneidung ist einzig und allein sinnvoll, wenn man beabsichtigt, sich danach auch in jeder anderen Hinsicht der kompletten Disziplinierung durch die jüdische Synagoge zu unterwerfen. Das Starten des Autos ergibt nur Sinn, wenn man komplett über den See fährt.

Für Paulus ist also eine absolute Entscheidung zu treffen. Man kann nicht beides haben. Wer mit dem Messias gehen will – worin jetzt tatsächlich die einzige Möglichkeit zur Überquerung des Sees besteht – kann nicht am Gesetz festhalten. Wer daran festhält, erklärt damit, nicht zum Volk des Messias gehören zu wollen.

Die Alternative wird in zwei großartigen Sätzen ausgedrückt, die zusammenfassen, worum es im Christentum zentral geht. Zunächst in Vers 5: Wir warten gespannt durch den **Geist** auf die Hoffnung der Gerechtigkeit. Zweitens in Vers 6: Weder Beschneidung noch Unbeschnittensein hat irgendwelche Kraft für diejenigen, die im Messias sind, denn was zählt, ist **Glaube**, der durch die Liebe wirksam ist. Dies sind typische vollgepackte Statements von Paulus. Jedes muss ein wenig entfaltet werden.

Das erste Statement betont die Zukunft. Paulus spricht von der Zeit, wenn Gott öffentlich und vollständig erklären wird, dass alle, die in Christus sind, wirklich sein Volk sind. Das ist „die Hoffnung auf Gerechtigkeit", die Sehnsucht nach der Zeit, wenn Gottes Rehabilitierung und **Rechtfertigung** seines ganzen treuen Volkes sichtbar wird, die Zeit der neuen Schöpfung (6,15). Und wir erwarten dieses großartige Ereignis, so sagt er, die Übertragung dieses öffentlichen Status', „durch den Geist" – mit anderen Worten: nicht durch das „Fleisch", die Spuren der Beschneidung am menschlichen Körper. Das heißt also: Wenn Sie hier und jetzt Belege dafür wollen, dass unsere Zukunftshoffnung nicht vergeblich ist, werden Sie solche Belege nicht in dem Status finden, den Sie durch einen kleinen operativen Eingriff erhalten, sondern in dem Leben, das Sie im Geist haben. Um noch einmal die Illustration zu bemühen: Der Geist ist die Fahrkarte, die uns einen Platz auf dem Boot garantiert, das uns im Unterschied zum Auto jetzt über den Fluss bringen kann.

Damit ist bereits einiges von Vers 6 erklärt. Nicht die Beschneidung zählt, aber auch nicht das Unbeschnittensein. Paulus wird das in 6,15 wiederholen; diesen Punkt sollen die Galater als wichtigsten negativen Punkt begreifen. Die physischen Spuren der Mitgliedschaft in der Familie Abrahams oder die Abwesenheit solcher Spuren sind irrelevant. Was zählt, ist Glaube (das hatte er ja durchgängig im Brief gesagt).

Dabei handelt es sich allerdings nicht um bloßen Glauben als solchen, es geht nicht darum, einer Reihe von Glaubensüberzeugungen zuzustimmen. Es ist ein Glaube, der wirksam ist – aber nicht mit „den Werken des Gesetzes". Man kann nicht zum Teil im Boot und zum Teil im Auto über den See kommen. Es ist Glaube, der durch Liebe wirksam ist. Liebe ist allen gegenüber offen, egal, wie die ethnische Herkunft aussieht. Doch darüber hinaus ist die Liebe noch die motivierende Kraft, durch die Gott selber alle Gläubigen in seiner Familie willkommen heißt. Dieselbe motivierende Kraft sollte auch erreichen, dass alle Familienmitglieder sich gegenseitig willkommen heißen.

Galater 5,7-12: Warnung vor Kompromissen

7 *Ihr seid so gut gelaufen! Wer kam euch in die Quere und hält euch*
davon ab, von der Wahrheit überzeugt zu sein? 8 *Diese Überzeugung*
kam nicht von dem, der euch berufen hat! 9 *Ein klein wenig Sauerteig*
durchsäuert den ganzen Klumpen. 10 *Im Herrn bin ich überzeugt, dass*
ihr dies nicht anders einschätzen werdet als ich. Derjenige aber, der
euch in Unruhe versetzt, wer immer er ist, wird seiner Strafe nicht ent-
gehen. 11 *Was mich betrifft, meine liebe Familie: Wenn ich immer noch*
die Beschneidung verkündigen würde, wieso werde ich dann immer
noch verfolgt? Wenn ich es täte, wäre der Skandal des Kreuzes neutra-
lisiert. 12 *Wenn doch nur diese Leute, die euch Probleme machen, alles*
zusammen abschneiden würden!

Ich sehe nicht viel fern, aber auf Reisen schalte ich schon mal einen Fernseher ein, meistens, wenn ich an seltsamen Orten bin und meine innere Uhr mir mitten in der Nacht sagt, ich sollte wach sein. Ich sitze dann in einem Hotelzimmer, wünschte, ich könnte schlafen und zappe dann manchmal durch die TV-Kanäle in der Hoffnung, etwas Interessantes anschauen zu können. Nach kurzer Zeit herrscht Verwirrung: Ich springe von einem Basketballspiel in einen Gerichtssaal, bin plötzlich in einer Homestory, bei einem Autorennen, einem Vortrag, einer Werbung und wieder zurück bei einem anderen Basketballspiel. Das führt natürlich dazu, dass das Gehirn so durcheinanderkommt, dass es noch schwieriger wird einzuschlafen.

Das ist vielleicht der Effekt, den Paulus mit diesem spitzen, abgehackten kleinen Absatz erreichen will. Wir springen verwirrt von Leichtathletik zum Gerichtssaal, zu einer Küche, zu Meditation, dann in einen anderen Gerichtssaal und dann über einen Einblick in Paulus' eigenes Leben zum Kreuz Jesu und letztlich zu einer schockierenden Szene (kaum familientaugliches Fernsehen!), die sich auf Paulus' Gegner bezieht. Ich bezweifle, dass die Galater schlafen gegangen sind, wenn sie dem Brief bis hierher zugehört haben, aber nach dieser kurzen Abfolge werden sie hellwach gewesen sein!

Wir beginnen auf einer Laufbahn. Christsein ist wie ein Wettlauf (Paulus sagt das auch an anderen Stellen, z. B. 1. Korinther 9,24). Die Galater hatten einen exzellenten Start hingelegt. Paulus wird jetzt nicht sagen, dass sie langsamer oder faul geworden sind. Doch irgendjemand hat sich auf der Laufbahn vor sie geschoben, wie jemand, der bei einem Leichtathletikwettkampf eine politische Protestaktion durchzieht und den Läufern den Weg versperrt. Dieser „Jemand" ist natürlich die Person (Paulus impliziert in diesen Sätzen, dass unter den „Agitatoren" ein bestimmter Anführer ist, der die Hauptverantwortung für das trägt, was vor sich geht), die darauf bestanden hat: Wenn sie vollgültige und wahre Mitglieder des Volkes Gottes sein wollen, müssen sie sich **beschneiden** lassen.

Dies geschah jedoch durch „Überzeugung". Plötzlich sind wir im Gerichtssaal mit cleveren Anwälten, die den Richter und die Geschworenen überzeugen wollen, dass sie mit ihrer Sache im Recht sind. Für Paulus ist dies nicht eine Angelegenheit von Menschen, die eine religiöse Option einer anderen vorziehen und auf einer geistlichen Reise Fortschritte machen; es geht um Wahrheit. Wenn es stimmt, dass der **Messias** gestorben und auferstanden ist (und wenn das nicht stimmt, so wusste Paulus, würde er seine Zeit und sein Leben verschwenden), dann ist damit ein Netz von weiteren Wahrheiten errichtet, die ihre eigene Überzeugungskraft haben. Die Galater sind momentan jedoch von diesem „Agitator" überzeugt worden, das nicht zu glauben. Paulus warnt, dass sie dessen Gedankengang nicht übernehmen sollen!

Diese „Überzeugung“ kommt nicht von dem Gott, der sie durch das **Evangelium** berufen hat („der euch berufen hat“ ist eine Weise, von Gott zu sprechen, wie in 1,6).

Dann springt Paulus vom Gerichtssaal in die Küche. Ein kleines Stück Sauerteig entfaltet große Wirkung. Wenn man ein Brot backt, braucht man Sauerteig, damit der Brotteig aufgeht, aber es reichen ein paar Gramm für einen ganzen Laib. Wenn man diese paar Gramm dazugibt, wird der Laib nicht teilweise gesäuert sein und teilweise ungesäuert; der Sauerteig arbeitet sich schnell durch die ganze Teigmasse. Hinter diesem bekannten Bild vom Backen steht die Tradition vom ungesäuerten Brot beim Passahfest, die Paulus natürlich ebenfalls bekannt war. Die Tradition erinnert an Israels raschen Auszug aus Ägypten. Sauerteig war (und ist bis heute) zur Zeit des Passahfestes aus jüdischen Küchen komplett verbannt. „Den Klumpen durchsäuern“ wurde zu einem offensichtlichen Bild für Kompromisse. Paulus will damit sagen: Wenn die Galater an dieser einen Stelle nachgeben, werden sie nicht einfach in allen anderen Dingen richtig liegen und nur einen kleinen Makel an einer einzigen Stelle haben; dieser Fehler wird wie Sauerteig sein und alles verändern.

Dann sind wir genauso plötzlich wieder zurück im Gerichtssaal. Paulus spielt nun den Richter und die Geschworenen. Er fällt sein eigenes Urteil (da er selber „überzeugt“ ist) über die Galater und über die Person, die sie beunruhigt. Er ist überzeugt „in dem Herrn“; das bedeutet wahrscheinlich: Während er mit der Frage im Gebet rang, gelangte er zu der festen Überzeugung, dass die Galater sich für das Richtige entscheiden werden. Die Schuld wird jedoch die Person treffen – wer sie auch immer ist –, die die Galater in diese Schwierigkeiten gebracht hat. Wenn Paulus sagt: „Wer er auch sein mag“, könnte das ein verschlüsselter Hinweis auf einen der führenden Leute in der Gemeinde in Jerusalem gewesen sein. Oder er verwies vielleicht indirekt auf irgendeine örtliche Führungspersönlichkeit, deren Namen er nicht kannte oder nicht erwähnen wollte.

Dann kommt der nächste flinke Sprung, diesmal in Paulus’ eigenes

Leben und Wirken. Die „Agitatoren" scheinen den Galatern erzählt zu haben, Paulus sei eigentlich genau wie sie ein „Verkündiger der Beschneidung"; als er in Galatien war, hatte er nur vergessen (so sagten die Agitatoren), ihnen diesen Teil der **Botschaft** zu erzählen. Sie würden die Botschaft nun für ihn vervollständigen. Völliger Unsinn, sagt Paulus. Vor seiner Bekehrung hat er natürlich geglaubt, dass sich **Heiden** beschneiden lassen mussten, wenn sie zum Volk Gottes hinzustoßen wollten, doch jetzt glaubt er so etwas nicht mehr. Wenn er das noch glauben würde, warum wurde er dann verfolgt? Plötzlich blitzt auf unserem Bildschirm das Bild von Paulus auf, wie er seiner üblichen Tätigkeit nachgeht. Überall, wo er hinkommt, wird er von denjenigen Juden angegriffen, die der Ansicht sind, er lasse ihr Team im Stich; Juden, die seine Botschaft von einem gekreuzigten Messias nicht ertragen können. Wie immer in diesem Brief ist das Kreuz der Kern des paulinischen Evangeliums. Paulus weiß, dass dies immer ein „Skandal" ist, ein „Anstoß" (das Wort bedeutet „etwas, worüber Menschen stolpern"). Natürlich ist es das: Das Kreuz zerstört das Rühmen derjenigen Juden, die meinen, sie seien dem Rest der Menschheit allein aufgrund ihrer Abstammung überlegen.

Für solche Juden hat Paulus ein scharfes und schockierendes Wort parat. Die Agitatoren wollen also die Vorhaut der Galater abschneiden, ja? Nun, erklärt Paulus, wenn sie derart erpicht darauf sind, einen Teil von einem männlichen Körperteil abzuschneiden, warum ziehen sie es dann nicht gleich ganz durch? Warum kastrieren sie sich nicht gleich selbst? Er sagt das nur ein wenig weniger offensichtlich (wörtlich: „Ich wünschte, diejenigen, die euch beunruhigen, würden sich selbst abschneiden lassen"). Es ist möglich, dass das einfach heißen soll: „Ich wünschte, sie würden sich selber verstümmeln" (wie es verschiedene Heiden bei religiösen Ritualen taten; das bekannteste Beispiel ist das von den Baalspropheten in 1. Könige 18,28). Doch das verwendete Wort bezeichnet oft auch eine tatsächliche Kastration.

Das scheint eine ziemlich gewalttätige Schlussfolgerung zu sein, aber Paulus ist wahrscheinlich äußerst ironisch. Könnt ihr denn nicht erkennen, sagt er den Galatern, dass das Abschneiden von Körperteilen völlig irrelevant ist? Es steht auf einer Stufe mit der Art von rituellen körperlichen Markierungen, die in verschiedenen Religionen vorkommen. Es steht auf einer Stufe mit Kastration, die ebenfalls manchmal als religiöser Ritus praktiziert wurde. Doch darüber hinaus hinderte eine Kastration einen Mann natürlich daran, Kinder zu haben. Paulus will also vor allem, dass die Leute, die die Galater beunruhigen, ihre Macht verlieren; dass sie nicht mehr in der Lage sind, über sie zu bestimmen oder ihre Ideen unter ihnen zu verbreiten.

Wenn uns diese Sprache, ja der ganze Abschnitt, ziemlich gewalttätig und schrill vorkommt, dann ist das vielleicht ein Hinweis darauf, dass kirchlich geprägte Menschen und Theologen leicht so leutselig, so freundlich, so „nett“ zu allen werden können, dass sie es versäumen, falsche Lehre direkt zu konfrontieren; falsche Lehre, die Kirchen und einzelnen Christen bleibende Schäden zufügen kann. Jeder, der um das Leben und die Seele einer christlichen Gemeinschaft gegen heimtückische Opposition gerungen hat, wird ganz genau wissen, vor welchen Problemen Paulus stand. Und vielleicht können wir unsere Botschaft manchmal einzig und allein mit anschaulicher Sprache vermitteln, mit vielschichtigen Bildern, welche die Menschen nicht bloß wach halten, sondern sie schockieren, damit sie erkennen, worum es wirklich geht.

Galater 5,13-21: Das Gesetz und der Geist

13 Meine liebe Familie, als Gott euch gerufen hat, rief er euch, um
euch frei zu machen. Diese Freiheit dürft ihr aber nicht als Gelegen-
heit für das Fleisch missbrauchen. Im Gegenteil: Durch die Liebe sollt
ihr euch gegenseitig zu Dienern werden. 14 Das ganze Gesetz lässt
sich nämlich in diesem einen Wort zusammenfassen: „Liebe deinen

Nächsten wie dich selbst.“ 15 Wenn ihr aber einander beißt und ver-
schlingt, dann passt auf! Sonst zerstört ihr euch am Ende noch ge-
genseitig.

16 Lasst es mich euch so sagen: Lebt durch den Geist, dann werdet
ihr nicht tun, wozu das Fleisch euch drängt. 17 Das Fleisch will näm-
lich gegen den Geist ankämpfen, und der Geist gegen das Fleisch.
Sie bekämpfen einander, sodass ihr nicht tun könnt, was ihr wollt.
18 Aber: Wenn ihr vom Geist geleitet seid, untersteht ihr nicht dem
Gesetz.

19 Nun sind die Werke des Fleisches offensichtlich. Es sind Dinge
wie sexuell unmoralisches Verhalten, Unreinheit, Zügellosigkeit,
20 Götzendienst, Zauberei, Feindseligkeiten, Unfriede, Eifersucht, Jäh-
zorn, selbstsüchtiges Streben, Streitsucht, Spaltungen, 21 Neid, Trunk-
sucht, ausschweifende Feiern und ähnliche Dinge. Ich habe es euch
bereits gesagt, und ich wiederhole es gern: Wer solche Dinge tut, wird
Gottes Reich nicht ererben.

Mitten zwischen allen Colleges, die zusammen die Oxford University bilden, steht ein herrliches Gebäude, umgeben von einem sehr gepflegten Rasen. Das Gebäude ist eine Bibliothek, es ist rund und von einer großartigen Kuppel gekrönt. Es ist innen und außen wunderschön. Es wird fotografiert, gemalt, bewundert. Es heißt Radcliffe Camera.

Der Rasen um das Gebäude wurde früher mit einem hohen Zaun geschützt – er war so hoch, dass er sogar den Blick auf das Gebäude beeinträchtigte, wenn man nicht ziemlich groß war. Während des Zweiten Weltkriegs befahl die Regierung jedoch, dass alles verwertbare Eisen für die Kriegsmaschinerie abgebaut und eingeschmolzen werden sollte. Plötzlich waren Radcliffe Camera und der Rasen von der auf alten Fotos noch sichtbaren, ziemlich abstoßenden Barrikade befreit. In den 1950er- und 1960er-Jahren gab es kleine Schilder, welche verboten, den Rasen zu betreten. Die Leute hielten sich meistens daran.

In den 1970er- und 1980er-Jahren wurde der Rasen jedoch zu einem Lieblingsplatz für Touristen und ihr Picknick. Es wurden dort regelrecht Partys gefeiert. Nicht ganz so ehrenwerte Leute aus der Stadt lungerten dort herum, der Alkohol floss, es wurde gebettelt und manchmal wurden Passanten sogar bedroht. Die Leute, die in der Bibliothek arbeiteten, fanden, dass der Geräuschpegel zu hoch wurde und sie nicht mehr konzentriert arbeiten konnten. Der Rasen wurde zertrampelt und zerschlissen. Das Ganze sah nicht mehr schön aus, sondern dreckig und verwahrlost. Schließlich entschied die Universität Ende der 1980er-Jahre: Der Zaun musste wieder aufgebaut werden (glücklicherweise nicht in derselben Höhe). Jetzt sind der Rasen und das Gebäude wieder schön.

Diese kleine Geschichte dreht sich um den Gebrauch und Missbrauch von Freiheit. Es ist eine Sache, aus dem Gefängnis oder der Sklaverei in die Freiheit entlassen zu werden. Es ist eine ganz andere Sache, sich zu entscheiden, was man mit der gewonnenen Freiheit anfängt. Diese Frage stellt sich dem Kriminellen, wenn er aus dem Gefängnis kommt: Soll ich meine wiedererlangte Freiheit nutzen, um weitere Verbrechen zu begehen? Die Tatsache, dass Sie – im Bild gesprochen – die Freiheit haben, den Rasen um ein herrliches Gebäude zu betreten und sogar zu ruinieren, heißt nicht, dass dies die richtige Vorgehensweise ist. Freiheit *von* einer Einschränkung muss, wenn sie irgendwie nützlich sein soll, ihr Gegengewicht in der Freiheit *für* einen bestimmten Zweck haben.

Paulus hat einen erheblichen Teil dieses Briefs damit verbracht zu argumentieren, dass alle, die an Jesus **Christus** glauben, frei sind – frei von ihrer heidnischen Vergangenheit, aber auch frei von den Forderungen, die das jüdische **Gesetz** seinen Anhängern auferlegt. Es ist nicht einfach, diesem Punkt in aller Klarheit Ausdruck zu verleihen, denn für einen Juden war es gerade das Gesetz, das sich um die Juden kümmerte und sie daran hinderte, sich wie Heiden zu verhalten. Nein, sagt Paulus, es gibt einen dritten Weg: eine doppelte Freiheit, in die ihr durch den neuen **Exodus** entlassen werdet, den Gott im **Messias** Jesus zustande gebracht hat.

Der erste Punkt, den er macht, lautet daher: Freiheit ist *für* die

Liebe da. Die Streitigkeiten, die in Galatien tobten, hatten in der Kirche offensichtlich zu erheblichen Unruhen geführt. Paulus verweist darauf mit den starken Begriffen „beißen“ und „verschlingen“. Während sie lernten, wie man wahrhaftig frei ist, war es wesentlich für sie zu erkennen, dass die Streitigkeiten unter ihnen ein Zeichen waren, dass sie immer noch versklavt waren. Schlimmer noch: Diese Streitigkeiten führten zur Zerstörung. Wenn es so weiterging, würde es in Galatien sehr bald überhaupt keine Kirche mehr geben.

Während er all dies betont, zitiert Paulus eines der zentralen frühchristlichen Gebote, das selber natürlich aus dem Alten Testament stammt: „Liebe deinen Nächsten wie dich selbst.“ Wenn ihr das Gesetz halten wollt, sagt er, dann ist dies seine Zusammenfassung. Jesus hat mehr oder weniger dasselbe gesagt (Markus 12,31). Doch jetzt kommt der Punkt: Der Weg zur Einhaltung dieses umfassenden Gebotes besteht nicht in der Betonung, wer man „nach dem Fleisch“ ist, also in der **Beschneidung**. Wer das Fleisch betont, bekommt das Fleisch; und nun schaut, wo das hinführt!

Es gibt keinen Hinweis, dass die Galater selber in die „Werke des Fleisches“ verstrickt waren, die Paulus hier in all ihren schäbigen und hässlichen Einzelheiten auflistet. Der Punkt, den er macht, lautet: Wenn sie „das Fleisch“ betonen, indem sie die Beschneidung betonen, stellen sie sich auf eine Ebene mit der heidnischen Welt, die sie ja überall umgab.

Was ist die Alternative? Die Alternative besteht darin, der Kraft des **Geist**es Gottes zu erlauben, das Leben zu bestimmen. Wenn man das Gesetz erfüllen will, vornehmlich im Gehorsam gegenüber dem zentralen Gebot der Liebe, dann kann das ausschließlich durch den Geist geschehen. Wie so oft in den paulinischen Schriften stehen sich „Fleisch“ und „Geist“ als Gegensätze gegenüber. Dabei geht es nicht um den Gegensatz zwischen der materiellen Welt gegenüber der nichtmateriellen Welt. Viele „Werke des Fleisches“ können von einem (bösen) unkörperlichen Geist getan werden. Es geht vielmehr um die Frage, worin Ihre eigentliche Identität besteht, woher Ihre tiefste Motivation kommt und wo die Kraft, die Ihr Leben beherrscht, wirklich zu finden ist.

Was ist also christliche Freiheit? Sie bedeutet nicht: Jetzt, da Sie glauben, können Sie tun und lassen, was Sie wollen. Paulus ist an dieser Stelle ganz klar. Das Leben ist ein Schlachtfeld, auf dem sich Fleisch und Geist bekämpfen. Sie dürfen niemals völlig ungeschützt sein. Von Bedeutung ist allerdings, dass Ihre Identität die eines wahren Kindes Gottes ist, vom Geist durchdrungen, ohne Bedarf für das jüdische Gesetz, insbesondere ohne Bedarf für Beschneidung als Kennzeichen der Mitgliedschaft. Wenn Sie davon frei sind, bedeuten die Motivation und Kraft des Geistes, dass Sie auch von den Fallstricken des Heidentums frei sind und von dem Verhalten, das zum Heidentum gehört. Frei vom Gesetz und frei vom Heidentum sind Sie dann auch frei *für* Gott, frei, den Nächsten zu lieben. Und wie die folgenden Verse darlegen: Sie sind dann auch frei, vom Geist in eine neue Lebensweise geführt zu werden.

Galater 5,22-26: Die Frucht des Geistes

22 *Aber die Frucht des Geistes ist Liebe, Freude, Friede, Großherzig-*
keit, Freundlichkeit, Großzügigkeit, Zuverlässigkeit, 23 *Sanftmut und*
Selbstbeherrschung. Es gibt kein Gesetz gegen solche Dinge! 24 *Und*
alle, die zum Messias Jesus gehören, haben das Fleisch mit seinen Lei-
denschaften und Begierden gekreuzigt. 25 *Wenn wir durch den Geist*
leben, dann lasst uns auch in Übereinstimmung mit dem Geist leben.
26 *Wir sollten nicht arrogant sein, nicht miteinander wetteifern und*
nicht aufeinander eifersüchtig sein.

Die Weihnachtsdekoration war spektakulär. Ich lief die Einkaufsstraße entlang von Geschäft zu Geschäft und in jedem Schaufenster – ja, in der ganzen Straße – leuchteten schöne Lichter und vielfarbige

Dekorationen. Scheinbar in jedem Laden standen glitzernde Bäume, an denen Päckchen in Geschenkpapier, Glocken, Feen, Glaskugeln und aller mögliche dekorative Nippes „wuchsen“ – sie sahen richtig lebendig aus.

So sah es allerdings nur aus. In Wirklichkeit war nichts lebendig, es war alles nur Show. Einen Monat später ging ich dieselbe Straße hinunter, während die Dekoration abgenommen wurde. Das war trostlos. Das Lametta und die farbigen Kugeln wurden zurück in ihre Schachteln gepackt. Die Bäume wurden entweder zusammengefaltet (nicht einmal sie waren echt) oder weggeworfen. An ihnen war nichts gewachsen. Es sah herrlich aus, aber es war alles künstlich.

Paulus ist nicht nur berühmt für seinen Gegensatz zwischen „Fleisch“ und „**Geist**“, sondern auch für die Schlüsselwörter, die er im Zusammenhang mit beiden Kategorien gebraucht. Er spricht von den *Werken* des „Fleisches“, aber von der *Frucht* des „Geistes“. Man vergleiche einmal kurz jene künstlichen Weihnachtsbäume mit gewöhnlichen, eintönigen, aber echten Obstbäumen in einem Garten. Die Weihnachtsbäume sehen für kurze Zeit wunderbar aus, werden dann aber weggepackt oder weggeworfen. Die Obstbäume mögen nicht so spektakulär aussehen, aber wenn sie angemessen gepflegt werden, werden sie Jahr für Jahr Frucht bringen. Was ist wichtiger? Die Frage erübrigt sich ja wohl.

Hinter beiden Listen – den Werken des Fleisches und der Frucht des Geistes – steht Paulus' ganze Vision von dem, was mit jemandem geschieht, der oder die durch **Glauben** und **Taufe** zur Gemeinschaft des Volkes des **Messias** hinzukommt. (Man registriere, wie er in Vers 24 von Christen als denjenigen spricht, „die zum Messias gehören“; und wie er in 4,4-7 davon ausgeht, dass in all diesen Menschen der Geist wohnt.) Es sind dabei mehrere Stadien zu beachten, die er hier verdichtet.

Menschen beginnen in dem Zustand, den er „Fleisch“ nennt. Sie werden in menschliche Familien geboren und haben ethnische sowie regionale Identitäten. Sie entdecken in sich alle möglichen Begierden, die, wenn ihnen die volle Herrschaft eingeräumt wird, die „Werke“ hervorbringen werden, die in den Versen 19-21 aufgelistet werden. Ein flüchtiger Blick zurück auf diese Liste wird offenbaren, dass eine Gesellschaft, in der sich die meisten Menschen so verhalten, wahrscheinlich kein glücklicher oder aufblühender Ort ist. Darüber hinaus gilt: Wenn Gott letztendlich sein **Reich** aufrichtet, werden derartige Menschen darin keinen Platz finden; es wäre auch sehr überraschend, wenn dem so wäre. So einen Ort, in so einem Zustand, will er nicht erschaffen.

Durch die Verkündigung des **Evangeliums** von Jesus macht sich der Geist Gottes dann aber an die Arbeit und Menschen werden erneuert. Das erste Zeichen dieser Erneuerung und daher das wahre Kennzeichen ihrer Zugehörigkeit ist ihr Glaube an Jesus als auferstandenen Herrn. Aber ihre Mitgliedschaft im Volk des Messias zieht sie auch in eine Bewegung hinein: durch den Tod in ein neues Leben (das wird in 2,19-20 ausführlicher dargelegt). Was in diesem Tod, dieser gemeinsamen Kreuzigung mit dem Messias, zurückgelassen wird, ist genau das Leben, in dem das „Fleisch“ bestimmt, wer man ist und wie man sich verhält.

Stattdessen fangen diese Menschen an, „Frucht zu bringen“. Die neun Qualitäten, die Paulus in den Versen 22-23 auflistet, sind keine Dinge, die wir ganz einfach ohne Hilfe, ohne den Geist tun können, wenn wir es nur stark genug versuchen. Wenn Sie vermuten, dass jemand, der Ihnen gegenüber freundlich ist, sich sehr dafür anstrengen muss, bekommt die Freundlichkeit einen üblen Beigeschmack. Der Punkt des Ganzen lautet: Wenn der Geist wirkt, werden die Qualitäten beginnen hervorzutreten; neue Motivationen werden auftauchen.

Natürlich wird dieser Prozess unser Denken und Wollen nicht umgehen. Wir werden unser Denken und unsere Absichten auf diese Qualitäten ausrichten müssen; es geht hier nicht darum, einfach zu entspannen und das zu tun, was einem ganz natürlich möglich ist. Wenn dem so wäre, müsste Paulus die Galater nicht eindringlich bitten, „in Übereinkunft mit dem Geist zu leben“ (Vers 25). Das bedeutet: die Wirkung zu erkennen, die der Geist erzielen möchte; darüber nachzudenken, wie das zustande kommt; und durch unsere eigene moralische Anstrengung dem Leben des Geistes vollständig Raum zu geben. Doch der Punkt ist: Wenn diese Qualitäten auftauchen mit all ihrer stillen Freude, all ihren vielschichtigen Beiträgen zu der Art von Gemeinschaft, die Gott beabsichtigt und letztendlich hervorbringen wird, dann tauchen sie wie die Frucht in einem Obstgarten auf, nicht wie die Kugeln am Weihnachtsbaum. Sie werden wahrhaftig Teil der Menschen sein, zu denen wir dann geworden sind.

Diese Art von Menschen müssen daher in ihren eigenen Gemeinschaften anhand der Herrschaft leben, die aus diesem neuen Leben fließt. Paulus ist hier immer noch darum besorgt – wie er es früher in den Versen 13-15 war –, dass sich die Gemeinschaft in Galatien durch den spalterischen Einfluss der „Agitatoren" zornig gegen sich selbst wenden konnte, indem sich einige Leute aufspielten, als seien sie etwas Besonderes, als seien sie Teil eines inneren Kreises, zu dem andere nicht gehörten. Wenn der Geist am Werk ist – und wenn er es nicht ist, dann handelt es sich wohl kaum überhaupt um eine christliche Gemeinschaft – dann müssen derartige gegenseitige Eifersüchteleien und Rivalitäten ausgeschlossen sein.

Wieder einmal besteht der Punkt, um den es Paulus geht, nicht einfach darin, dass er möchte, dass ihr Leben vom Geist Gottes angetrieben sein soll – obwohl er das natürlich will. Im Hintergrund steht aber: Wenn sie so leben, wie der Geist sie führt, *wird sie das jüdische Gesetz nicht verdammen* (Vers 23b) und es gibt keinen Grund für die zerstörerischen Wirkungen, die sich aus der falschen Lehre ergeben, dass nämlich einzelne Kirchenmitglieder gegeneinander wetteifern und sich gegenseitig beneiden (Vers 26). Diese Passage präsentiert zwar ein schönes Bild, wie das wahre christliche Leben aussieht – und wir können davon ausgehen: Wenn sie nicht gewusst hätten, dass Paulus selbst so ein geisterfülltes Leben vorbildlich geführt hatte, hätte er ihnen wohl kaum so geschrieben. Aber das Hauptanliegen von Paulus ist immer noch, sie zu überzeugen, zum vollständigen, wahren Evangelium zurückzukehren, das er ihnen vermittelt hatte, anstatt die falsche Botschaft der „Agitatoren" zu übernehmen.

Das Gleichgewicht, das somit entsteht, ist für die heutige Kirche so entscheidend wie eh und je. Wenn Menschen heute betonen, wie nötig Liebe, Geduld, Freundlichkeit etc. sind, geht das mit einer Haltung gegenüber der Wahrheit und dem Evangelium einher, die sagt: Wir sollten nicht die Dinge betonen, in denen wir nicht übereinstimmen. Gleichermaßen gilt: Wenn Menschen mit Leidenschaft für die Wahrheit des Evangeliums kämpfen, wie Paulus es ja auch tat, dann erlauben sie ihrem Eifer oft, sie zu einem Zorn oder sogar einer Niedertracht zu verleiten, die zu den „Werken des Fleisches" gehören. Die Mischung aus Wahrheit und Liebe, die Paulus oft so eindringlich einforderte (siehe z. B. Epheser 4,15), scheint im Leben der Kirche oft so schwer erreichbar zu sein. Paulus' eigene Antwort auf das Problem wäre kurz und bündig: Wir müssen lernen, wirksamer mit dem Geist in Einklang zu kommen.

Galater 6,1-5: Gegenseitig die Lasten tragen

1 *Meine liebe Familie, wenn jemand bei einer Übertretung ertappt wird,*
dann solltet ihr – die ‚Geistlichen!' – ihn in einem Geist der Sanftmut
wieder zurechtbringen. Habt auf euch selbst acht: Auch ihr könntet in
Versuchung geraten. 2 *Tragt eure Lasten gegenseitig; auf diesem Weg*
erfüllt ihr das Gesetz des Messias. 3 *Wenn einer von euch sich für etwas*
Besonderes hält, es aber in Wahrheit nicht ist, dann betrügt er sich
selbst. 4 *Jeder sollte sein eigenes Werk prüfen. Dann habt ihr Grund,*
euch aufgrund eigener Taten zu rühmen, und nicht aufgrund von je-
mand anderem. 5 *Schaut, jeder wird seine eigene Last zu tragen haben.*

Ich las die Biografie eines weltberühmten Cricket-Spielers. Er beschreibt, wie er in den ersten zehn Jahren für eine Mannschaft spielte, die es nie schaffte, eine große Meisterschaft zu gewinnen. Das Team hatte Stars; viele von ihnen waren viel besser als viele Spieler anderer

Teams. Doch jeder kämpfte für sich selber, für den eigenen Erfolg, für ihren eigenen Ruf.

Nach diesen zehn Jahren beendeten einige ältere Spieler ihre Karriere und ein jüngeres, unbekannteres Team formierte sich. Es wurde ein neuer Mannschaftskapitän gewählt. Er war nicht sehr berühmt, aber entschlossen, das Team zusammenzuschweißen. Jetzt begannen sie, als Mannschaft zu funktionieren. Die Stars konnten immer noch ihren Beitrag leisten, aber der Schlüssel bestand darin, dass jeder einzelne Spieler anfing, für die gemeinsame Sache zu arbeiten. Wenn ein Spieler einen Fehler machte, halfen sie ihm, anstatt über ihn herzuziehen. Wenn jemand während eines Spiels eine schwierige Phase hatte, ermutigten sie ihn, anstatt sich zu freuen, dass sie selber in einem besseren Licht dastanden. Und so weiter. Dann geschah das Wunder: Letztendlich gewann das Team die Meisterschaft.

Die Krise in Galatien hatte die Kirche im Zustand des ersten Teams zurückgelassen. Die Leute sahen sich selbst als eine bestimmte „Art" von Christ an und schauten auf andere herab. Wenn sie jemanden etwas Falsches tun sahen, waren sie selbstgefällig; so, dachten sie, verhalten „wir" uns ja nicht! Gleichzeitig definierten sich diese Gruppen anhand des Status, nicht des Verhaltens im Einzelnen: „Wir" (die Judenchristen unter ihnen? Oder vielleicht die reicheren Christen? Oder diejenigen, die römische Bürger waren?) sind anders, einfach weil wir anders sind." Anstelle der Gemeinschaft, die Paulus aufgebaut hatte und in der alle vor dem Kreuz gleich waren, alle gleich „in **Christus**", alle gleichermaßen Mitglieder der Familie Abrahams (3,26-29), hatten die „Agitatoren" als Vermächtnis Spaltungen zurückgelassen, die auf nicht-theologischen Faktoren beruhten.

Eine solche Haltung kann sich leider unheimlich leicht in jede Gemeinde einschleichen. Spaltungen in der weiter gefassten Gesellschaft (nach Kasten, Klassen, Einkommen, Hautfarbe, Hausbesitz) können schnell dazu führen, dass eine Gruppe von Christen auf eine andere herabschaut. Oft grinsen die anderen spöttisch zurück. Was hat das mit dem **Reich Gottes** zu tun?

Die Kirche soll wie ein erstklassiges Team funktionieren. Jedes Mitglied soll sich um jedes andere kümmern. Paulus hat gerade umrissen, wie das Leben aussehen sollte, wenn die Menschen im Einklang mit dem **Geist** leben; jetzt wendet er das auf das innere Leben der Kirche an. Er vermeidet es sorgfältig, Einzelpersonen zu beschuldigen, auch wenn es wahrscheinlich einige in den Gemeinden gegeben hat, die besonders danebenlagen. Er gibt ihnen vielmehr allgemeine Anweisungen, die für jede Gemeinde relevant sein können. Dann lässt er sie selber herausfinden, wo es jemanden gibt, auf den das besonders zugeschnitten ist.

Auch das geschieht mit einem Lächeln in Bezug auf die frühere Argumentation. Ihr wolltet doch das **Gesetz** erfüllen, oder? Schön und gut, aber es sollte das Gesetz des **Messias** sein! Das heißt nicht (manche haben das gedacht), dass Jesu Lehre ein „neues Gesetz" darstellt, welches das mosaische Gesetz nur austauschte. Sicherlich: Jesus hat viel darüber gesagt, wie sich seine Jünger verhalten sollten. Die Kirche muss all das ganz ernst nehmen. Aber das „Gesetz", um das es hier geht, ist das Gesetz der Liebe, das Gesetz, sich selbst in Liebe und Demut in den Dienst der anderen zu stellen. Das wird das Zeichen sein, dass Menschen wirklich „geistlich" sind – nicht das prahlerische Verhalten, das ein oder zwei Einzelpersonen hervorhebt.

Wie also Jesus das Kreuz für andere trug, so müssen Christen gegenseitig ihre Lasten tragen. Wenn mein Nächster heute sündigt und ich davon Kenntnis habe, muss ich mich erinnern, dass es morgen gut und gerne mir selber so gehen könnte. Wenn ich dafür verantwortlich bin mitzuhelfen, Dinge ins Lot zu bringen, muss ich das ohne Arroganz tun. Wenn Sie denken, Sie seien „jemand", jemand Besonderes, jemand, der über dem gemeinen christlichen Fußvolk steht und auf die anderen aus großer Höhe herabschauen kann, dann belegt diese Haltung als solche, dass Sie gerade nichts Besonderes sind. Sie betrügen sich selbst – aber wahrscheinlich niemand anderen.

Hier ist das Paradox echten Gemeinschaftslebens. Alle für jeden und jeder für alle; aber man kann nicht einfach so mitschwimmen und hoffen, dass die Hingabe und Gottgefälligkeit der anderen schon ausreicht und es nicht so drauf ankommt, wie man sich selber verhält. Wenn es um meinen Nächsten geht, muss ich sicherstellen, dass ich demütig bleibe, wenn ich Hilfe anbiete; wenn es um mich selber geht, muss ich meine Eigenverantwortung für mein Handeln erkennen. „Tragt eure Lasten gegenseitig“ (Vers 2) hat sein Gegengewicht im Satz „Jeder muss seine eigene Last tragen“ (Vers 5).

Natürlich sind Kirchen und Gemeinden nicht wie Sportmannschaften. Sie sind keine Konkurrenten; jede Andeutung in diese Richtung ist bereits ein Schritt abwärts; jenem ungeistlichen Leben entgegen, dem sich die Galater geöffnet hatten. Doch abgesehen davon gilt: Jede Gemeinde, die diese Verse ernst nimmt, wird auf dem Weg zum einzigen Sieg sein, der zählt: dem Sieg des Kreuzes des Messias, der in der Gemeinschaft und unter den Augen der Öffentlichkeit ausgelebt wird.

Galater 6,6-10: Praktische Unterstützung in der Gemeinde

6 Wenn jemand Unterweisung im Wort erhält, soll er seinem Lehrer
von all seinen Gütern Anteil geben. 7 Lasst euch nicht irreführen: Gott
wird es nicht zulassen, dass Leute über ihn die Nase rümpfen. Ihr
werdet ernten, was ihr gesät habt. 8 Es ist so: Wenn ihr auf das Acker-
feld des Fleisches sät, werdet ihr von eurem Fleisch Verderben ernten.
Wenn ihr dagegen auf das Feld des Geistes sät, werdet ihr vom Geist
ewiges Leben ernten. 9 Verliert nicht eure Begeisterung für das richtige
Verhalten. Ihr werdet zur richtigen Zeit die Ernte einbringen, wenn
ihr nicht nachlasst. 10 Also lasst uns jetzt, während wir die Gelegen-
heit haben, allen Gutes tun, ganz besonders denen, die zum Haushalt
des Glaubens gehören.

Einige Jahre lang habe ich geholfen, eine Fundraising-Kampagne für eine Kirche zu organisieren. Es war für einen guten Zweck, viele Leute wollten mithelfen, es gab großen Enthusiasmus und viel Engagement. Letztlich kam das Geld zusammen. Doch für mich war diese Aktion eine der schwierigsten Aufgaben meines Jobs.

Ich liebte es, mit Menschen über die Kirche zu reden und darüber, was sie tat: über ihren Gottesdienst, ihr Leben, ihren Dienst am Gemeinwesen. Die Menschen wussten, dass diese Dinge stimmten, und sie respektierten, was wir taten. Doch wenn es darum ging sie anzufragen, ob sie Geld geben wollten, fehlten mir oft die Worte. Einigen Leuten fällt es leicht, über Geld zu reden, mir aber nicht.

Ich tröstete mich jedoch mit dem Bick darauf, wie Paulus das machte. Die klassische Passage ist 2. Korinther 8-9, aber dort wie auch im vorliegenden Abschnitt schafft Paulus es, über Geld zu schreiben, ohne das Wort auch nur einmal zu erwähnen. Das Thema war also in seiner Welt genauso heikel wie in unserer.

Das Ergebnis ist der vorliegende kleine Absatz. Wie der vorherige hat auch dieser viele weitere Anwendungsmöglichkeiten, auch wenn der Hauptpunkt der ganz spezifische der Finanzierung des Dienstes und Lebens der Kirche ist. Paulus beginnt mit einer klaren Anweisung, die von den meisten Kirchen in der modernen Welt gezielt ignoriert wird: Diejenigen, die im **Wort** unterrichtet werden, sollen ihren Lehrern „an all ihren Gütern" Anteil gewähren. (Mit „dem Wort" meint Paulus hier wahrscheinlich etwas, das über „die Bibel" hinausging, obwohl die Bibel im Zentrum seiner Botschaft blieb; er meinte wohl das ganze **Evangelium** von Jesus, verwurzelt im Alten Testament und in der apostolischen Lehre ausgearbeitet.) Die natürliche Bedeutung dieser Sache ist die finanzielle, auch wenn entsprechende andere Geschenke ebenfalls angemessen sind. Die Lehre soll zur Erbauung der Kirche dienen. Ein Grund, warum sie bisweilen dürftig und unbefriedigend ausfällt, könnte sein, dass die Kirchen oft ihre Lehrer nicht angemessen bezahlen.

Das verleiht den Versen, die jetzt folgen, eine ziemlich scharfe Note.

Das Bild vom „Säen“ und „Ernten“ – im Denken von Paulus vielleicht eine Weiterentwicklung von den Obstbäumen am Ende von Kapitel 5 – scheint ebenfalls mit dem Geben von Geld verbunden zu sein. Wir kommen auf die weitere Bedeutung später zurück, aber wir sollten kurz innehalten und über diesen Punkt nachdenken.

Wenn die Kirchenmitglieder dem **Geist** gemäß säen, indem sie den Dienst der Kirche praktisch unterstützen, besonders den Lehr- und Predigtdienst, werden sie selber zu gegebener Zeit die Ernte einfahren. Wenn sie jedoch „dem Fleisch entsprechend säen“, indem sie ihr Geld für die zahlreichen Vergnügungen des täglichen Lebens ausgeben, wird sich das nur in der Vergänglichkeit und dem Verfall zeigen, dem alles in der Welt letztlich unterworfen ist. Schöne Häuser fallen irgendwann ein. Herrliche Kleidung nutzt sich ab. Der Dienst am Wort erbaut Menschen und Gemeinschaften und das Leben, das sie dann haben, wird herrlicherweise sogar den Tod überdauern. Paulus ist es also sehr wichtig, dass die gewöhnlichen Christen in Galatien „allen Gutes tun“. (Allgemeine Formulierungen wie diese waren in Paulus' Welt ganz üblich, wenn es um finanzielle Beiträge im bürgerlichen Leben des Gemeinwesens ging.) Besonders solle man aber die Familie bedenken, die durch den **Glauben** gekennzeichnet ist.

Im Hintergrund all dieser Dinge steht allerdings zumindest ein wichtiges Prinzip: Geld stellt für Christen eine von Gott gegebene Verantwortung dar. Es darf niemals nur dem eigenen Vergnügen dienen; es wurde uns anvertraut. Wenn es weise gebraucht wird („gesät“ in dem Bild, das Paulus verwendet), wird es eine Ernte guter Dinge abwerfen, und zwar nicht so sehr im Sinne direkten finanziellen Investments (also im Sinne der Anlage von Geld, um Geld zu verdienen – etwas, wovor die Kirche, wenn sie in guter Verfassung war, immer gewarnt hat) als im Sinne der guten Dinge, die mit Geld getan werden können, Dinge, von denen Einzelpersonen und Gemeinschaften langfristig profitieren.

Doch die Passage schaut auch darüber hinaus. Der Gegensatz zwischen „Säen gemäß dem Fleisch“ und „Säen gemäß dem Geist“ steht offensichtlich in Verbindung mit den weiter gefassten Themen des Briefs. „Säen gemäß dem Fleisch“ kann sich im Blick auf den Rest des Galaterbriefs genau auf das beziehen, was die Galater – oder einige von ihnen – unbedingt machen wollten: sich **beschneiden** lassen. So eine Handlung implizierte offensichtlich, dass jemandes „Fleisch“ und die Identität, die damit gekennzeichnet wurde, das Wichtigste war. Wähle diesen Weg, erklärt Paulus, und du bist auf dem Weg in den Ruin. Das Fleisch bleibt nicht bestehen. Seine Vergänglichkeit und sein Tod stehen fest. Die einzige Ernte, die sich lohnt, ist diejenige, die auf dem Säen gemäß dem Geist beruht in dem weiter gefassten Sinn des Lebens, Betens und Fruchtbringens im Geist.

„Säen gemäß dem Fleisch“ kann aber natürlich im Sinne von 5,19-21 bedeuten: sich gemäß den „Werken des Fleisches“ zu verhalten. Wie auf jeder Ebene brauchen Christen auch hier immer die ernste Warnung von Vers 7. Gott lässt nicht zu, dass Menschen über ihn die Nase rümpfen; oder wie manche Übersetzungen es ausdrücken: „Gott lässt sich nicht spotten.“ Das heißt nicht, dass Gott willkürlich Rache übt an jenen, die ihre Nase über ihn rümpfen; die vorgeben, sie könnten tun und lassen, was sie wollten und damit durchkommen. Es heißt konkreter, dass unser Verhalten wie das Arbeiten in der Landwirtschaft ist: Gott hat festgelegt, dass man Gerste erntet, wenn man Gerste sät, und dass man Nesseln erntet, wenn man Nesseln sät. So funktioniert nun mal die Welt; das heißt: So funktioniert Gottes gute Schöpfung.

Gott hat auch festgelegt, dass diejenigen, die Verhalten „säen“, das mit dem Fleisch in Verbindung steht, das angemessene Ergebnis ernten, das letztendlich im Tod besteht; und dass diejenigen, die dem Geist gemäß säen, **ewiges Leben** ernten, das Leben des neuen **Zeitalters**, das in **Christus** bereits angefangen hat und eines Tages vollendet werden wird. Es ist also sowohl im weiter gefassten moralischen Leben als auch im finanziellen Bereich wahr, dass diejenigen, die geduldig durchhalten, die nicht müde werden und ihre Begeisterung für das Leben des Geistes nicht verlieren, die wahre Ernte einfahren.

Galater 6,11-18: Sich des Kreuzes rühmen

11 Schaut die großen Buchstaben an, die ich euch mit eigener Hand
geschrieben habe. 12 Es sind Leute, die im Fleisch gut dastehen wol-
len, die euch zur Beschneidung drängen – allein aus dem Grund, dass
sie so die Verfolgung wegen des Kreuzes des Messias umgehen kön-
nen. 13 Schaut, sogar die Beschnittenen halten das Gesetz nicht; dafür
wollen sie aber, dass ihr euch beschneiden lasst, sodass sie mit eurem
Fleisch prahlen können.

14 Was mich angeht, will ich auf keinen Fall prahlen. ich will mich
einzig des Kreuzes unseres Herrn, des Messias Jesus, rühmen, durch
den die Welt für mich gekreuzigt ist und ich für die Welt. 15 Schaut,
Beschneidung bedeutet nichts; auch unbeschnitten zu sein bedeutet
nichts! Was zählt, ist einzig die neue Schöpfung. 16 Friede und Gnade
sei mit jedem, der dies zu seinem Maßstab macht – ja, Friede und
Gnade seien mit dem Israel Gottes.

17 Was den Rest angeht, soll mir niemand Ärger machen. Schaut, ich
trage die Zeichen Jesu an meinem Leib.

18 Die Gnade unseres Herrn Jesus, des Messias, sei mit eurem Geist,
meine liebe Familie. Amen.

Mindestens die Hälfte der Druck-Erzeugnisse, die täglich in meinem Briefkasten landen, sind sogenannte „Junkmails“. Oft bekomme ich Briefe, die zwar meinen Namen tragen, aber computergenerierte Massenpost sind, Teil einer Werbeaktion. Sogar die Briefe, die persönlich an mich geschrieben sind, sind oft auf einem Computer geschrieben worden. Auch sie bleiben meist unpersönlich.

Sie wissen, ob Sie mit einem echten, lebendigen, atmenden menschlichen Wesen in Kontakt stehen, wenn der Korrespondent sich die Mühe macht, den Brief nicht nur in seinem Namen zu unterschreiben, sondern auch ein paar Sätze in persönlicher Handschrift hinzufügt. Das ist genau das, was Paulus hier nun tut.

Er tat das natürlich nicht am Ende eines Briefs, der auf einer Schreibmaschine getippt wurde oder in einem Textverarbeitungsprogramm erstellt worden war. Er hatte bisher einem Schreiber diktiert; jetzt nimmt er einem üblichen Brauch entsprechend das Schreibgerät, nicht nur um seinen eigenen Namen zu schreiben (das erwähnt er gar nicht), sondern um seine abschließenden Gedanken mitzuteilen. Diese sind immer noch warmherzig und leidenschaftlich; das Feuer seiner Argumentation ist nicht erloschen; aber diese Gedanken haben den Effekt, mehrere Teile des Briefs zusammenzubinden und ihn zu einem soliden und feierlichen Abschluss zu bringen. Wie schon ein- oder zweimal vorher: Wenn alles gesagt und getan ist, zählt in dieser Kontroverse allein das Kreuz. Und genau darauf lenkt er hier die Aufmerksamkeit.

Das Kreuz markiert die große Trennung, nicht nur zwischen der Kirche und der Welt, sondern zwischen denen in der Kirche, die bereit sind, für den **Messias** Verfolgung zu erleiden, und denen, die das nicht sind. Die „Agitatoren" waren erpicht darauf, die Körper der Galater mit dem Zeichen zu markieren, das sagt, sie gehörten zur ethnischen Familie Abrahams. Paulus erklärt, dass die einzigen Spuren an seinem Körper, die zählen, die Wunden sind, die er als Ergebnis seiner Treue zu Jesus erlitten hat (Vers 17). Wenn Sie auf körperliche Spuren aus sind, dann zählen die Zeichen des Kreuzes, nicht die Zeichen des Messers des Beschneiders; und die Zeichen des Kreuzes sind die Spuren der Verfolgung, die „Wunden Jesu".

Das ist natürlich genau das, was die „Agitatoren" umgehen wollen. Sie stehen selber unter dem Druck jüdischer Mitbürger, denen sie beweisen sollen, dass sie keine Kompromisse eingegangen sind, indem sie engere Kontakte zu **Heiden** gepflegt haben. Jetzt geben sie diesen Druck an die heidnischen Konvertiten weiter. Paulus durchschaut ihre Haltung jedoch komplett. Er weiß (er sagte dies bereits in 5,3), dass **Beschneidung** nur Sinn ergibt, wenn man danach das ganze **Gesetz** einhält; aber die „Agitatoren" sind nur an dieser einzigen Sache interessiert, nur daran, ihre eigene Haut zu retten, indem sie anderen Leuten die Vorhaut abschneiden. Sie entpuppen sich als oberflächlich und nicht ernst zu nehmen.

Im Gegensatz dazu öffnet Paulus hier im letzten Briefabschnitt eine Sicht auf die Wirklichkeit aus Gottes Perspektive; eine Sicht, die unsere Köpfe und Herzen über Galatien hinaushebt, über die schmutzigen Details von Kampagnen und Verschwörungen in der frühen Kirche hinaus auf die vielschichtigen und weitreichenden Absichten des Gottes, der den ganzen Kosmos liebt. Nicht nur der Messias ist gekreuzigt worden. Nicht nur die Christen sind mit ihm gekreuzigt worden (2,19-20; 5,24). Auch die Welt ist gekreuzigt worden. Golgatha war der Wendepunkt der Weltgeschichte. Über den Kosmos wurde das Todesurteil verhängt – damit Gottes neue Welt, Gottes neue Schöpfung, aus der alten heraus geboren werden kann. Diese neue Schöpfung begann mit Jesus selbst bei seiner **Auferstehung**. Sie geht weiter in dem vom **Geist** verliehenen neuen Leben, das in denen hervorquillt, die zum Messias gehören. Dieses Leben wird weitergehen, bis die ganze Schöpfung, wie Paulus in Römer 8 sagt, von ihrer eigenen Versklavung befreit wird und Anteil bekommt an der Freiheit der Herrlichkeit der Kinder Gottes.

Dies ist also für Paulus der Kern aller Dinge, und dies ist der Antrieb hinter all seinen Gedanken im Galaterbrief. Mit dem Kreuz Jesu ist die alte Welt erschöpft und die neue Welt verheißen. Wie kann irgendjemand, der auch nur einen flüchtigen Blick auf Jesus als gekreuzigten Messias erhascht hat, an den Werten, den Identitätskennzeichen und der Lebensweise der Welt festhalten, der am Kreuz bereits der Totenschein ausgestellt worden ist? Was zählt, ist weder Beschneidung noch nicht beschnitten zu sein – weder die Spuren am Fleisch eines Juden noch das Fehlen solcher Spuren am Heiden. Was zählt, ist, dass Gott seine eigene neue Schöpfung auf die Welt losgelassen hat, und dass er durch das **Evangelium** von Jesus alle einlädt, gleichermaßen Anteil zu haben an ihren Segnungen, ihrem neuen Leben, ihren Verheißungen für die Zukunft.

Allen, die darauf im Glauben reagieren, wird daher der größte Ehrentitel gegeben: Sie sind (Vers 16) „das Israel Gottes". Sie sind schließlich Abrahams Familie (Kapitel 3); sie sind die Familie Isaaks, nicht Ismaels (Kapitel 4); sie erfüllen das ganze Gesetz in ihrer gegenseitigen Liebe (Kapitel 5). Sie sind Gottes erwähltes Volk.

Natürlich sollten wir uns daran erinnern: Als Paulus schrieb, war die Mehrheit der Christen von Geburt Juden. Wir dürfen Paulus nicht so interpretieren, wie einige es tragischerweise getan haben: dass Gott den Juden den Rücken gekehrt habe und stattdessen einer heidnischen Gemeinschaft erlaubt habe, ihre Stelle einzunehmen. Dagegen wendet sich Paulus (beispielsweise) in Römer 9-11. Wir dürfen aber auch nicht zulassen, dass unser Bewusstsein von dieser Problematik uns davon abhält, die Stoßkraft von dem zu erkennen und zu spüren, was er hier sagt. Die Galater – und alle, die an Jesus glauben – sind jetzt Gottes Israel, Gottes Licht für diese Welt, berufen, in Einklang mit dem Maßstab der neuen Schöpfung zu kommen, Anteil an Gottes Frieden und Gnade zu bekommen und beides der Welt zu bringen.

Diese letzten Zeilen des Briefs sind eine Segnung nicht nur der Galater, sondern für alle von uns, die diese Worte lesen. Von Anfang bis Ende dreht sich alles um Gnade: um die Gnade unseres Herrn Jesus, des Messias. Im Messias ergriff Gott die Initiative im Erlösungsplan; wie das Apostelamt des Paulus (Kapitel 1) stammt das Evangelium nicht aus menschlichen Quellen und die Mitgliedschaft im Volk des Messias wird nicht durch menschliche Kategorien definiert. Die Gnade streckt ihre Hand aus und umarmt die ganze Welt. Das Zeichen dieser Umarmung sind nicht Spuren am Fleisch, sondern die Gegenwart und Freude des Geistes. So war es im ersten Jahrhundert; und so ist es jetzt, in der Kirche und in der Welt, die immer noch die Botschaft des Galaterbriefs braucht. Und so wird es auch bleiben, bis der Glaube mit dem Schauen belohnt wird, die Geduld mit der abschließenden Ernte und die erwartungsvolle Hoffnung mit der Erfüllung.

Der erste Thessalonicherbrief

1. Thessalonicher 1,1-5: Das Evangelium erreicht Thessalonich

1 *Paulus, Silvanus und Timotheus an die Gemeinde in Thessalonich,*
in Gott, dem Vater und dem Herrn Jesus, dem Messias. Gnade sei mit
euch und Friede.
2 *Wir danken Gott jederzeit für alle von euch, wenn wir euch in*
unseren Gebeten erwähnen. 3 *Wir erinnern uns immer an das, was der*
Glaube bei euch bewirkt hat, an eure harte Arbeit, die aus Liebe ge-
schieht, und an die Geduld eurer Hoffnung auf den Herrn Jesus Chris-
tus, in der Gegenwart Gottes, unseres Vaters.
4 *Liebe Familie, von Gott geliebt, wir wissen, dass Gott euch er-*
wählt hat; 5 *unser Glaube ist nämlich nicht nur in Worten zu euch ge-*
kommen, sondern in Kraft, im Heiligen Geist und mit großer Gewiss-
heit. Ihr wisst ja, als was für eine Art von Menschen wir uns in eurer
Mitte erwiesen haben, zu euren Gunsten.

Ich zögerte lange mit der Entscheidung, ob ich eine Studentin zum Studium zuließ, deren Noten nicht ganz so gut waren, wie es normalerweise erforderlich ist. Sie war ganz offensichtlich intelligent und in der Lage, hart zu arbeiten, aber warum waren einige Noten ein wenig schlechter als wir erwartet hatten? Dann dachte ich an das Interview zurück, das meine Kollegen und ich mit der Studentin geführt hatten. Da war sie lebendig geworden. Sie war ganz klar an dem Thema nicht nur interessiert, sondern enthusiastisch und konnte neue Ideen aufnehmen und sich zu eigen machen. In der Erinnerung daran fällte ich die Entscheidung. Wir ließen sie zum College zu. Drei Jahre später sollte ich recht behalten: Sie absolvierte mit Bestnoten.

Paulus erinnert sich lebhaft an seine ersten Eindrücke von den thessalonischen Christen, an die er diesen Brief schreibt. Thessalonich – das heutige Thessaloniki oder Saloniki – war und ist ein florierender Seehafen in Nordgriechenland, rund 320 Kilometer nördlich von Athen. Paulus war dort angekommen, nachdem er weiter östlich in Philippi gepredigt hatte. Dort war er geschlagen und ins Gefängnis geworfen worden, bevor er darauf hingewiesen hatte, dass er ein römischer Bürger war. Die Geschichte von jener Reise wird in Apostelgeschichte 16 und 17 erzählt.

Auch wenn Paulus üblicherweise in der jüdischen Synagoge oder am Versammlungsort der Juden zu predigen begann, scheint es so, dass die meisten Menschen, die zum Glauben an seine **Botschaft** kamen, keine Juden waren. Sie mussten eine doppelte Hürde überwinden, bevor sie das **Evangelium** annehmen konnten. Es war nicht nur eine verrückte Botschaft über einen Mann, der tot war und wieder zum Leben erweckt worden war. Es war eine verrückte *jüdische* Botschaft. Während er von Ort zu Ort wanderte, muss Paulus gewusst haben, dass die meisten Menschen, die ihn reden hörten, gedacht haben mussten, er sei wahnsinnig.

Doch die Empfänger des Briefs hatten das nicht gedacht. Einige in Thessalonich (wie auch in den meisten anderen Orten, die er besuchte) hatten gemerkt, dass irgendetwas mit ihnen passierte, während sie seiner Botschaft zuhörten. Eine seltsame Kraft ergriff sie – die Kraft, so würde Paulus ihnen sagen, war der **Heilige Geist**, der in ihnen am Werk war. Plötzlich verstanden sie, was er sagte. Ihre Herzen und Köpfe wurden ergriffen. Paulus und seine Gefährten erläuterten ihnen das Evangelium und freuten sich sehr, als sie sahen, dass die Botschaft ankam, Sinn ergab und ihre Arbeit der Verwandlung der Herzen und Leben begann. Diese Erinnerung dauerte an, obwohl Paulus, Silvanus und Timotheus nach Süden weitergezogen waren, nach Beröa, Athen und jetzt nach Korinth. (Paulus sagt das so nicht im Brief, aber es ist wahrscheinlich, dass er den Brief in Korinth verfasste, wo er sich über zwei Jahre lang aufhielt.)

Wenn er also zurückschaut und Gott für sie dankt, dann weiß er, dass Gott tatsächlich in ihnen am Werk war, während das Wort des Evangeliums verkündigt wurde. Seine lebhafte Erinnerung an jene frühen Tage, an ihre Reaktion und starke Überzeugung, war der klare Beweis, dass Gott sie erwählt hatte (Vers 4). Sie waren nicht zufällig zum Glauben gekommen. Gott wollte sie als seinen Brückenkopf in diesen Teil Nordgriechenlands hineinstellen, als Leuchtfeuer, das die Welt um sie herum erhellt. Wir werden sehen: Obwohl Paulus Ängste hegte, wie sich ihr Glaube und ihr geistliches Leben entwickeln würde, war er doch der felsenfesten Überzeugung, dass Gott gewirkt und sie mit dem Evangelium ergriffen hatte.

Das ist der Kern der einleitenden Danksagung von Paulus. Wie seine meisten Briefe beginnt auch dieser damit, dass er seinen Lesern mitteilt, wie er für sie betet – was als solches schon ein bemerkenswerter pastoraler Schachzug ist. Er schreibt mit seinen Gefährten Silvanus (der „Silas" aus Apostelgeschichte 15,27 etc.) und Timotheus, seinem jungen Assistenten, und er weiß, dass er die Christen in Thessalonich als „Gemeinde" in Gott, dem Vater und dem Herrn Jesus, dem **Messias**" ansprechen kann. Das Wort für „Gemeinde" wird manchmal mit „Kirche" übersetzt, doch es war das allgemeine Wort für ein Zusammentreffen oder eine Versammlung. Was diese Gemeinschaft von Menschen von anderen unterschied, war, dass sie nicht nur an einem bestimmten Ort lokalisiert war, sondern „in" einer bestimmten Gottheit – der Gottheit, die in der Tat Gott ist, dem einen wahren Gott, Juden und Christen als Vater bekannt, und jetzt im Evangelium bekannt als derjenige, der Jesus sandte, damit er der Messias und somit der Herr der Welt sei. Wie so oft bei Paulus enthalten diese einleitenden Wörter und Wendungen kurz und bündig viel von der Botschaft, die er später im Brief entfalten wird.

Seine eröffnende Danksagung und das Gebet erstrecken sich tatsächlich in gewisser Weitschweifigkeit über die Hälfte des Briefs – eigentlich bis zum Ende von Kapitel 3. Das hat wahrscheinlich einen guten Grund. Die Gemeinde in Thessalonich ist sehr jung, wahrschlich nicht älter als ein paar Monate. Sie haben bereits große Schwierigkeiten erlebt und einige von ihnen sind gestorben (ob aufgrund von Verfolgung oder aufgrund anderer Ursachen sagt Paulus nicht). Um sie stärker im Evangelium zu verwurzeln, erinnert Paulus sie ausführlich daran, was geschah, als er ankam und dort predigte; an das Beispiel, das er und seine Gefährten ihnen gaben; an den kürzlichen Besuch von Timotheus und den guten Bericht, den er zurückgebracht hatte. All dies tut er innerhalb des breiten Rahmens, in dem er ihnen erzählt, wie sie in seinen Gebeten vorkommen, die er stets für sie spricht (Vers 2).

Insbesondere entsinnt er sich, wie sie bereits drei Kennzeichen des Lebens aufwiesen – und das schon in der kurzen Zeit, die er nach seiner anfänglichen Predigt bei ihnen verbracht hatte. Glaube, Liebe und Hoffnung: Paulus erwähnt diese drei Eigenschaften auch andernorts, insbesondere in 1. Korinther 13,13, und sie gehörten eindeutig zum Kernbestand seines Denkens und Lehrens über das grundlegende christliche Leben.

Jedes dieser drei Kennzeichen erfordert Anstrengung. Glaube ist etwas, an dem man arbeiten muss. Er ist kein „Werk" im Sinne eines „Werkes des Gesetzes", getan, um Gottes Wohlwollen zu verdienen, sondern ein Werk der Liebe, getan aus Dankbarkeit für die Gnade. Glaube bedeutet, das Evangelium zu durchdenken und unseren Verstand und Willen mit ihm in Einklang zu bringen. Liebe – eine ganz praktische Sache, wie Paulus später im Brief zeigen wird (4,9-12) erfordert ebenfalls Anstrengung, so wie bei harter physischer Arbeit. Hoffnung braucht Geduld, was ebenfalls herausfordernd ist.

Bei den Thessalonichern gab es alle drei Merkmale des Lebens. Könnte man dasselbe von Ihrer Kirche oder Gemeinde sagen?

1. Thessalonicher 1,6-10: Der Glaube der Thessalonicher

6 Und ihr habt gelernt, wie ihr uns – und den Herrn! – nachahmen
könnt. Als ihr das Wort empfangen habt, hattet ihr viel zu leiden; ihr
hattet aber auch die Freude des Heiligen Geistes. 7 So seid ihr zu einem
Vorbild für alle Gläubigen in Mazedonien wie auch in Achaia gewor-
den. 8 Das Wort des Herrn wurde von euch aus in Mazedonien und
Achaia und weit darüber hinaus gehört. Überall hat man von eurem
Glauben an Gott gehört, sodass wir gar nichts mehr erklären mussten.
9 Sie selbst erzählen uns, wie ihr uns aufgenommen habt, und wie ihr
euch von den Götzen weg zu Gott hingewendet habt, um dem wahren
und lebendigen Gott zu dienen 10 und seinen Sohn vom Himmel zu
erwarten, den er vom Tod erweckt hat – Jesus, der uns vor dem kom-
menden Zorn rettet.

„Und?“, sagte ich letzte Woche zu meinem Sohn, als er aus dem Kino nach Hause kam. „War der Film gut?“

Ich kannte die Antwort schon, als ich die Frage stellte. Der Film war ganz okay, aber nicht hervorragend. Wenn er ihn wirklich begeistert hätte, hätte ich ihn nicht fragen müssen. Er wäre ins Haus gestürmt und hätte es nicht abwarten können, mir davon zu erzählen.

Es gibt Erlebnisse, über die man unbedingt mit jemandem reden muss. Manchmal hört man ein Musikstück, liest ein Buch, schaut einen Film oder wird Zeuge eines Vorfalls, der so beeindruckend ist, dass man nicht an sich halten kann. Sobald man jemanden trifft, dem man davon erzählen kann, sagt man: „Ich muss dir unbedingt von diesem Film (oder was auch immer) erzählen!“ Dann ist klar, dass die betreffende Sache wirklich Eindruck hinterlassen hat.

Was damals passierte, als Paulus und seine Gefährten in Thessalonich ankamen, hatte einen solche Eindruck hinterlassen, nicht nur auf die Menschen, die das **Evangelium** hörten und ihm glaubten, sondern auf alle möglichen Menschen in ganz Griechenland und den Nachbarländern. Niemand musste sagen: „Hast du von diesen speziellen Juden gehört, die umherziehen und über jemanden namens Jesus reden?“ Denn alle, die davon gehört hatten, erzählten es ungefragt sofort anderen Leuten. Das meint Paulus, wenn er sagt: Die Botschaft fand Widerhall in Nord- und Südgriechenland (Mazedonien im Norden, Achaia im Süden) und auch sonst überall – vermutlich in Asien und Bithynien (der modernen Türkei) im Osten und Illyrium, Mösien und in den anderen kleinen Balkanstaaten im Norden.

Die Leute redeten dabei nicht bloß über die neue Kirche, sondern insbesondere über den Weg, auf dem sie entstanden war. In diesem und dem folgenden Abschnitt freut sich Paulus über das Willkommen, das ihm und seinen Gefährten gegolten hatte, und besonders der Botschaft, die sie überbrachten. Das Erstaunliche war die sofortige Wirkung, die das Evangelium gehabt hatte. Im Zentrum stand dabei – und das denkt Paulus im gesamten Brief immer mit – der Ruf zur Anbetung des wahren Gottes im Unterschied zu den Götzen.

Von so etwas hatte man in der Welt von Paulus noch nie gehört. Es war ungefähr so, als würde man heute die Menschen in einer modernen Stadt bitten, den Gebrauch ihrer Autos, Computer und Telefone zu unterlassen. Wenn man damals einen Baum pflanzte, betete man zu der zuständigen Gottheit. Wenn man eine Geschäftsreise unternahm, war ein kurzer Besuch bei der entsprechenden Kultstätte angezeigt. Wenn Sie oder Ihr Sohn oder Ihre Tochter heirateten, wurde die ernsthafte und kostspielige Anbetung der relevanten Gottheit erwartet. Die Götter waren an jeder Straßenecke anwesend: unberechenbar, möglicherweise übelwollend, manchmal miteinander im Krieg, sodass man nie genug tun konnte, um sie zu beschwichtigen und sicherzustellen, dass man sie auf seiner Seite hatte.

Insbesondere – und das wird später im Brief wichtig werden – gab es seit kurzer Zeit einen Neuankömmling unter den Göttern Griechenlands und Roms. Als Augustus seine Rivalen besiegte und Kaiser von Rom und seinen riesigen Vasallenstaaten wurde, erklärte er, sein Adoptivvater Julius Cäsar sei ein Gott geworden. Als Augustus selber im Jahre 14 n. Chr. starb, tat sein Nachfolger Tiberius dasselbe für ihn. Während ihrer jeweiligen Lebzeiten wurden Augustus und Tiberius daher „Sohn des Gottes" betitelt. Es dauerte allerdings nicht lange, bis die Leute – besonders in den östlichen Mittelmeergebieten, in denen sie an die Anbetung der Herrscher bereits gewöhnt waren – die Botschaft begriffen und begannen, den gegenwärtigen Kaiser anzubeten, nicht nur den vorherigen. Das schien sicherer und auch logischer. Jeder, der den Großteil der damals bekannten Welt beherrschen und in Frieden und Wohlstand halten konnte, musste (so dachte man weithin) irgendetwas Göttliches an sich haben. Die Stadt Rom wurde selber vergöttlicht; Kultstätten für „Rom und den Imperator" schossen wie Pilze aus dem Boden, da die örtlichen Verwaltungen und Herrscher darauf bedacht waren, ihre politische Loyalität zu demonstrieren. Die Städte übertrumpften sich gegenseitig mit dem Bau von Tempeln für diese neuen Gottheiten.

In diese Welt kamen nun drei unbekannte Juden und erzählten den Heiden, dass es einen einzigen wahren Gott gab (das hatten auch schon andere Juden getan), dass dieser Gott einen wahren Sohn hatte und dass er diese Tatsache erwiesen hatte, indem er diesen Sohn von den Toten auferweckt hatte (das hatte noch niemals zuvor irgendjemand gesagt). Und Menschen in Thessalonich, die von Anfang an das Risiko kannten, das sie eingingen, wendeten sich von ihren Götzen ab und diesem lebendigen Gott zu und entdeckten im selben Moment Leiden und Freude (Vers 6). Darum drehen sich Bekehrungen: Das Wort für „wenden" in Vers 9 ist das Wort bei Paulus, das einem Fachbegriff für Bekehrung am nächsten kommt. Es bezeichnet das, was passiert, wenn jemand aufhört, in eine bestimmte Richtung zu gehen und sich umwendet, um in die entgegengesetzte Richtung zu gehen.

Die Entdeckung des lebendigen Gottes und seines Sohnes, der nach dem Tod wieder lebendig geworden war, führte die Christen in Thessalonich zu der charakteristisch christlichen Hoffnung, über die Paulus später im Brief mehr sagen wird. Sie sollten darauf warten, dass

Jesus vom Himmel her erscheinen würde. Es würde eine Zeit großer Bedrängnis kommen, die man nur als Zeit des „Zorns“ oder der „Raserei“ bezeichnen konnte. Dies war die seltsame und finstere Reaktion eines liebenden und heiligen Gottes auf alles, was seine Welt deformiert und verunstaltet. (Manchmal wird die Frage gestellt, wie ein liebender Gott auch zornig sein kann. Im Rückblick auf das unmenschliche und brutale 20. Jahrhundert muss man sagen, dass ein guter und liebender Gott zornig sein *muss*, wenn er mit einer solchen Bosheit konfrontiert wird.) Doch obwohl diese Zeit des Zorns mit Sicherheit kommen wird, wird Jesus sein Volk davor erretten. Das war ein zentraler Punkt der christlichen Hoffnung im ersten Jahrhundert, und das gilt auch heute noch.

Die Christen in Thessalonich waren erst seit Kurzem gläubig; wir wissen nicht, wie lange schon, aber es kann nicht länger als ungefähr ein Jahr gewesen sein. Doch die Menschen in einem Umkreis von Hunderten von Kilometern sprachen bereits über diese nie zuvor gehörte Sache: Ziemlich gewöhnliche Menschen hatten als Reaktion auf eine unerwartete Botschaft etwas ganz Außergewöhnliches getan. Die einzige Erklärung dafür lautete, dass der lebendige Gott durch die Evangeliumsbotschaft von Jesus am Werk gewesen war. Und die einzig angemessene Reaktion darauf ist Danksagung und Jubel. In diesem ersten Kapitel sagt Paulus auf seine Weise Gott Dank für die Thessalonicher und ermutigt sie gleichzeitig, indem er ihnen erzählt, dass er Gott für sie dankt.

1. Thessalonicher 2,1-8: Der Dienst des Paulus in Thessalonich

1 *Ihr wisst ja selbst, meine liebe Familie, dass es nicht umsonst war,*
wie ihr uns willkommen geheißen habt. 2 *Im Gegenteil: Wie ihr wisst,*
hatten wir in Philippi bereits Schlimmes erlebt und waren misshandelt

worden. In unserem Gott waren wir aber offen und überschwänglich
darin, euch das Evangelium zu erklären, obwohl wir eine gehörige
Portion Widerstand erfuhren.
3 *Schaut, wenn wir Leute einladen, führen wir schließlich nieman-*
den in die Irre. Wir haben keine unlauteren Absichten und wenden
auch keine unsauberen Tricks an. 4 *Nein, wir reden als Menschen,*
die von Gott beglaubigt wurden, das Evangelium zu verkünden; dies
nicht mit der Absicht, Menschen zu gefallen, sondern Gott, der unsere
Herzen prüft.
5 *Wie ihr wisst, haben wir uns niemals mit schönen Worten ein-*
geschmeichelt. Und Gott ist unser Zeuge, dass wir niemals unehrli-
che Worte gebraucht haben, um unsere Gier zu verdecken. 6 *Wir ha-*
ben nicht Anerkennung von Menschen gesucht, weder euch noch von
sonst jemand – 7 *obwohl wir euch mit dem Titel „Abgesandte des*
Messias" hätten beeindrucken können. Wir sind bei euch aber sanft
aufgetreten, wie eine Amme, die sich um ihre Kinder kümmert. 8 *Wir*
waren euch so zugewandt, dass wir nicht nur das Evangelium Gottes
mit euch geteilt haben, sondern unser eigenes Leben, weil wir euch so
liebgewonnen haben.

Die antike Welt verstand es wie die moderne, fast alles mit zynischer Skepsis zu betrachten. Wenn ein Brief ankommt, der mir ein wunderbares kostenloses Geschenk anbietet, weiß ich, dass es eine Falle ist. Letztlich soll ich verleitet werden, für etwas zu bezahlen, was ich gar nicht haben will. Wenn jemand anbietet, etwas ungemein Freundliches für Sie zu tun, geschieht es nur zu leicht, dass Sie fragen, was für denjenigen dabei herausspringt. Wenn ein Reiseunternehmen mich einlädt, ein Wochenende kostenlos in einem seiner Ferienhäuser zu verbringen, dann weiß ich, dass das Unternehmen hofft, dass ich ein solches Haus permanent anmiete. Und so weiter.

In der antiken Welt gab es viele herumziehende Verkäufer, reisende Lehrer, Menschen, die versuchten, ihren Lebensunterhalt zu verdienen, indem sie ihren Zuhörern neue Weisheiten oder Einsichten anboten, irgendwelche Zaubereien, eine neue Philosophie oder was auch immer. Wenn Paulus und seine Gefährten in einer Stadt ankamen und anfingen, ihre seltsame Story zu erzählen, müssen viele Leute gedacht haben, dass sie zu dieser Sorte Menschen gehörten. Die Wissenden in der Menschenmenge werden auf den Moment gewartet haben, in dem der Redner einen Geldbeutel hervorholte und Spenden verlangte oder die Menschen einlud, ihn zu bezahlen, um im privaten Rahmen mehr zu hören. Die zynischen unter ihnen werden auf noch finstere Ereignisse gewartet haben: dass der Redner für eine besondere private „Unterweisung" Menschen (beider Geschlechter) auswählte, die körperlich attraktiv waren. Zumindest wurde von neu angekommenen Lehrern erwartet, dass sie sich einen Namen machen, bekannt werden und in der Stadt gemocht werden wollten.

Paulus wusste: Wenn irgendjemand versuchen würde, ihn derartiger Tricks zu bezichtigen, hätten die Thessalonicher all das widerlegt. In einem Abschnitt, der in Großbuchstaben ausgedruckt und ins Haus eines jeden christlichen Geistlichen gehängt werden sollte – oder besser: in goldenen Buchstaben in ein Herz eingraviert werden sollte – erinnert Paulus sie daran, dass seine Ankunft in Thessalonich und seine dortige Lebensweise nichts mit der Art von Tricks gemein hatte, wie die Leute sie erwarteten. Seine Auffassung von seiner eigenen Aufgabe und Rolle war eine ganz andere. Es lohnt sich, dies ganz genau unter die Lupe zu nehmen, Schritt für Schritt. (Wir registrieren, dass Paulus durchgängig „wir" sagt, nicht „ich". Silvanus und Timotheus werden in die Beschreibung einbezogen, aber es besteht kein Zweifel, dass hinter allem das Denken von Paulus steht.)

Es hatte mit seinem eigenen Leiden angefangen. Wenn jemand etwas tut und dafür gut bezahlt wird, können wir davon ausgehen: Wenn er oder sie es das nächste Mal tut, geschieht es zum Teil wegen des Geldes. Doch wenn Menschen etwas tun und dafür geschlagen und ins Gefängnis geworfen werden, gehen wir mit Recht davon aus: Wenn sie es das nächste Mal tun, haben sie einen zwingenden Grund, weiterzumachen, auch wenn sie dasselbe Risiko eingehen. Genau das galt für Paulus: Er kam in Thessalonich mit den physischen und emotionalen Narben seiner schändlichen Behandlung in Philippi an, und als er diesmal redete, gab es wieder starken Gegenwind. Doch weit entfernt davon, eingeschüchtert zu sein oder Angst zu haben, dass ihm wieder dasselbe zustieß, machte Paulus direkt weiter und stellte sogar fest, dass er mit größerer Freiheit und Begeisterung sprach. Die Schlüsselwörter in Vers 2 deuten darauf hin, dass er das ganze **Evangelium** mutig, unverblümt und furchtlos verkündigte. Er sagte es selber wiederholt: Das Leiden verleiht dem Evangelium nicht nur einen gewissen Wert (es zeigt, dass der Prediger es nicht aus den falschen Gründen tut), sondern verleiht überraschenderweise auch Freude und Freiheit. Die welterschütternde Botschaft kommt ganz klar an.

Im Zentrum all dieser Dinge steht die Anerkennung Gottes, nicht die Anerkennung von Menschen. Paulus spricht in dieser Passage immer wieder von Gott: Er war mutig in Gott (Vers 2a), er predigte das Evangelium Gottes (Vers 2b, 8), er war von Gott anerkannt oder gewürdigt worden (Vers 4a), er wollte einfach Gott gefallen (Vers 4b) und Gott war sein Zeuge, dass er seinen Dienst nicht insgeheim aus Gier versah (Vers 5). Nachdem er vom wahren und lebendigen Gott im Gegensatz zu den Götzen gesprochen hatte (1,9), ist klar, dass Paulus in der Gegenwart dieses Gottes lebte und wusste, dass sein eigenes Herz auf dem Prüfstand war, während er seiner Arbeit nachging. Gott hatte ihm das Evangelium anvertraut (Vers 4), wie ein Monarch einem Botschafter eine Bekanntmachung für weit entfernt lebende Untertanen anvertraut. Es lag in seiner Verantwortung, die Botschaft komplett und vollständig zu überbringen, ohne Rücksicht auf seinen eigenen Platz in diesem Vorgang oder auf irgendwelche Ehren oder Belohnungen, die er bekommen mochte oder auch nicht. Er war nicht bereit zuzulassen, dass sein Status als Herold des Königs seiner eigenen Selbstgefälligkeit einen Schub gab.

Das Ergebnis in seinem Umgang mit den Thessalonichern bestand darin, dass Paulus es sich leisten konnte, freundlich, besorgt und liebevoll zu sein. Er war nicht insgeheim auf eigenen Gewinn aus; er wollte schlicht und einfach, dass die Thessalonicher von Gottes Liebe umschlossen würden, und während er unter ihnen wirkte, stellte er fest, dass auch seine eigene Liebe auf sie übersprang. Menschen, die das Vorrecht hatten, in den Genuss des Dienstes von Personen mit dieser Motivation zu kommen, wissen, wie wunderbar es ist, wenn Pastoren ihnen nicht nur Anteil am Evangelium geben, sondern auch an ihrem eigenen Leben. Diejenigen von uns, die gute christliche Freunde hatten, in der Schule, am College, am Arbeitsplatz oder im sozialen Leben, werden das ebenfalls kennen.

Noch ein Wort für den Fall, dass irgendjemand meint, Paulus würde sich hier selbst zu sehr rühmen: Er hätte all dies wohl kaum sagen können – und der Schreiber, der das, was Paulus diktierte, hätte es wohl kaum aufzeichnen können – wenn es nicht wahr gewesen wäre. Die Thessalonicher werden dieses Selbstporträt erkannt haben, als ihnen der Brief vorgelesen wurde. Die Frage an alle, die in einem geistlichen Dienst stehen, lautet: Wenn wir uns so beschreiben würden, wie Paulus es tut, würde irgendjemand erkennen, über wen wir sprechen?

1. Thessalonicher 2,9-12: Die väterliche Fürsorge des Paulus

9 Meine liebe Familie, ihr erinnert euch noch daran, wie hart wir gear-
beitet haben. Tag und Nacht haben wir uns gemüht, um niemandem
zur Last zu fallen, während wir euch das Evangelium Gottes bekannt
machten. 10 Ihr seid Zeugen, wie auch Gott selbst, für unser heiliges,
aufrichtiges und untadeliges Verhalten euch, den Glaubenden, gegen-
über. 11-12 Ihr wisst, dass wir jeden einzelnen von euch ermutigt und
gestärkt haben, wie ein Vater seine eigenen Kinder ermutigt, und wie
wir euch klargemacht haben, dass ihr euch so verhalten müsst, wie es
angemessen ist Gott gegenüber, der euch in sein Reich und seine Herr-
lichkeit beruft.

Das vielleicht Erstaunlichste an Paulus' Missionsarbeit ist wohl: Wenn er in einer neuen Stadt ankam, hatten die Menschen dort buchstäblich noch nie so jemand wie ihn gesehen. Sie hatten andere herumreisende Lehrer gesehen, aber niemanden wie Paulus. Sie kannten religiöse Führungspersönlichkeiten; sie kannten ethnische Gruppen (wie die Juden), die ihre eigene Religion hatten und manchmal Außenstehende aufnahmen; doch niemand aus diesen Kreisen hatte sich wie Paulus verhalten. Sie hatten keine Ahnung, dass so eine Lebensweise überhaupt möglich oder gar erstrebenswert war.

Für Paulus, so kann man wohl annehmen, war es eine ähnlich bemerkenswerte Herausforderung: Er sollte das grundlegende Vorbild für seine Neubekehrten sein und sollte ihnen durch sein Beispiel beibringen, welche Lebensweise dem lebendigen Gott zur Ehre gereichte, den er ihnen verkündigte. Wir dürfen annehmen, dass er das alles bereits durchdacht hatte, als er in Thessalonich ankam. Daher wusste er genau, was zu tun war.

Zunächst einmal ging es um Geld. Bereits in Vers 7 hat er deutlich gemacht, dass er als **Apostel Christi** – mit anderen Worten: als Botschafter des wahren Königs der Welt! – mit vollem Recht finanzielle Unterstützung verlangen konnte. Die Briefe an die Korinther machen klar, dass er sich hier auf einem schmalen Grat bewegte: Wenn er von den Gemeinden Geld annahm, in denen er arbeitete, konnten ihm die Leute vorwerfen, er arbeite nur gegen Bezahlung; doch wenn er kein Geld annahm, konnten die Leute ihm vorwerfen, er würde nicht richtig „zu ihnen gehören“. Es ist klar, dass er erwartete, dass der normale Dienst innerhalb der Gemeinden angemessen entlohnt wurde (z. B. Galater 6,6; 1. Timotheus 5,17-18) – im Unterschied zu seinem Dienst als ihr erster Apostel und Evangelist. Doch er selbst hatte es so gehalten, dass er mit seiner eigenen Hände Arbeit seinen Lebensunterhalt verdiente, während er seine Erstevangelisationen durchführte und lehrte.

Wir wissen aus der Apostelgeschichte, was Paulus für seinen Lebensunterhalt tat: Er stellte Zelte her (Apostelgeschichte 18,3; 20,34;

vgl. 1. Korinther 4,12). Das bedeutete schwere körperliche Arbeit. Leder musste geschnitten, bearbeitet und zusammengenäht werden. Wir müssen davon ausgehen, dass Paulus entweder in dem Haus arbeitete, das er jeweils anmietete, oder in einem separaten Arbeitsraum, wo er näher an den potenziellen Kunden sein konnte. Er musste also mindestens eine übliche Miete gezahlt haben sowie Essen und Materialien kaufen. Er wird tagtäglich in Kontakt mit allen möglichen Leuten gewesen sein. Seine Integrität als Hersteller von qualitativ guter Ware und als Geschäftsmann wird ständig der öffentlichen Prüfung ausgesetzt gewesen sein. Obwohl er während der Arbeitszeit zweifellos zahllose Gespräche geführt haben wird, wird seine Predigt und Lehre in den Verlauf des **Sabbats** eingepasst gewesen sein, sowie hier und da an freien Stunden an den Abenden, bevor er sich wieder an die Arbeit machte, um ein Zelt fertigzustellen, während andere sich entspannten, tranken und langsam zu Bett gingen. Das muss einen ziemlichen Eindruck hinterlassen haben, aber Paulus tat das nicht als Show. Er tat es, weil er wollte, dass die neuen Christen wussten, dass er für sie da war wie ein Vater für seine Kinder. Väter verlangen für die Erziehung kein Geld von ihren Kindern.

Darum ging es bei der Arbeit von Paulus: Das **Evangelium** als solches – die Aufforderung, den Gott anzubeten, der jetzt im **Messias** Jesus offenbart ist – umfasste den Ruf, **Gottes Reich** und Ehre zu suchen und zu finden; und der Weg zu diesem Ziel war der Weg der Heiligkeit. Die Beschreibung dieses Ziels in Vers 12 und die Schilderung von Paulus' Anstrengungen, den Weg dahin zu ebnen, sind derart bemerkenswert – typisch für die Art und Weise, wie Paulus einen Gedankengang mit einem tiefsinnigen und vielschichtigen Statement abrundet – dass es sich lohnt, detaillierter hinzuschauen.

Was Paulus vor allem von den Thessalonichern wollte, formuliert er in der Wendung, die man wörtlich mit „so gehen, dass es Gottes würdig ist“ wiedergeben könnte. Das Wort „gehen“ ist ein übliches Wort für „Verhalten“ bei Paulus. Damit folgt er dem Standardgebrauch des hebräischen Äquivalents. Verhalten wird verstanden als eine Sache, bei der man einen Fuß vor den anderen setzt; gutes Verhalten heißt also, sorgfältig auf die Richtung und das Setzen der Fußstapfen zu achten.

Die meisten Gottheiten, die die Thessalonicher bisher gekannt hatten, werden bestimmte Anforderungen an sie gestellt haben. Dabei ging es größtenteils um die Art der erwarteten Anbetung, weniger um Einzelheiten des alltäglichen Verhaltens. Doch die neuste Gottheit, die in Griechenland verkündigt wurde, also der Kaiser höchstpersönlich, besaß bereits ein Reich und Ehre und erwartete von seinen Untertanen, dass sie ihrer Loyalität ihm gegenüber auf jede erdenkliche Weise Ausdruck verliehen. Paulus wusste ziemlich gut, dass sein Evangelium den wahren Gott verkündigte, das wahre Reich und die wahre Herrlichkeit, und dass dieses Reich und diese Herrlichkeit nicht Dinge waren, die Gott für sich behalten wollte, sondern Dinge, die er mit allen seinen Menschen teilen wollte.

Doch der Weg in dieses Reich und zu dieser Herrlichkeit, der mit dem **Glauben** an diesen einen Gott beginnt (1,9), muss sich in einem vollständigen Lebensstil fortsetzen, der dieses lebendigen Gottes würdig ist. Wie sich die Herrschaft des Kaisers über das ganze weltweite Imperium erstreckte, so erstreckt sich Gottes Herrschaft über alle Bereiche des menschlichen Lebens: Nicht, weil Gott ein herumschnüffelnder, neugieriger Gott ist, sondern weil Menschen zu seinem Ebenbild erschaffen sind und seine Herrlichkeit mit jeder Faser ihrer Persönlichkeit widerspiegeln sollen. Christliches Verhalten ist daher keine Sache von ein paar Regeln, die sich ein himmlischer Bürokrat oder Polizist erdacht hat, sondern eine Sache der Widerspiegelung der Herrlichkeit Gottes in jedem Lebensbereich.

Das ist als solches schon eine derart neue und herausfordernde Vorstellung, dass Paulus sie entfalten und aus jedem möglichen Blickwinkel dazu ermutigen musste. Er ermahnte die Thessalonicher wie ein Sporttrainer, der seiner Mannschaft sagt, wie man gewinnt; er ermutigte sie wie ein Freund, der jemanden stärkt, der vor einer Furcht einflößenden Aufgabe steht; er legte vor ihnen Zeugnis ab wie ein Zeuge im Gerichtssaal. Er ließ keine Gelegenheit aus, um ihnen zu erklären, dass sich der lebendige Gott wünscht, dass lebendige Menschen seine Herrlichkeit widerspiegeln und dass er sie zu diesem sehr fordernden, sehr lohnenden Lebensstil berufen, aufgefordert und gebeten hat.

Er gebrauchte dazu jedoch nicht nur Worte. In diesem ganzen Abschnitt geht es zentral darum, dass Paulus ihnen all dies durch sein eigenes Beispiel vorlebte. Vor einigen Jahren hörte ich in einer schottischen Kirche, wie ein Prediger ein altes Gedicht zitierte, das diesen Gedanken exakt auf den Punkt bringt. Ich weiß nicht, wer es geschrieben hat, aber der- oder diejenige könnte gut und gerne den 1. Thessalonicherbrief gelesen haben, denn genau darüber redet Paulus:

I'd rather see a sermon than hear one, any day;
I'd one would walk with me than merely show the way;
The eye's a better pupil, more willing than the ear;
Fine counsel is confusing, but example's always clear.

Ich würde jeden Tag lieber eine Predigt sehen als eine hören;
Ich hätte es lieber, jemand würde mit mir gehen als mir den Weg zu zeigen.
Das Auge ist ein besserer Schüler als das Ohr;
Guter Rat ist verwirrend, doch ein Beispiel ist immer klar.

1. Thessalonicher 2,13-16: Die verfolgte Kirche

[13] Deshalb danken wir Gott unaufhörlich, dass ihr Gottes Wort, das ihr von uns gehört habt, als das angenommen habt, was es ist: nicht Menschenwort, sondern Gottes Wort, das in euch, den Glaubenden, wirkt.
[14] Meine liebe Familie, ihr seid im Messias Jesus zu Nachahmern von Gottes Gemeinden in Judäa geworden. Von euren eigenen Leuten habt ihr dasselbe erlitten, was jene von den Judäern erduldet

haben. [15] *Schaut, die Judäer haben Jesus und die Propheten getötet und auch uns vertrieben. Sie gefallen Gott nicht; sie stellen sich gegen alle Menschen;* [16] *sie verboten uns, zu den Heiden über deren Errettung zu sprechen. Dies hat dazu geführt, das Maß ihrer Sünde voll zu machen. Aber der Zorn ist schließlich über sie gekommen.*

Der Tag begann hell und klar, keine Wolke am Himmel. Mein Sohn und ich brachen zu einer Klettertour in den Bergen auf, voller Hoffnung, dass sich das Wetter halten würde. Doch als wir auf unserem ersten Gipfel ankamen, wartete dort schon ein Schock auf uns. Wir waren steil an der Südseite hinaufgeklettert und konnten den Himmel auf der Nordseite nicht sehen. Doch als wir auf dem Höhenkamm ankamen, sahen wir gefährlich dunkle Wolken. Dick und schwarz kamen sie mit einem starken Wind direkt auf uns zu. Schnell zogen wir unsere Regenkleidung an. Innerhalb von 20 Minuten war der ganze Himmel schwarz. Ein paar Minuten später goss es in Strömen und es hörte den ganzen Tag nie mehr ganz auf.

Das ist das Gefühl, das uns an diesem Punkt im Brief beschleicht. Wenn jemand den 1. Thessalonicherbrief nach Vers 13 des 2. Kapitels abgebrochen hätte, hätten wir nur klaren Himmel gesehen, wunderbare Aussichten; in der jungen Kirche entwickelte sich alles prächtig. Leider geht es im **Reich Gottes** aber meistens nicht so herrlich zu. Es läuft immer noch ein Kampf ab, und diejenigen, die loyal zu Jesus als dem **Messias** und Herrn stehen, sind in den Kampf verwickelt, ob sie wollen oder nicht.

Paulus' eigene Kämpfe waren von Anfang an klar. In Philippi war er geschlagen und inhaftiert worden und in Thessalonich gab es auch viel Widerstand, als er dort gearbeitet hatte (2,2). Doch nun erfahren wir, dass die Thessalonicher auch schon für ihren neu gefundenen **Glauben** gelitten haben. Paulus nennt dies sogar als einen der Gründe, warum er erkennen kann, dass das **Evangelium** von Jesus seine Wirkung in ihnen entfaltet hatte, nämlich nicht als bloß menschliche Botschaft, sondern als Wort Gottes.

Wenn es eine bloß menschliche Botschaft gewesen wäre, hätte man erwarten können, dass diejenigen, die das Evangelium gehört und angenommen hatten, ihm den Rücken gekehrt und es aufgegeben hätten, sobald die Verfolgung eingesetzt hätte. Das hatten sie aber nicht getan. Das Wort hatte in ihnen dieselbe Standhaftigkeit hervorgerufen wie bei den Christen der ersten Stunde, also bei den Gemeinden der Nachfolger Jesu in Judäa. (Wie in Bezug auf 1,1 bereits gesagt: Das Wort, das manchmal mit „Kirche" übersetzt wird, hat ein allgemeineres Bedeutungsspektrum im Sinne von „Gemeinde", also „Gemeinschaft" oder „Versammlung". Die Wendung „Gottes Gemeinden in Judäa" könnte sich als solche einfach auf die jüdischen Synagogen beziehen; also fügt Paulus „im Messias Jesus" hinzu.) Mit anderen Worten: Ihr Leiden bedeutet nicht, dass irgendetwas in den Absichten Gottes mit ihnen völlig schiefgelaufen ist; es bedeutet, dass sie auf demselben Weg sind wie die Gemeinden der ersten Stunde – und auf diesem Weg befindet sich auch Paulus.

Die frühen Christen mussten vielfach die Erfahrung machen, dass die dunkle Wolke des Leidens über ihnen schwebt. Warum? Worin besteht der Wind, der sie heranweht?

Paulus hätte zweifellos gesagt: Das Leiden entsteht, weil die Kirche mit ihrer Treue gegenüber dem gekreuzigten Jesus als Herrn die immer noch aktiven Mächte der Welt herausforderte. Die Schlacht zwischen dem wahren Gott und den Mächten des Bösen, welche die Menschheit versklaven und entstellen, hatte ihren Höhepunkt zwar am Kreuz erreicht. Aber die Kirche ist beauftragt, den Sieg, der am Kreuz errungen wurde, in die Tat umzusetzen, und das mögen die Mächte nicht.

Vor einem größeren Horizont bedeutet das: Die heidnischen Herrscher und Obrigkeiten, vor allem der Kaiser, werden in aller Schärfe Einspruch dagegen einlegen, dass in ihrem Herrschaftsbereich das Evangelium von einem „anderen König" verkündigt wird (das ist laut Apostelgeschichte 17,7 genau das, was passierte, als Paulus erstmals in Thessalonich war). Zieht man den Horizont enger, so bedeutet es: Die Botschaft von Jesus forderte die gesamte Sicht der Juden von

Gott, der Welt und sich selbst heraus. Diejenigen in Judäa, die diese Botschaft abgelehnt hatten, hatten auch die das alte System grundlegend hinterfragenden Ansprüche der frühen Judenchristen in ihrer Mitte abgelehnt und sogar ihr Bestes getan, um die kleine Bewegung auszumerzen. Wer sollte das besser wissen als Paulus, der immerhin selber einer der Verfolger gewesen war (siehe Galater 1,13-14)!

Es ist wichtig zu verstehen: Wenn er hier in Vers 14 „Judäer" sagt, meint er damit nicht einfach „die Juden". Er war ja selber ein Jude; alle Christen der ersten Stunde waren Juden. Doch weil er selber Teil der Bewegung war, wusste Paulus, dass viele Juden in Judäa sich nicht nur erbittert Jesus widersetzt hatten, was darin resultierte, dass die jüdische Obrigkeit Jesus den Römern zur Kreuzigung ausgeliefert hatte. Sie hatten sich auch den Gruppen widersetzt, die nach seiner **Auferstehung** aus dem Boden schossen und Jesus begeistert als Messias und Herrn aufnahmen. Im Einklang mit dem, was er anderswo sagt (z. B. Römer 9,6-10,4), verbindet Paulus diese Ablehnung von Gottes Messias mit der früheren Ablehnung der Propheten durch seine jüdischen Vorfahren. Nicht zuletzt aufgrund dessen, was in Galatien geschehen war, erklärt Paulus, dass die Juden, die nicht an Jesus glaubten, anscheinend unbedingt verhindern wollten, dass eine **Heiden**mission überhaupt stattfand. In ihrem leidenschaftlichen Glauben, dass Gottes Erlösung nur ihnen galt, hielten sie eine Botschaft von einem gekreuzigten Messias, der Erlösung zu gleichen Bedingungen auch den Heiden anbot, für gotteslästerlich.

Um dies zu erläutern bezieht sich Paulus in einer typisch knappen Redewendung auf die biblische Vorstellung von Gottes Zorn. Dieser Zorn ist nie willkürlich oder böswillig; wenn Menschen ihn ablehnen und sich auf Arten und Weisen verhalten, die das unterminieren, was er in seiner Weisheit und Großzügigkeit für die Menschen und die Welt gewollt hat, dann bestraft er nicht sofort, sondern gibt Raum zur **Umkehr**. Wenn diese jedoch nicht geschieht, nimmt die Bosheit zu, Sünden häufen sich bis zu dem Punkt, an dem Gott sagen muss: „Genug!" Dann macht er auf die eine oder andere Weise Schluss. Laut

1. Mose 15,16 geschah dies mit den Kanaanitern, und es erklärt die lange Zeit, die Israel in Ägypten verbringen musste. Paulus sieht die Menschen in Judäa jetzt in derselben Situation: Sie beschwören die Katastrophe herauf, indem sie sich weiterhin dem Evangelium widersetzen.

Das Ergebnis wird das sein, was Jesus selbst prophezeit hatte und die ganze erste Generation der Christen wusste: Die Stadt und der **Tempel** würden zerstört werden. Matthäus, Markus und insbesondere Lukas machen das zu einem Hauptthema in ihren Darstellungen der Lehre Jesu. Paulus, der ungefähr 20 Jahre nach Jesu Kreuzigung an die Thessalonicher schreibt, weiß, dass es nicht mehr lange dauern kann, bis das geschieht. Jesus hatte gesagt, es würde innerhalb von einer Generation geschehen (Markus 13,30). Alle Anzeichen deuteten darauf hin, dass es nicht mehr lange dauern würde. Hätte Paulus im Jahr 70 n. Chr. noch gelebt, hätte er zweifellos erklärt, dass die Ereignisse jenes Jahres tatsächlich der Ausbruch des Zornes Gottes waren. Das war immerhin auch das Urteil des jüdischen Historikers Josephus.

Das alles heißt nicht, dass Gott mit den Juden als Volk abgeschlossen hatte. Paulus widmet sich diesem Thema ausführlich in Römer 9-11 und kommt zu einem ganz anderen Schluss. Es bedeutet, dass der gegenwärtige Widerstand, den die Judenchristen in Judäa von ihren nicht-christlichen Nachbarn erleiden, zur Rehabilitierung der Judenchristen führen würde. Dieselbe Verheißung stellt Paulus den Heidenchristen in Thessalonich in Aussicht: Gegenwärtig erfahren sie Leid von ihren eigenen Landsleuten, doch am Ende werden sie rehabilitiert werden.

Dies ist ein feierlicher und ernster Abschnitt. Doch er spricht Bände für diejenigen – und das sind sehr viele –, die auch heute noch für ihren Glauben an Jesus verfolgt werden. Das heißt nicht, dass in Gottes Plan irgendetwas völlig schiefgelaufen ist; es heißt nur, dass sie Anteil an den Leiden Christi haben und zu Gottes gegebener Zeit rehabilitiert werden.

1. Thessalonicher 2,17-20: Die Freude und Krone des Paulus

17 Was uns angeht, meine liebe Familie, so sind wir euch für eine kurze
Zeit entrissen worden – nur äußerlich getrennt, nicht im Herzen. Mit
großem Verlangen sehnen wir uns danach, euch von Angesicht wieder-
zusehen. 18 Deshalb wollten wir zu euch kommen – ich, Paulus, ver-
suchte es immer wieder – aber der Satan hat dies verhindert.
19 Wenn unser Herr Jesus wieder da ist, was wird meine Hoffnung,
meine Freude, die Krone meines Rühmens vor ihm sein? Das seid
doch ihr! 20 Ja: Ihr seid unsere Ehre und unsere Freude.

Gestern Abend liefen rührselige Szenen im Fernsehen. Ein Ehepaar hatte Zwillinge aus einem anderen Land adoptiert, zwei Mädchen, noch Babys, die im Internet zur Adoption angeboten worden waren. Doch ein anderes Ehepaar aus dem Land der Babys war der Auffassung, dass man die Zwillinge ihnen versprochen hatte. Doch dann hatte die Mutter ihre Meinung geändert und wollte ihre Kinder zurück. Anscheinend um die Babys vor den grellen Lichtern der Medien zu schützen, schritten dann Mitarbeiter vom Sozialamt ein, nahmen die Kinder zuerst in ihre Obhut und gaben sie dann zu Pflegeeltern. Für alle Betroffenen war das Ganze ein juristischer, moralischer und emotionaler Albtraum.

Für ein kleines Baby ist es oft traumatisch, wenn es den Eltern weggenommen wird – obwohl in diesem Fall, über den das Fernsehen berichtete, die Babys von allen am wenigsten verstört wirkten. Für Eltern ist es eine Qual, wenn ihnen ein Kind weggenommen wird. Selbst im Tierreich machen Muttertiere oft einen großen Wirbel, wenn sie ein Baby verlieren; um wie viel mehr gilt das für uns Menschen.

Das ist das Bild, das Paulus benutzt, um zu beschreiben, wie er sich fühlte, als er die Thessalonicher verlassen musste, weil seine Anwesenheit in ihrer Stadt zu einem weiteren Aufruhr führen würde. Diese

Verse und das gesamte nächste Kapitel zeigen eine tiefe Verbindung zu ihnen, wie bei einer Mutter zu ihrem Baby, das sie zu füttern begonnen hat. Er wurde ihnen entrissen und sein ganzes Herz und Wesen sehnen sich danach, von Angesicht zu Angesicht wieder bei ihnen zu sein. Dieser ganze Abschnitt von 1,2 bis 3,13 ist von Danksagung und Gebet umrahmt. Paulus verleiht hier in der Gegenwart Gottes seinen tiefsten Gefühlen Ausdruck. Dieser Abschnitt entzieht jeglicher Vorstellung den Boden, Paulus sei ausschließlich ein hirnlastiger Theologe gewesen, der seine Gedanken sauber strukturierte, ohne selber von der Macht und Herrlichkeit sowie den emotionalen Bindungen des **Evangeliums** in Beschlag genommen zu sein.

Wie ein besorgtes Elternteil drehte sich Paulus' Denken um die Frage, wie er nach Thessalonich zurückkommen könne, um seine geliebten (und, so befürchtet er, gefährdeten) Kinder wiederzusehen. Auf dem Weg Richtung Süden nach Beröa, Athen und Korinth versucht er ständig herauszufinden, wie er wieder zu ihnen nach Norden kommen kann. Doch „der **Satan** hat dies verhindert", sagt er. Etwas Ähnliches sagt er in Römer 1,13 im Hinblick auf seinen unerfüllten Wunsch, nach Rom zu gehen. Was meint er damit?

Paulus erwähnt „den Satan" nicht oft, aber wenn er es tut, scheint er sich bewusst zu sein, dass wir hinter zumindest einigen der gewöhnlichen Frustrationen und vereitelten Pläne, die der Menschheit nur zu vertraut sind, eine dunklere und böswilligere Kraft am Werk erkennen können. Diese Kraft verkörpert sich von Zeit zu Zeit in Menschen und Organisationen, die Gottes Absichten blockieren oder diese für eine gewisse Zeit aufhalten. Im vorliegenden Falle meint Paulus vermutlich, dass die Todesdrohungen, die er auf der Reise gen Süden erhielt, es ihm ziemlich unmöglich machten, ausgerechnet in diesem Moment nach Nordgriechenland zurückzugehen. Insbesondere vereitelten sie seine zutiefst pastorale Absicht, sich um die neue kleine Kirche zu kümmern, ihr den Weg der Heiligkeit zu vermitteln und ihr den Trost zu bringen, den ein umfassenderes Verständnis des Evangeliums bereithielt.

Doch natürlich gilt auch: Wäre Paulus immer bei seinen Gemeinden geblieben, hätten wir nie seine Briefe erhalten. Seine Briefe sind der Ersatz für seine persönliche Anwesenheit. Sie binden ihn und die Gemeinden in einer Gemeinschaft zusammen, die zwar nicht von Angesicht zu Angesicht stattfindet, wie sie es sich gewünscht hätten, die aber doch eine Gemeinschaft mit Kopf und Herz ist. Im Hintergrund des Widerstandes „des Satans" können wir manchmal die seltsame Vorsehung Gottes entdecken. Das raubt dem „satanischen" Widerstand nicht das Gefährliche und Bedrohliche, aber es erinnert uns daran, dass Gottes Souveränität selbst über gegenwärtigen dunklen Frustrationen steht.

Der Grund, warum Paulus sich sehnt, die Thessalonicher zu sehen, besteht nicht einfach nur darin, dass sie ihm ans Herz gewachsen sind. Der Grund hat auch mit dem Blick in die Zukunft zu tun. Von jetzt an schaut der Brief zunehmend auf den großen kommenden Tag voraus, den Tag, an dem Jesus erneut offenbart werden und somit bei seinem Volk persönlich gegenwärtig sein wird, und zwar als Herr der Welt. Wir werden dazu mehr zu sagen haben, wenn wir zu 4,13-18 kommen, aber für den Moment registrieren wir: Wenn Paulus sich auf jenen Tag freut, was er ungeduldig tut, sind die Christen der Grund seiner Zuversicht, seines „Rühmens" in der Gegenwart des Herrn – die Christen, die durch seine Arbeit Christen geworden waren und gereift sind. Sie sind seine „Hoffnung, Freude und Krone", seine „Herrlichkeit und Freude".

Das ist aus mehreren Gründen bemerkenswert und sollte sowohl für Pastoren als auch für christliche Gemeinschaften eine Ermutigung und Antrieb sein. Auf den ersten Blick erscheint der Gedanke jedoch seltsam. Die alleinige Zukunftshoffnung, das, was am letzten Tag zählt, kann doch nichts anderes als das Kreuz und die **Auferstehung** Jesu Christi sein, oder? „Gott bewahre", schreibt er in Galater 6,14, „dass ich mich rühmen sollte, außer des Kreuzes unseres Herrn Jesus, des **Messias.**" Hat er seine Meinung geändert?

Natürlich nicht. Jesu Tod und Auferstehung bleiben grundlegend für die Identität und die Arbeit von Paulus (siehe z. B. 1. Thessalonicher 4,14). Aber das „Rühmen“, auf das er dort verweist, steht in Beziehung zu seinem *gegenwärtigen Status*, seiner Lage vor Gott im **Glauben**; diese schließt alles gegenwärtige Ansehen aus, wie der Galaterbrief klarmacht – jeden Status, der auf den Kennzeichen der Zugehörigkeit zu einer bestimmten ethnischen Gruppe oder einem Stamm basiert oder auf irgendeiner anderen menschlichen Leistung oder Anstrengung. Hier im Thessalonicherbrief spricht Paulus aber über seine Zukunftshoffnung auf den letzten Tag. Dann, so sagt er in Galater 5,6, wird der Glaube zählen, „der in der Liebe wirksam ist“. Für Paulus hat die wirksame Liebe bedeutet, Gemeinden zu gründen und zu betreuen, und zwar als substanzielles Zeichen, dass der lebendige Gott tatsächlich durch ihn am Werk war.

Natürlich gibt es Tausende von Berufungen für Christen. Die meisten sind nicht annähernd so spektakulär und offensichtlich wie die von Paulus. Jeder von uns hat sein eigenes Werk der Liebe auszuführen, ob es nun in aller Stille und Verborgenheit geschieht oder in großer Bekanntheit und Öffentlichkeit. Jeder Pastor und Lehrer sollte auf die Zukunft blicken und jene, die ihm oder ihr anvertraut sind, als seine potenzielle Freude, Hoffnung und Krone ansehen. Und jede Gemeinde sollte erkennen, dass sie in dieser Rolle am jüngsten Tag erscheinen wird. Beide Seiten sollten durch diesen Blick nach vorne herausgefordert und ermutigt werden, den Glauben zu lernen und zu leben, die Hoffnung zu feiern sowie die Liebe zu festigen und zu praktizieren, die im Evangelium offenbart ist.

1. Thessalonicher 3,1-5: Die Entsendung von Timotheus

*1 Als wir es nicht länger aushalten konnten, entschieden Silvanus und
ich, alleine in Athen zu bleiben 2 und Timotheus zu senden – unseren
Bruder und Gottes Mitarbeiter am Evangelium des Messias – um euch
zu stärken und euren Glauben zu trösten, 3 damit diese Leiden euch
nicht aus der Bahn werfen. Ihr selbst wisst doch sicher, dass Leiden
für uns unvermeidlich sind. 4 Als wir nämlich noch bei euch waren,
haben wir euch schon vorher angekündigt, dass Leiden auf uns warten; so ist es auch eingetroffen, und ihr wisst davon. 5 Auch das konnte
ich nicht länger aushalten. Ich sandte Timotheus, um zu erfahren, ob
ihr treu geblieben seid oder ob es dem Versucher gelungen ist, euch
auf die Probe zu stellen und unsere Arbeit zu ruinieren.*

Die junge erwachsene Tochter von Freunden von uns machte eine Weltreise. Sie genoss das Leben in derart vollen Zügen, dass sie in einer bestimmten Phase mehrere Wochen lang nicht zu Hause anrief. Ihre Eltern wussten nicht, wie sie in Kontakt mit ihr treten konnten und waren vor Sorge ganz aufgelöst. Schließlich hielt die Ortsgemeinde ein Gebetstreffen ab, um Gott um Hilfe zu bitten. Am nächsten Tag rief das Mädchen an, glücklich und unbekümmert.

Eltern liegen nachts wach und sorgen sich um ihre Kinder. Das war schon immer so und wir dürfen annehmen, dass das einfach zum Leben dazugehört. Oft realisieren Kinder nicht, wie sehr die Eltern über sie nachdenken; sie sind um ihr Wohlergehen besorgt, ihre Gedanken kreisen darum, was ihren Kindern zustoßen könnte. Manchmal sagen uns christliche Lehrer – inklusive Jesus selbst (Matthäus 6,25-34) und auch Paulus (Philipper 4,6) –, dass wir uns um nichts Sorgen machen sollen. Natürlich gibt es eine morbide, depressive Art von Angst, die Gott überhaupt nicht vertraut; der muss man natürlich widerstehen. Doch wo wir Verantwortung für jemanden haben, ist es richtig und natürlich, besorgt zu sein und zuzulassen, dass die Besorgnis angemessenen Ausdruck findet.

Dieses Kapitel erzählt uns einen der Hauptgründe, aus denen Paulus diesen Brief schreibt. Timotheus ist mit guten Nachrichten von den Thessalonichern zurückgekehrt. Ja, sie leiden; aber nein, sie haben deswegen den **Glauben** nicht aufgegeben, sondern sind in der Tat besonders guten Mutes, wie wir noch sehen werden. Sie haben einige Fragen; Timotheus hat Paulus erzählt, dass es ein oder zwei Dinge gibt, über die sie weitere Informationen brauchen. Paulus wird in den Kapiteln 4 und 5 dazu kommen. Doch jetzt erläutert er erst mal seine Sorgen. Es lohnt sich, sich diese näher anzuschauen, um zu sehen, was ein liebevoller Pastor im Hinblick auf die Herde mit Recht fürchtet.

Paulus' Grundangst besteht darin, dass sie vielleicht aus der Bahn geworfen wurden. Sie könnten vom richtigen Kurs abgekommen sein wie ein Schiff oder mit verlockenden Worten vom rechten Weg abgebracht worden sein. Paulus meint vielleicht, dass ihre Leiden selbst wie eine ablenkende Kraft auf sie gewirkt hätten. Oder vielleicht haben mitten in den Leiden einige ihrer Liebsten ihnen nahegelegt: Wenn ihr doch nur kleine Kompromisse in Bezug auf eure außergewöhnliche Treue zu Jesus eingehen würdet, müsstet ihr solche Dinge doch nicht erleiden.

Wie auch immer: Das Schlüsselwort, welches das in den Brennpunkt rückt, wo ihr Leben gefährdet ist, ist das Wort in den Versen 2 und 5, das manchmal mit „Glaube" übersetzt wird, aber auch „Treue", „Loyalität" oder „Gefolgschaft" bedeuten kann. Alle diese Bedeutungen scheinen gleichzeitig gemeint zu sein. Paulus hat Angst vor Kompromissen, davor, dass sie ihre feste Verbindung zum **Evangelium** aufgeben, ihre unerschütterliche Loyalität gegenüber ihrem neu gefundenen König.

Beim „Glauben" geht es für Paulus zum Teil um unser persönliches Vertrauen in Gott und das Evangelium, zum Teil um unseren Glauben an die zentralen Ereignisse des Evangeliums (Tod und **Auferstehung** Jesu) und zum Teil um unsere dauerhafte Treue gegenüber dem

Gott, der sich in diesen Ereignissen offenbart hat und in der Botschaft des Evangeliums über diese Ereignisse. Und diese zentrale, wenn auch komplexe Qualität des Glaubens ist es, die mit einer gewissen Wahrscheinlichkeit angegriffen wird – natürlich besonders, wenn die Kirche verfolgt wird. „Kannst du wirklich“, flüstern die Stimme in Ihrem Kopf und vielleicht die Stimmen von Freunden oder Familienangehörigen, „kannst du wirklich einem Gott vertrauen, der so etwas zulässt? Kannst du wirklich an die seltsamen Ereignisse um diesen Jesus glauben? Kannst du wirklich diesem Gott, diesem König, weiterhin hingegeben und loyal sein, wenn es so viel einfacher wäre, deine Knie wieder vor den heidnischen Götzen zu beugen und vor dem Kaiser höchstpersönlich?“

Paulus weiß, dass sie diese Stimmen hören werden. Er weiß, dass hinter diesen Stimmen „der Versucher“ lauert, der sie prüft und vielleicht ihren Glauben unterhöhlt. Er weiß nicht, wie sie darauf reagieren werden. Er kann den Gedanken kaum ertragen, dass seine ganze Arbeit in Thessalonich zerstört werden könnte, dass er eines Tages zurückgehen könnte, um zu sehen, dass die Gemeinde verschwunden ist; dass ihre Mitglieder auf die kurze Begegnung mit ihm zurückblicken wie Menschen, die aus einer seltsamen, kraftvollen, aber kurzlebigen Schwärmerei aufgewacht sind. Also sendet er Timotheus nicht nur, um herauszufinden, wie es ihnen geht, sondern um sie durch seine Anwesenheit und Lehre zu stärken. Die Leiden, die sie erdulden, sind nichts Seltsames; sie bedeuten nicht, dass auf Gott kein Verlass mehr ist. Sie sind genau das, was man erwarten sollte, wenn man Jesus nachfolgt.

Das ist natürlich eine harte Lektion, sowohl für diejenigen, die Verfolgung erdulden, was auf viele Christen in unserer Welt immer noch zutrifft, als auch für diejenigen, die nicht verfolgt werden, oder wenigstens nicht so offensichtlich. Doch die Tatsache, dass Leiden für diejenigen unvermeidbar sind, die versuchen, Jesus gegenüber loyal zu sein, war von Anfang an Teil des Evangeliums. Versionen des Christentums, die es schaffen, Leiden zu umgehen, werden gerade dadurch fragwürdig. Folgen wir einem gekreuzigten Herrn oder nicht?

1. Thessalonicher 3,6-10: Der Bericht von Timotheus

6 Jetzt aber ist Timotheus von euch zu uns zurückgekehrt. Er hat uns gute Nachrichten über euren Glauben gebracht – und über eure Liebe; er hat davon berichtet, wie ihr euch gerne an uns zurückerinnert und dass ihr euch ebenso nach einem Wiedersehen sehnt wie wir selbst.
7 Also sind wir im Blick auf euch in all unseren Schwierigkeiten und Nöten getröstet, meine liebe Familie, weil ihr treu geblieben seid.
8 Schaut, jetzt sind wir wieder wirklich lebendig, weil ihr standfest seid
im Herrn. 9 Wie können wir Gott nur angemessen danken im Blick auf euch für all die Freude an euch, mit der wir in der Gegenwart Gottes feiern? 10 Tag und Nacht beten wir mit viel mehr Hingabe, als ihr euch vorstellen könnt, dass wir euch von Angesicht wiedersehen können und ergänzen, was eurem Glauben noch fehlt.

Wenn man lernt, Paulus zu lesen, ist das ein wenig, wie wenn man lernt, großartige Musik zu genießen. Es ist ziemlich einfach, eine Melodie zu pfeifen, die man im Radio gehört oder in der Kirche gesungen hat. Die Melodie dauert vielleicht nur rund zehn Sekunden und man kann sie erkennen und sich merken. Aber viele große Komponisten haben nicht nur wunderbare Melodien geschrieben; sie haben diese in viel längere Kompositionen eingewoben – in Sinfonien, Konzerte, Opern etc. – und das in einer erstaunlichen Vielfalt von musikalischen Themen, sodass ein Thema selber wieder zu einer Art neuer, längerer Melodie wird. Die ist dann schwieriger auf der Straße zu pfeifen, aber auch viel befriedigender, wenn man ihr wirklich zuhören kann und versteht, was dabei vor sich geht; wenn man die großen und kleineren Melodien gemeinsam hört und sieht, wie alles zusammenpasst.

Am Ende dieses Abschnitts und dann wieder in den abschließenden Versen von Kapitel 3 erkennen wir, wenn wir genau hinhören: Paulus schwelgt nicht bloß in Erinnerungen in dieser ausführlichen Beschreibung seiner Beziehung zu den Thessalonichern – seiner ersten Ankunft, seiner Arbeit bei ihnen, seiner Entsendung von Timotheus. Er dankt Gott für sie und bittet Gott für sie. Alles, was wir bisher gehört haben, ist umrahmt von der ausdrücklichen Danksagung zu Beginn von Kapitel 1 und von der Danksagung und dem Gebet, auf die Paulus sich nun zubewegt. Vielleicht dient allein schon diese Struktur als gutes Modell für missionarische und pastorale Arbeit: im Gebet in der Gegenwart Gottes zurückdenken an die gesamte Beziehung zur betreffenden Gemeinde und diese Beziehung reflektieren sowie lernen, Gottes seltsames Wirken in dem zu erkennen, was vor sich gegangen ist, um Gott dann wiederum aufrichtig zu bitten, das Werk zu vervollständigen und zu vervollkommnen, das er begonnen hat.

Wenn wir versuchen, uns eine Welt ohne elektronische Kommunikationsmittel vorzustellen und ohne verlässliche oder schnelle öffentliche Post, können wir uns die große Erleichterung vorstellen, die Paulus spürte, als Timotheus mit den sehr guten Nachrichten über die Gemeinde aus Thessalonich zurückkam. Paulus hatte inzwischen höchstwahrscheinlich Athen verlassen und befand sich jetzt in Korinth. An beiden Orten hatte er eine Menge zu bewältigen, was er im Anfangsteil seines ersten erhaltenen Briefs nach Korinth andeutet (1. Korinther 2,3). Dazu kam noch seine Sorge um die Kirchen weiter im Norden von Griechenland. Der Bericht von Timotheus war wirklich **„Gute Nachricht“**; das Wort, das Paulus hier verwendet, ist dasselbe wie das Wort für die Predigt des **Evangeliums**. Als er die Nachricht erhielt, wie Gottes Kraft und Liebe in seiner Abwesenheit in Thessalonich am Werk waren, muss sich das so angefühlt haben, als hätte er das Evangelium noch einmal neu gehört.

Eine besondere Freude war es – und das erinnert uns an seine einleitenden Bemerkungen in 1,3 – nicht nur von ihrer Treue zu hören, sondern auch von ihrer Liebe. Diese Liebe (Paulus konzentriert sich hier auf ihre Liebe zu ihm und seinen Mitarbeitern, aber im nächsten Kapitel wird er auch von ihrer Liebe zueinander sprechen) gehörte zu den wahrhaft erstaunlichen Dingen in der frühen Kirche. Man stelle sich vor: In der damaligen Welt taucht plötzlich eine neue Gemeinschaft auf, in der sich Leute mit völlig unterschiedlichem sozialen, kulturellen und ethnischen Hintergrund gegenseitig mit einer Liebe behandelten, die eigentlich für eine Familie charakteristisch ist! Das war ein Zeichen, dass Gott auf dramatische Weise am Werk war, was Paulus auch regelmäßig feierte; Gott hatte etwas ganz Neues begonnen, etwas, das die Welt noch nicht gesehen hatte! Das war der Beweis, dass der lebendige Gott tatsächlich in Jesus und durch seinen **Geist** am Werk war. Kein Wunder, dass Paulus mitten in seinen eigenen Schwierigkeiten und in dem Widerstand, auf den er in Athen und Korinth stieß, optimistisch blieb. „Jetzt sind wir wirklich lebendig!", sagt er, „wenn ihr im Herrn standhaft seid." – Mit anderen Worten: wenn euer Leben der Treue gegenüber dem Herrn und eure Zugehörigkeit zu seiner Familie sich wirklich derart gut gestalten. Als Ergebnis des Hörens dieser „**Guten Nachricht**" spürt Paulus, dass das Leben Gottes auch in ihm neu aufbricht.

Also kehrt er zur zentralen Aufgabe und Freude seines Lebens zurück: Er dankt und lobt Gott für alles, was Gott getan hat und noch tut und er betet für eine noch engere Verbindung zu den Gemeinden, die er gegründet hat. Das Leben von Paulus mit all seiner schweren körperlichen Arbeit rund um die Uhr (2,9) war auch ein Leben, in dem er rund um die Uhr betete, weil er erkannte, dass er Gott nie genug danken konnte für das, was Gott getan hatte und noch tat und dass Gott aufgrund des Gebets noch größere Dinge tun würde.

Paulus weiß insbesondere, dass den Thessalonichern noch einiges bevorsteht. Weitere Prüfungen ihres **Glauben**s stehen vor der Tür. Sie haben die ersten Prüfungen bestanden; wird das auch bei den nächsten so sein? Also betet er nicht nur, dass er sie bald wiedersehen wird, sondern auch, dass er, falls das möglich werden wird, in der Lage sein wird, ihnen alles zu geben, was nötig sein mag, damit ihr Glaube (in jeglichem Sinne: Überzeugung, Vertrauen, Treue und Loyalität) noch stärker wird und auch in Zukunft standfest bleibt. Er sagt nicht, dass mit ihrem Glauben gegenwärtig irgendetwas nicht stimmt; er impliziert nur, dass der Glaube täglich wachsen muss, mit jeder neuen Prüfung, jedem neuen Test, und dass es gut sein kann, dass seine Lehre und Ermutigung als Hilfen nötig sind, damit das geschieht.

Das Wort, das er benutzt, um sein Gebet zu beschreiben, ist ein seltenes. Es bedeutet mehr oder weniger: „noch mehr als ihr euch vorstellen könnt“. Könnten Sie Ihr eigenes Gebet auf diese Weise beschreiben? Wenn Sie ein Pastor oder Lehrer sind: Beten Sie so für diejenigen, die Ihnen anvertraut sind? Wenn nicht: Welche Aspekte Ihrer Sicht von Gott und dem Evangelium gestatten Ihnen, mit weniger zufrieden zu sein?

1. Thessalonicher 3,11-13: Die Segensworte von Paulus

[11] Möge Gott selbst, unser Vater, und unser Herr Jesus Christus
unseren Weg zu euch hinlenken. [12] Und möge der Herr eure Liebe zu-
einander und zu jedermann so überreich und überfließend machen,
wie es unsere Liebe zu euch ist. [13] Auf diese Weise werden eure Her-
zen gestärkt und in Heiligkeit untadelig vor Gott, unserem Vater, be-
wahrt, wenn unser Herr Jesus wieder bei all seinen Heiligen gegen-
wärtig ist. Amen.

Gebet und Musik gingen in der Kirche immer Hand in Hand, und eine weitere musikalische Illustration könnte uns dabei helfen, uns das Gebet von Paulus zu eigen zu machen. Wenn Kinder anfangen, ein Musikinstrument zu lernen oder zu singen, begleitet der Lehrer sie oft mit seinem eigenen Instrument. Die Kinder hören die Musik vom Lehrer, vermischt mit den Tönen, die sie selbst hervorbringen. Das spornt sie an zusammenzuspielen, den Lehrer nachzuahmen und dieselben Geräusche zu erzeugen. Das braucht natürlich Zeit und oft sind die Geräusche des jugendlichen Musikmachens nicht gerade ein schönes

Klangerlebnis, selbst wenn der Lehrer mitspielt. Wenn die Kinder jedoch eine größere Sicherheit beim Spielen gewinnen, gehen sie Schritt um Schritt auf den Tag zu, an dem sie ohne den Lehrer spielen können; zu gegebener Zeit werden sie vielleicht selber ein Instrument unterrichten.

So ist es auch mit dem Gebet. Wir haben einen natürlichen Instinkt zu beten, wie auch viele Menschen einen Instinkt für das Musizieren haben. Doch wenn dieser Instinkt nicht ausgebildet und angeleitet wird, wird im Gebet oft etwas hervorgebracht, das dem Erwachsenen entspricht, dessen musikalische Fähigkeiten darin bestehen, mit einem Finger ein paar Melodien auf einem Klavier zu spielen oder nur die einfachsten Melodien zu singen. Das ist natürlich besser als nichts; aber wie viel besser wäre es, wenn Sie die Musik spielen könnten, zu der Sie wirklich fähig sind! So ist es auch mit dem Beten: Wie viel besser wäre es, über ein paar kurze kindische Sätze oder über die Stoßgebete in Not hinauszuwachsen und wirklich erwachsene Beter zu werden, die zu gegebener Zeit auch andere im Gebet anleiten können.

Was können wir also von diesem kurzen, aber tiefgründigen Gebet von Paulus lernen?

Erstens: Wir lernen, dass Gebet in Gottes eigenem Leben und Wirken begründet ist – in dem Gott, den wir durch Jesus als Vater kennenlernen. In diesem kurzen Gebet verbindet Paulus Gott den Vater zweimal ganz eng mit Jesus dem Herrn und es gibt Anzeichen in dieser gesamten Schrift, dass diese Art, Gott und Jesus zusammen zu denken und anzusprechen, für ihn ganz typisch war. Hierbei geht es nicht einfach darum, den Gott, zu dem wir reden, mit den richtigen Labels zu bezeichnen. Das Gebet, das im Charakter Gottes verwurzelt ist, wie er in Jesus offenbart ist, ist das Gebet, das lernt, von der Güte, Großzügigkeit und souveränen Liebe dieses Gottes abhängig zu sein, wie sie in Jesu erlösendem Tod und triumphierender **Auferstehung** enthüllt wurden. Im Kern ist das Gebet eine Entdeckungsreise in das Herz und den Charakter Gottes, und zwar nicht so sehr, damit wir genießen, dort zu sein (obwohl das auch dazugehört), sondern um die Kirche und die Welt vor Gott zu bringen, die seine heilende Liebe brauchen.

Gebet, das diesen Gott, diesen Herrn anerkennt, ist Gebet, dessen Zuversicht steigt. Wenn Gott wahrhaftig Gott ist und wenn Jesus wahrhaftig der Herr der Welt ist, beten wir nicht wie Leute, die hoffen, dieser Gott möge irgendwie in der Lage sein, trotz der Macht anderer Gottheiten und Herren einen geschickten Schachzug gegen sie zu machen. Wir beten mit Zuversicht zu demjenigen, der souverän über allem steht und weit mehr tun kann als das, was wir erbitten oder denken können (Epheser 3,20).

Diese Art von Gebet hat auch eine Zukunftsdimension. Wer so betet, weiß, dass dieser Gott die Absicht hat, **Himmel** und Erde eines Tages auf eine neue Weise zusammenzuführen. Die persönliche Gegenwart Jesu wird das zentrale Merkmal dieser neuen Welt sein. Jesus wird wiederkommen, „und alle Heiligen mit ihm". Dies ist ein Zitat aus einer der großartigen Hoffnungsaussagen des Alten Testaments (Sacharja 14,5). Paulus versteht diesen Vers als Hinweis auf das endgültige Erscheinen Jesu und all derer, die zu ihm gehören. Auch das Vaterunser hat diese deutliche Zukunftsdimension: Wenn wir um das tägliche Brot bitten, um Vergebung und Erlösung vom Bösen, haben wir vorher bereits für das Kommen des **Reiches Gottes** gebeten. Wenn Paulus also für seine eigenen Pläne betet, Nordgriechenland wieder zu besuchen; wenn er dafür betet, dass die Kirche zu einem Ort wird, an dem die Liebe so reichlich vorhanden ist, dass sie aus jeder Ecke überzufließen scheint; und wenn er dafür betet, dass die Christen mit untadeligen und heiligen Herzen ausgerüstet werden – dann sind dies nicht einfach irgendwelche Gebetsanliegen. Sie konzentrieren sich auf Dinge, die an dem großen kommenden Tag der Gegenwart Gottes und Jesu vollkommen Sinn ergeben werden.

Auf Gott konzentriert, erwartungsvoll auf Gottes Zukunft schauen und faktisch für das Wirken des **Geist**es Gottes in der Gegenwart beten. Einige haben sich gefragt, wo der Geist ist, wenn Paulus Gott und Jesus so eng und oft gemeinsam erwähnt. Die angemessene Antwort lautet, dass der Geist derjenige ist, der Paulus und seine Freunde zum Gebet inspiriert. Der Geist ist auch die verborgene Handlungsmacht, die in der Kirche am Werk ist und die Ergebnisse hervorbringt, die Gott und sein Volk sehen wollen. Der Geist befähigt Christen, sich gegenseitig und auch die Außenstehenden mit einer Liebe zu lieben, deren Nachschub nie abreißt, egal, welche Anforderungen an sie gestellt werden. Der Geist richtet die Herzen des Volkes Gottes darauf aus, nach Heiligkeit zu streben, untadelig vor Gott zu leben und in dieser Lebensweise gefestigt und gestärkt zu werden. Der Geist bereitet das ganze Volk Gottes in der Gegenwart darauf vor, das zu sein, was sie nach seinem Willen sein sollen, wenn er wieder erscheint.

Dieses kurze, aber kraftvolle Gebet bringt daher alles zusammen, was Paulus bisher in diesem Brief gesagt hat, und es bereitet den Boden für die konkreten praktischen und theologischen Punkte, die er im Folgenden vermitteln möchte. Was wird passieren, wenn wir das Gebet von Paulus als Muster für unsere eigenen Gebete nehmen? Können wir auf die Melodien hören, die er spielt, und anfangen, sie an seiner Seite zu spielen?

1. Thessalonicher 4,1-8: Anweisungen für ein heiliges Leben

1 Eines bleibt noch, meine liebe Familie: Ich bitte, ja dränge euch im
Herrn Jesus, dass ihr weitermacht, euer Leben mehr und mehr so zu
gestalten, wie wir es euch als angemessenen Weg zu leben und Gott
zu gefallen gelehrt haben. 2 Natürlich kennt ihr die Anweisungen, die
wir euch durch den Herrn Jesus gegeben haben. 3 Schaut, dies ist Got-
tes Wille: Er will, dass ihr heilig seid und euch von sexueller Unrein-
heit fernhaltet. 4 Jeder unter euch sollte wissen, wie er seinen eigenen
Leib in Heiligkeit und Ehre kontrolliert, 5 nicht in der Verrücktheit der
Begierde wie die Heiden, die Gott nicht kennen. 6 Niemand soll diese

Regel brechen oder einen Mitchristen in diesem Bereich betrügen; der Herr wird in all diesen Bereichen Rache nehmen, wie wir euch schon vorher gelehrt und feierlich bezeugt haben. [7] *Gott hat uns aber nicht zu einem Leben im Schmutz berufen, sondern in Heiligkeit.* [8] *Wer dies ablehnt, der weist nicht ein menschliches Gebot zurück, sondern Gott, der euch seinen Heiligen Geist gibt.*

Der heilige Franziskus ist u. a. berühmt dafür, dass er seinen eigenen Leib „Bruder Esel" nannte. Der Leib war ein geliebter Teil von ihm, doch er schien auch oft seinen eigenen Kopf zu haben. Er musste gezähmt werden, zum Gehorsam gebracht werden, so wie man ein großes und störrisches Tier dazu bringen muss zu tun, was man will. Die perfekte Partnerschaft zwischen Reiter und Reittier, in der das Tier weiß, was der Reiter will und dies mit Freuden auch tut, ist kein ganz schlechtes Bild für die perfekte Partnerschaft zwischen der Einwohnung des **Heiligen Geistes** im Leben eines Menschen und der Anerkennung sowie dem Gehorsam gegenüber den Wünschen und Anstößen des Geistes.

Wenn es irgendeine Erinnerung daran braucht, dass sich die menschliche Natur in den letzten 2000 Jahren nicht sehr verändert hat, dann finden wir sie im Thema des vorliegenden Kapitels. Wenn Paulus über die praktischen Herausforderungen reden will, vor denen die junge Kirche steht, lauten die ersten drei, die ihm in den Sinn kommen: Sex, Geld und Tod. Man kann kaum grundsätzlicher werden. Seine Lehre bekommt zwar manchmal einen überraschenden Ausdruck, ist aber deutlich und grundlegend und hängt erneut auch hier von drei Dingen ab: vom Befehl des Herrn, von der Gegenwart Gottes und von der Kraft des Geistes. Echtes christliches Leben kommt immer in trinitarischer Gestalt ans Licht.

Paulus hatte der Gemeinde Grundregeln für ihr tägliches Leben gegeben. Diese gab er ihnen weiter als Teil der grundlegenden Richtlinien, die für alle Gemeinden und Kirchen gelten. Er wusste, dass die Thessalonicher alle Anstrengungen unternehmen würden, um an diesen Richtlinien festzuhalten. Er wollte sie ermutigen und ihnen helfen, dies immer gründlicher zu tun.

Dadurch würden sie Gott tatsächlich „erfreuen“. Es gibt Menschen, die es ihren Eltern oder Lehrern in der Kindheit und Jugendzeit niemals recht machen konnten. Sie stellen sich Gott manchmal als jemanden vor, der selbst mit unseren größten Anstrengungen kaum zufriedenzustellen ist. Andere sind so sehr darauf bedacht, sich nicht „durch Werke“ zu rechtfertigen, dass sie im Grunde denken: Wir können niemals etwas tun, das Gott erfreut, auch nicht als Christen, in denen der Heilige Geist wohnt. Vielleicht sind diese beiden Probleme manchmal miteinander verbunden. Die Schlussfolgerung ist jedoch auf jeden Fall falsch. Gott sehnt sich danach, dass wir die Menschen werden, die sein Ebenbild wahrhaftig widerspiegeln. Wenn er sieht, dass dies geschieht, ist er hocherfreut, so wie sich gute Eltern über ein Kind freuen, das beginnt, ein fröhliches und verantwortliches Familienmitglied zu werden.

Das Wort, das zusammenfasst, was Gott sich für seine Kinder ersehnt, nicht zuletzt in Bezug auf den Gebrauch ihrer Körper, lautet „Heiligkeit“. Heiligkeit ist oft als eine negative Eigenschaft angesehen worden – die Abwesenheit moralischer Fehler. Doch sie ist eigentlich etwas Positives, der strahlende Abglanz, den ein menschlicher Charakter zeigt, wenn wir praktisch lernen, was es heißt, Gottes Ebenbild zu sein. Das Wort „Heiligkeit“ taucht in diesem Abschnitt dreimal auf (in den Versen 3, 4 und 7). Für Paulus bezieht es seine Kraft aus dem Kreis der Vorstellungen, die zum Jerusalemer **Tempel** gehörten. Wenn Sie dorthin gingen, um in Gottes Gegenwart zu sein, war Heiligkeit obligatorisch. Es gab speziell vorgeschriebene Reinigungsriten. Es war entscheidend, in einem Zustand vollständiger Reinheit vor den lebendigen Gott zu kommen, den ultimativen und durch und durch heiligen. Paulus glaubt natürlich, dass Jesu Tod sein Volk von all ihren Sünden gereinigt hat. Jetzt lebt Gottes Geist in ihnen: Persönlich und gemeinschaftlich werden sie zum neuen Tempel, in dem Gott wohnen kann (1. Korinther 3,17; 6,19). Sie müssen daher in allen Einzelheiten ihres Lebens genauso heilig sein, als ob sie sich ständig im Jerusalemer Tempel befänden.

Bei der Heiligkeit geht es unter anderem zentral um den Bereich der Sexualität. Unsere moderne Welt hat sexuelles Verlangen, sexuelle Vorlieben und Praktiken in eine für alle moralfreie Zone verwandelt, in der die einzige Regel lautet: Allen Menschen muss erlaubt sein, jedem Verlangen Ausdruck zu verleihen, das in ihnen hochkommt oder das sie stimuliert. Für Paulus wie für alle jüdischen und frühchristlichen Morallehrer ist das, als würde man sagen, man müsse einem ungezähmten Pferd oder Esel erlauben, in alle möglichen Richtungen zu rennen und zu springen, auch wenn dabei Reiter und Zuschauer gefährdet werden und nichts Nützliches dabei rauskommt. Sexualität ist eine gute Gabe des weisen Schöpfers, doch wie alle guten Gaben wurde sie mit einer Absicht gegeben. Nur in einer Welt, in der die einzige Absicht Selbstbelohnung ist, konnte irgendjemand auf die Idee kommen, harte Arbeit sei nicht notwendig, um ein kraftvolles Verlangen wie das sexuelle zu zähmen und zu trainieren.

Ganz genau so eine Welt – eine Welt der ungezügelten Selbstbelohnung – fanden die Thessalonicher natürlich vor ihrer Haustür vor, eine Welt, zu der sie bis vor Kurzem gehört hatten. Heidnische Tempel füllten oft eine Doppelrolle aus und waren auch Bordelle. Sexuelle Praktiken jeglicher Art wurden zumindest toleriert, wenn nicht sogar in der Gesellschaft als Ganzer aktiv unterstützt. Die neue Lebensweise war daher eine riesige Herausforderung für die jungen Christen, auch wenn wir davon ausgehen können, dass sie – so wie viele Bekehrte aus der trüben Welt selbstbezogener Zügellosigkeit – eine gewisse Erleichterung in den abgeklärten, reinen Zügen der jüdisch-christlichen Moral fanden, wie sehr der Körper auch von Zeit zu Zeit gegen die strengen neuen Maßstäbe rebellieren mochte.

Paulus' klare Anweisungen lauten also wie folgt. Erstens: Keine Unzucht oder Unreinheit (Vers 3). Dieses Wort umfasst alle Arten von sexuellen Praktiken außerhalb der Ehe. In Paulus' Welt konnte sich das Wort insbesondere, wenn auch nicht ausschließlich, auf die heilige Prostitution in heidnischen Tempeln beziehen. Zweitens: Selbstkontrolle in der Ehe. Die wilde und ungezähmte Lust, die sich auf der Suche nach neuen Partnern und neuen Vergnügungen austobte, musste streng unterworfen werden (Verse 4 und 5). Drittens: Kein gegenseitiges Betrügen. Vers 6a verweist wahrscheinlich indirekt auf Leute, die anderen den Ehemann oder die Ehefrau wegnahmen. Viertens: Denkt daran, dass diese Anweisungen nicht nur von Gott selber stammen, sondern auch ihren Rückhalt vom Gericht des Herrn her beziehen (Vers 6b). Jesus selbst wird denen das Urteil sprechen, die diesem grundlegenden Verhaltenskodex hohnsprechen, und wir dürfen wohl anmerken, dass dieses Urteil nicht selten im gegenwärtigen Leben vorweggenommen wird im besonderen Elend, das auf viele wartet, die ihre Gesundheit und tiefen Beziehungen durch ihre rastlose Suche nach immer neuen sexuellen Eroberungen und Kicks ruinieren.

Man kann wohl getrost sagen, dass die Sexualmoral sich in einem Großteil der Welt zu Beginn des 21. Jahrhunderts auf einem Tiefstand befindet. Die Kirche muss sich an dieser Stelle unbedingt von der Welt positiv abheben und nicht darauf aus sein (wie es manchmal scheint), mit der Welt mitzuschwimmen aus Angst, man halte sie sonst für negativ oder „dualistisch“ im Umgang mit einer der guten Gaben Gottes. (Ein „Dualist“ ist jemand, der denkt, die Welt bestehe aus zwei ganz unterschiedlichen Teilen; der also beispielsweise die materielle Welt als schlecht und die nicht-materielle Welt als gut ansieht.) Angemessenes sexuelles Verhalten ist nicht negativ; ob in der Ehe oder in der Enthaltsamkeit enthüllt das angemessene sexuelle Verhalten immer wieder Wege in ein erfülltes Leben. Wer seiner Lust freien Lauf lässt oder auch, wer sich ab und zu ein Abenteuer gönnt, wird dies nie entdecken. Angemessene sexuelle Selbstkontrolle ist nicht dualistisch, genauso wenig wie das Zähmen und Trainieren eines kraftvollen und intelligenten Pferdes für das Tier erniedrigend ist. Der Schlüssel zu all diesen Dingen ist die Erkenntnis Gottes (Vers 5), des Gottes, den die Heiden nicht kennen: des Gottes, in dessen Ebenbild die Menschen als Männer und Frauen erschaffen wurden (1. Mose 1,27) und der sich danach sehnt, dass das Ebenbild sich in der Heiligkeit widerspiegelt, die der Heilige Geist bereits jetzt hervorbringt (Vers 8).

1. Thessalonicher 4,9-12: Ein Leben der Liebe

9 Wenn es darum geht, dass ihr euch umeinander kümmert und füreinander sorgt, muss ich euch nichts schreiben, weil Gott selbst euch gelehrt hat, füreinander zu sorgen. 10 Ja, ihr tut dies für die christliche Familie in ganz Mazedonien. Wir bitten euch aber, liebe Familie, dies noch mehr zu einem herausragenden Bestandteil eures Lebens zu machen. 11 Macht es euch zu einem Anliegen, friedvoll zu leben, euch um eure eigenen Angelegenheiten zu kümmern und mit euren eigenen Händen zu arbeiten, wie wir euch befohlen haben; 12 dann werden auch Außenstehende euch respektieren, und keiner von euch wird in finanzielle Nöte geraten.

„I don't care too much for money", sangen die Beatles (ironischerweise, als sie gerade Millionen verdienten); „Money can't buy me love." Das stimmt natürlich. Doch „Love", „Liebe", ist in den meisten Sprachen ein seltsames Wort und es gibt Verbindungen zwischen Liebe und Geld, die uns überraschen. Der Punkt dieses kleinen Abschnitts lautet, dass Geld Liebe *ausdrücken* kann; mehr noch: Wenn die Liebe echt ist, wird sie sich auch in finanzieller Großzügigkeit auswirken.

Das kommt nicht immer klar zum Ausdruck, denn in einer wörtlichen Übersetzung spricht Vers 9 einfach nur von „Liebe innerhalb der Familie" und „Liebe". Menschen, die unter „Liebe" eine Reihe von Gefühlen verstehen, in ausreichendem Abstand vom praktischen Verhalten, werden diesen Vers schlicht im Sinne eines freundlichen und gewinnenden Geistes in der persönlichen Beziehung verstehen – was ja an sich durchaus sehr hochzuschätzen ist. Doch der Rest des Abschnitts macht klar, was auch viele ähnliche Passagen im Neuen Testament hervorheben: Diese „Liebe“ muss sich in der praktischen Unterstützung innerhalb der christlichen Gemeinschaft auswirken und auch soweit es möglich ist, in der Welt darüber hinaus. Gott verlieh seiner eigenen Liebe dadurch Ausdruck, dass er sich in der Person und im Tod seines Sohnes vollständig selbst dahingab. Der christliche Ausdruck derselben Liebe muss dieselbe sich selbst dahingebende Qualität haben. Geld ist ein unweigerlicher Teil dieser Liebe.

Die ersten Christen in Jerusalem verkauften ihre Häuser, legten ihre Ressourcen zusammen und teilten das so gewonnene Geld untereinander. Der Grund dafür bestand nicht einfach darin, dass sie die Wiederkunft Jesu und das Ende der Welt in Kürze erwarteten (so wird es manchmal dargestellt). Viele klösterliche Gemeinschaften, auch die, die die **Schriftrollen vom Toten Meer** schrieben, praktizierten ähnliche Dinge ohne solche Gründe. Es ging bei den ersten Christen eher darum, dass sie sich als Mitglieder einer *Familie* verstanden; und Familien in der Antike und manchmal auch in der modernen Zeit teilen alle Dinge. Manchmal teilen sie sogar den Besitz an einer Firma, nicht nur am Privatvermögen, und sie helfen sich gegenseitig, wo es nötig ist.

Als sich das Evangelium im Mittelmeerraum verbreitete, wurde die Forderung nicht weiter aufrechterhalten, den Grundbesitz zu verkaufen. Viele Christen besaßen Häuser; dort trafen sich die kleinen Kirchen. Viele Christen waren Geschäftsleute wie Lydia, die Paulus in Philippi traf. Doch wenn das **Evangelium** wirklich meinte, was es sagte, dann sollten sich die Christen immer noch als eine einzige Familie betrachten – was Paulus auch tatsächlich mit dem Wort impliziert, das er regelmäßig benutzt, wenn er sie anredet. Das Wort lautet *adelphoi*, wörtlich „Brüder“. In der Welt von Paulus bezieht es sich auf das miteinander geteilte Arbeits- und Familienleben einer Gruppe von engen Verwandten.

Zur Freude von Paulus lebten die Thessalonicher bereits dieses Leben der praktischen Liebe. Sie kümmerten sich finanziell um einander. Außerdem scheinen sie dieses Geben und Unterstützen über ihren engeren Kreis hinaus ausgedehnt zu haben, auf die anderen Gemeinden in Mazedonien (vermutlich inklusive Philippi und Beröa und wahrscheinlich auch anderer Orte). Das bedeutet, dass die Gemeinde von Thessalonich größer und vermutlich auch reicher war als die anderen in der Gegend. Paulus will, dass sie auf dieser Arbeit aufbauen und sie ausbauen. Lasst sie überfließen, sagt er.

Die Gefahr eines solchen Befehls besteht natürlich darin, dass Menschen, die in der Lage sind, ihren Lebensunterhalt eigentlich selbst zu verdienen, versucht sein könnten, unter dem Mäntelchen des Liebesgebotes andere auszunutzen. Doch wenn das Liebesgebot funktionieren soll, muss auch das Arbeitsgebot klar sein. Christen müssen lernen, im Frieden zu leben, also ohne das rastlose Verlangen, sich ständig finanziell zu verbessern. Sie müssen sich um ihre eigenen Angelegenheiten kümmern und nicht immer neugierig auf das sehen, was andere tun – immer unter dem Mäntelchen der „Familieninteressen". Sie müssen ihr Bestes tun, um bezahlte Arbeit zu finden, was in Paulus' Welt größtenteils Handwerksarbeit war.

All diese Gedanken haben ein doppeltes Ziel. Erstens: Außenstehende, die sich die neue Bewegung ansehen, die so erstaunliche Behauptungen über Jesus als Herrn der Welt aufstellt, werden wohl interessiert daran gewesen sein, welche Auswirkung diese Lehre denn auf das Verhalten der Mitglieder hatte. Das Finanzverhalten ist wie das sexuelle Verhalten ein aufschlussreicher Gradmesser der Gesundheit und Integrität einer Bewegung. Zweitens: Innerhalb der Gemeinschaft sollten die Bedürftigen versorgt werden. Das ist der Grund, warum der Platz der Witwen, also von Frauen, die keinen Brotverdiener hatten, in der frühen Kirche so schnell so wichtig wurde (Apostelgeschichte 6,1; 1. Timotheus 5,3-16). Das sind keine Nebensächlichkeiten weit weg vom eigentlichen theologischen Kern des christlichen Evangeliums. Wenn Gott in **Christus** eine neue Familie erschuf, und wenn diese Familie auf einer sich selbst dahingebenden Liebe basiert und von dieser Liebe charakterisiert ist, dann sind diese Dinge entscheidend wichtig. Glücklich ist die Kirche, die heute entdeckt, wie Liebe praktisch aussieht und sich anfühlt.

1. Thessalonicher 4,13-18: Das Kommen des Herrn

13 Was diejenigen angeht, die entschlafen sind, wollen wir euch nicht
im Ungewissen lassen, meine liebe Familie. Wir wollen nicht, dass ihr
in dieselbe Traurigkeit versinkt wie Leute, die keine Hoffnung haben.
14 Schaut, wenn wir glauben, dass Jesus starb und auferstand, dann
wird Gott auf dieselbe Art mit Jesus zusammen diejenigen wiederbrin-
gen, die durch ihn entschlafen sind.

15 Lasst es mich so erklären (Dies ist ein Wort des Herrn, das ich
euch ausrichte!): Wir, die wir noch leben, bis der Herr wieder da ist,
werden keinen Vorsprung vor denen haben, die schon entschlafen
sind. 16 Der Herr selbst wird vom Himmel herabkommen mit einem
lauten Befehl, der Stimme eines Erzengels und dem Schall von Gottes
Posaune. Die Toten des Messias werden zuerst auferstehen; 17 dann
werden wir, die wir noch leben, die wir übrig geblieben sind, zusam-
men mit ihnen in die Wolken emporgerissen werden, um dem Herrn
in der Luft zu begegnen. Und so werden wir immer beim Herrn sein.
18 Tröstet einander nun mit diesen Worten.

Wie beschreibt man einer blinden Person die Farbe Blau? Wenn jemand noch nie sehen konnte, wie kann man ihm oder ihr das Konzept „Farbe“ vermitteln, ganz zu schweigen von den Unterschieden zwischen den Farben?

Diese Schwierigkeit stellt sich uns Christen, wenn wir über die neue Welt sprechen, die Gott eines Tages zu erschaffen beabsichtigt, wenn Jesus selber wiederkommt und alles verwandelt wird. Noch einmal zurück zu Farbe und Blindheit: Sie könnten versuchen, Ihre Erfahrung mit Farbe in einen anderen Zusammenhang zu „übersetzen“: vielleicht in den von Klang oder Berührung. Sie könnten helles Rot als harte, laute Farbe beschreiben. Sie könnten sagen, ein sanftes Blau oder Grün sei weich wie ein Kissen oder würde fließen wie eine schöne Melodie. Sie könnten sagen, ein bestimmtes Gelb sei prickelnd, wie ein scharfes, quietschendes Geräusch. Sie würden wissen, dass all diese Umschreibungen hoffnungslos inadäquat wären, doch sie würden der blinden Person zumindest etwas darüber erzählen, wie es ist, überhaupt eine Farbe zu sehen und dann noch in verschiedenen Variationen.

Versetzen Sie sich nun in Paulus' Lage, während er versucht, den Thessalonichern zu erklären, was bei der Wiederkunft des Herrn geschieht. Er verfolgt dabei eine ganz praktische Absicht: Einige Christen in Thessalonich sind verstorben und die anderen sind sich nicht sicher, was sie zu den Fragen glauben sollen, wo diese Menschen sind und was mit ihnen geschehen wird. Paulus möchte, dass sie die angemessene Art christlicher Trauer lernen anstelle des wilden und hoffnungslosen Klagens, das für heidnische Bestattungen bezeichnend war.

Daher muss Paulus den Moment beschreiben, in dem Gott seine neue Welt erschafft. Die einzig mögliche Sprache dafür ist Bildersprache. Naturwissenschaftler haben selbst heute noch Probleme, die richtige Sprache zu finden, um den Moment zu beschreiben, als unsere Welt geboren wurde; auch sie werden dazu getrieben, höchst farbvolle und metaphorische Sprache zu verwenden.

Paulus' Ausgangpunkt ist ein Widerhall der ersten christlichen Glaubensbekenntnisse, die kurze wörtliche Formulierung, die zusammenfasste, was die Kirche glaubte: „Jesus starb und stand wieder auf" (Vers 14). Dieser kurze Satz gibt uns allerdings nicht bloß Informationen über die Vergangenheit; er offenbart, was mit denjenigen geschehen wird, die zu Jesus gehören. Auch sie werden auferstehen, jedenfalls wenn sie „durch ihn" sterben, also durch die Vereinigung mit ihm. Gott wird „sie mit Jesus mitbringen". Paulus untersteht sich zu sagen, wo genau sich die Toten befinden oder in welchem Zustand sie sind. Es reicht zu wissen, dass sie in Gottes Obhut sind und dass sie beim Erscheinen Jesu ebenfalls erscheinen.

Doch sein Hauptpunkt erfordert farbenprächtigere Sprache. An dieser Stelle haben Leser oft ähnliche Schwierigkeit erlebt, wie eine blinde Person sie hätte, die unter der Annahme, Rot sei im wörtlichen Sinne eine harte Farbe oder Gelb eine scharfe, davon ausgehen würden, alle harten Gegenstände seien auch rot und alle Nadeln, Gabeln und Messer seien auch gelb. Der grundlegende Punkt von Paulus lautet: Die Christen, die noch am Leben sind, wenn der große Tag anbricht, werden nicht im Vorteil sein gegenüber denen, die bereits gestorben sind. Er erklärt das unter Verwendung eines Bildes, das – wenn man es wie das rot/hart oder scharf/gelb Missverständnis liest – viele Christen zu der Annahme verleitet, es sei eine wörtliche Beschreibung dessen, was an jenem Tag geschehen wird.

Er verbindet hier mehrere Bilder aus dem Alten Testament und sagt (in den Versen 16 und 17), dass der Herr vom **Himmel** herabkommen wird, begleitet von verschiedenen dramatischen Zeichen. Die Toten werden auferstehen; diejenigen, die dann noch leben (Paulus sagt „wir" und nimmt hier an, dass er und seine Gefährten unter den dann Lebenden sein werden), werden heraufgeholt, um dem Herrn in der Luft zu begegnen. Diese beiden Verse haben in einigen Kreisen einen riesigen Einfluss ausgeübt, in denen man annimmt, dass „die Entrückung" die wichtigste christliche Hoffnung ist; Menschen werden in diesem Szenario ständig aus Häusern, Jobs, Autos und Flugzeugen gerissen und hinterlassen den Rest der Menschheit etwas ratlos.

Diesen Abschnitt auf diese Weise zu lesen heißt, den hart/rot oder scharf/gelb Fehler zu begehen. Der Schlüssel ist die Erkenntnis, was **Auferstehung** an sich bedeutet: Auferstehung bedeutet nicht unkörperliches Leben in irgendeinem „Himmel" mitten in der Luft, sondern die erneute Verkörperung des Volkes Gottes, um mit und für Gott in der neuen, erlösten Welt zu leben, die Gott erschaffen wird. Es wäre daher Unsinn, würde man sich vorstellen, dass die dann lebenden Christen wörtlich in den physischen Himmel heraufgezogen werden, um dort für immer zu bleiben. Wie sollten sie dann bei den anderen sein, die, nachdem sie zuvor gestorben sind, auferweckt werden und neue Körper bekommen?

Wenn Paulus davon spricht, dass Jesus „herabkommt", nimmt er nicht an, dass sich Jesus momentan physisch über uns befindet. Der Himmel, wo Jesus ist, ist nicht ein anderer Ort innerhalb unseres Raumes, sondern eine andere *Dimension*. Die Sprache vom „Herabkommen" ist eine von Paulus hier ausgewählte riskante Metapher – alle Metaphern sind riskant, wenn von der Zukunft die Rede ist. Andernorts (z. B. Kolosser 3,4) kann er einfach davon sprechen, dass Jesus „erscheint", dass er aus der gegenwärtig verborgenen Welt des Himmels auftaucht, da Himmel und Erde dann endlich vereint werden, sich gegenseitig sichtbar gegenwärtig sind. Zur Verwirrung späterer Leser baut Paulus hier ein Echo von Mose ins Bild ein, der auf den Berg geht, vom Posaunenschall, als ihm das **Gesetz** gegeben wird, und der dann wieder herabkommt.

Wenn Paulus also davon spricht, dass Christen „in die Wolken emporgerissen werden", denkt er ebenfalls nicht an einen wörtlichen vertikalen Aufstieg. Die Sprache stammt an dieser Stelle aus Daniel 7, wo „einer wie ein **Menschensohn**" auf den Wolken emporsteigt, und zwar bei seiner Rehabilitierung durch Gott nach seinem Leiden – ein wunderbares Bild nicht zuletzt für Menschen wie die Thessalonicher, die Verfolgung erlitten und auf Gottes Rehabilitierung warteten. Und ihr „Treffen" mit dem Herrn bedeutet nicht, dass sie dann mitten in der Luft bei ihm verharren werden. Sie sind wie römische Bürger in einer Kolonie, die aus einer Stadt herausgehen, um den Kaiser zu treffen, wenn dieser auf einen Staatsbesuch gekommen ist, und die ihn dann zurück in die Stadt begleiten.

Paulus verfolgt hier keine spekulativen Absichten; er will trösten. Es mag sein, dass wir, da wir uns in anderen Zeiten befinden, die Bildersprache ändern müssen, um dieselbe Sache zu vermitteln. Es mag sein, dass wir es verständlicher finden, vom „Erscheinen" Christi zu sprechen – wie es Paulus ja selber andernorts tut – und nicht von seinem „Herabkommen". Doch der Kerngedanke ist, dass wir Zuversicht in die Absichten Gottes mit den Christen haben können, die verstorben sind. Natürlich gibt es Trauer, aber eben auch Hoffnung. Es wird ein Tag kommen, an dem Gott alles, was falschgelaufen ist, zurechtrücken wird, wenn alle Trauer in Freude verwandelt wird. Jesus wird an jenem Tag im Zentrum stehen, der mit der Enthüllung der neuen Welt Gottes enden wird. Denen, die bereits verstorben sind, und denen, die dann noch leben, werden gleichermaßen neue Körper gegeben werden, um Gott mit Freuden in der neuen Schöpfung zu dienen.

1. Thessalonicher 5,1-11: Kinder des Lichts

1 Wenn es um bestimmte Zeiten und Daten geht, meine liebe Familie,
so braucht man euch darüber nichts zu schreiben. 2 Ihr wisst ja sehr
gut, dass der Tag des Herrn kommen wird wie ein Einbrecher mitten
in der Nacht. 3 Wenn die Leute sagen: „Friede und Sicherheit!“, dann
wird der Untergang wie aus heiterem Himmel vor der Tür stehen, so
wie die Wehen eine Schwangere überfallen, und es wird für sie keinen
Ausweg geben.

4 Was aber euch betrifft, meine liebe Familie, so tappt ihr nicht im
Dunkeln. Dieser Tag wird euch nicht wie ein Räuber überraschen.
5 Ihr alle seid Kinder des Lichts, Kinder des Tages! Wir gehören nicht
zur Nacht oder zur Finsternis. 6 Lasst uns also nicht schlafen gehen so
wie die anderen, sondern wach bleiben und bei klarem Verstand.

7 Schaut, wer schlafen will, der schläft in der Nacht. Wer sich be-
trinken will, betrinkt sich in der Nacht. 8 Wir Menschen des Tages soll-
ten aber selbstbeherrscht sein und uns den Brustpanzer des Glaubens
und der Liebe anziehen und den Helm der Hoffnung auf Rettung auf-
setzen; 9 Gott hat uns ja nicht auf die Straße gestellt, die zum Zorn
führt, sondern zur Errettung durch unseren Herrn Jesus, den Messias.
10 Er starb für uns, sodass wir, ob wir wach sind oder schlafen gehen,
mit ihm zusammen leben. 11 Stärkt einander also und baut einander
auf, so wie ihr es ja schon tut.

Es war einmal ein Pfarrer, der träumte, er würde eine Predigt halten. Dann wachte er auf und fand heraus, dass es stimmte.

Kaum vorstellbar, dass so etwas Paulus passiert wäre – auch wenn es die Geschichte von dem Jungen gibt, der während einer von Paulus' nächtelangen Lehreinheiten einnickte und aus einem Fenster fiel (Apostelgeschichte 19,7-12). Doch der reiseerfahrene Paulus wusste mit Sicherheit alles über das Wachbleiben, wenn man eigentlich lieber schlafen gehen möchte – oder vielleicht besser: *wieder* schlafen gehen, denn er spricht hier von Menschen, die früher aufstehen als alle anderen und den Sonnenaufgang im Wachzustand erleben.

In der Warnung, wach zu bleiben, klingen natürlich Echos aus der Lebensgeschichte Jesu nach. Er bat seine **Jünger** eindringlich, mit ihm in Gethsemane zu wachen (Markus 14,34.38). Er warnte vor kurz bevorstehenden Ereignissen, die, so sagte er, wie ein Dieb sein würden, der kommt, wenn man es am wenigsten erwartet (Matthäus 24,43; Lukas 12,39; 21,34-35). Paulus lässt hier in einem seiner frühesten Briefe ein Echo von dem anklingen, was Jesus selbst zwanzig Jahre vorher gesagt und getan hatte. Gleichzeitig ist er sich bewusst, dass es nötig ist, dieselbe Botschaft Zuhörern zu bringen, die sich in einer anderen Situation befinden.

Paulus ist natürlich nicht mit einem einzigen Bild zufrieden (wach bleiben statt schlafen gehen), wenn man doch auch vier oder fünf Bilder verwenden kann. Der Dieb in der Nacht passt ganz gut zum Befehl, wach zu bleiben. Doch Paulus' Punkt über das Wachbleiben gehört nicht so sehr zur Gefahr von Dieben, sondern zum überaus wichtigen Unterschied zwischen dem alten Zeitalter von Finsternis, Sünde und Tod und dem neuen Zeitalter von Licht, Leben und Hoffnung. Er verbindet daher zwei ganz unterschiedliche Vorstellungen: wach bleiben wegen der schrecklichen Dinge, die in Kürze geschehen werden (und dafür liefert er ein weiteres wohlbekanntes biblisches Bild, das von einer Frau, die plötzlich Wehen bekommt); und wach bleiben, weil in Kürze der Tag anbricht und es Zeit ist, die Gewohnheiten der Nacht abzulegen.

Das zweite Thema steht im Zentrum des Abschnitts. Aus Gründen, die jetzt klar werden, sind Christen Menschen des Tages, auch wenn der Rest der Welt immer noch in der Nacht lebt. Wer mit dem Flugzeug reisen kann, weiß, was passiert, wenn wir in kurzer Zeit mehrere Zeitzonen durchqueren. Unsere Körper kommen durcheinander; wir wachen mitten in der Nacht auf, als sei es schon Tag. Das passiert zum Beispiel, wenn Sie von Großbritannien nach Amerika fliegen oder von Amerika nach Japan. Sie sind plötzlich um vier Uhr morgens hellwach; Ihr Körper sagt Ihnen, dass es bereits Tag ist.

Hier seid ihr nun, sagt Paulus: mitten in der Nacht der Welt – aber der **Geist** Jesu in euch sagt euch, dass es bereits Tag ist. Ihr seid bereits Kinder des Tages, Kinder des Lichts. Gottes neue Welt ist in die traurige, schläfrige, betrunkene und tödlich alte Welt eingebrochen. Das ist die Bedeutung der **Auferstehung** Jesu und der Gabe des Geistes – das Leben der neuen Welt bricht in die alte ein. Und ihr gehört zur neuen Welt, nicht zur alten. Ihr seid hellwach, lange bevor die Sonne voll aufgegangen ist. Bleibt also wach, denn dies ist Gottes neue Wirklichkeit, und sie wird in Kürze über der ganzen Welt aufgehen.

Zwei weitere Bilder vervollständigen diesen reichhaltigen, wenn auch verwirrenden Abschnitt. Das erste bezieht sich auf Menschen (Nachtmenschen, würde Paulus sagen), die sich im Schlaf gegenseitig zuraunen: „Friede und Sicherheit, Friede und Sicherheit. Alles ist in Ordnung. Es wird schon nichts passieren." Nein, sagt Paulus, es ist nicht alles in Ordnung. Die plötzliche Katastrophe steht bevor.

Über wen redet er hier? Über alle, die sich vorstellen, dass Gottes neue Welt niemals hereinbrechen und das Licht des göttlichen Gerichts und der göttlichen Gnade in die dunklen Ecken der Welt scheinen lassen wird. Doch der Slogan „Friede und Sicherheit" war auch eine der tröstlichen Losungen, die das römische Imperium ausgab, um seinen Einwohnern im gesamten Mittelmeerraum zu versichern, dass der berühmte „römische Friede", der zu Paulus' Zeiten bereits über ein halbes Jahrhundert lang herrschte, problemlos halten würde. Das ist es, was Paulus eigentlich angreift. Vertraut nicht der imperialen Propaganda, sagt er. Die Welt wird in Kürze schwere Erschütterungen erleben, überall werden Terror und Zerstörung herrschen. Innerhalb von zwanzig Jahren nach diesem Brief war diese Warnung wahr geworden.

Das ist der Grund, aus dem Paulus das letzte seiner potenziell verwirrenden Bilder anfügt. Der Morgen bricht an, die Wehen kommen über die Welt, die Diebe könnten jederzeit einbrechen und das Imperium ist selber bedroht – also müsst ihr eure Waffenrüstung anlegen! Vers 8 ist eine kürzere Version des ausführlicheren Abschnitts Epheser 6,10-20; hier erwähnt Paulus nur die beiden Hauptverteidigungswaffen, den Brustpanzer und den Helm.

Er begann den Brief mit dem Trio **Glaube**, Hoffnung und Liebe (1,3). So bindet er den Brief nun auch zusammen. Glaube und Hoffnung sind der Brustpanzer, um Frontalangriffe abzuwehren. Die Hoffnung auf Erlösung ist der Helm, der den Kopf schützt. Wie immer bei Paulus liegt darunter das Handeln Gottes im **Messias** Jesus. In Vers 10 hören wir wieder das grundlegende christliche Glaubensbekenntnis: Er starb für uns und erstand wieder auf. Das ist die Hauptverteidigung gegen alles, was die dunkle Welt den Kindern des Lichts entgegenschleudern kann.

Wir müssen uns wie die Thessalonicher gegenseitig an diese Dinge erinnern, da wir einer Welt begegnen, in der immer noch plötzliche Erschütterungen auftreten, einer Welt, in der eines Tages der letzte Morgen anbrechen wird. Als Kinder des neuen Tages gehören wir bereits dem Messias, was sogar für die gilt, die verstorben sind. (Vers 10 verweist auf diejenigen zurück, die „schlafen gegangen sind“, nicht im Sinne der Verse 6-7, wo auf schlechtes Verhalten verwiesen wird, sondern im Sinne von 4,13-14, wo auf den körperlichen Tod verwiesen wird.) Hier taucht Paulus' Hauptbotschaft wie eine klare Melodie aus der komplexen Sinfonie des Abschnitts auf: Haltet im Glauben an der Botschaft des **Evangeliums** fest, und ihr werdet in ihr allen Trost und alle Stärke finden, die ihr braucht.

1. Thessalonicher 5,12-22: Abschließende Ermahnungen

12 *Dies ist es, was wir euch zu tun bitten: Gebt denen Anerkennung,*
die unter euch arbeiten, im Herrn Leitung ausüben und euch lehren.
13 *Achtet sie hoch wegen ihrer Arbeit in Liebe. Lebt untereinander im*
Frieden.

14 *Weiter bitten wir euch, meine liebe Familie, dass ihr die Zügello-*
sen warnt. Tröstet die Niedergeschlagenen; helft den Schwachen, be-
gegnet allen verständnisvoll. 15 *Achtet darauf, dass niemand Böses mit*
Bösem vergilt. Findet stattdessen lieber einen Weg, einander und je-
dermann Gutes zu tun.

16 *Feiert ohne aufzuhören,*
17 *gebt das Gebet nicht auf;*
18 *seid in allem dankbar (im Messias Jesus ist dies Gottes Wille für*
euch);
19 *löscht den Geist nicht aus,*
20 *schaut nicht geringschätzig auf prophetisches Reden herab;*
21 *prüft alles; wenn es sich als gut erweist, haltet daran fest;*
22 *wenn etwas böse aussieht, haltet euch davon fern.*

Wir alle lernen unsere Muttersprache, ohne zu merken, dass es so etwas wie Grammatik gibt. Mit drei oder vier Jahren benutzen wir Nomen, Verben, Präpositionen etc. und bilden komplexe und verschachtelte Sätze – wie Jungvögel, die schon sehr früh fliegen, ohne jemals die Gesetze der Aerodynamik studiert zu haben.

Doch wenn wir eine Fremdsprache lernen, müssen wir zumindest ein wenig Grammatik lernen. Und zumindest anfänglich wenden die meisten Lehrer kleine Kniffe an, damit wir uns einprägen, wie die neue Sprache funktioniert. Als ich Französisch lernte, brachte ein Lehrer uns kleine Reime bei, damit wir uns knifflige Aspekte der Grammatik merken konnten. Wir sangen sie im Klassenzimmer und kamen uns ziemlich dumm vor. (Stellen Sie sich eine Gruppe von Dreizehnjährigen vor, die aus vollem Hals „Alle Pronomen kommen vor dem Verb“ singen!) Doch als die Prüfung kam, waren wir gut vorbereitet. Auch wenn wir die Sprache zu dem Zeitpunkt noch nicht wirklich verinnerlicht hatten, sodass wir sie ganz natürlich hätten sprechen können, konnten wir uns doch an die Melodie erinnern und die Regel stand uns wieder vor Augen. Auch beim Buchstabieren auf Englisch halfen Reime und Lieder: „I before E, except after C“, brachte uns der Lehrer bei.

Die frühe Christenheit hatte viele kleine Regeln. Wenn man sich den christlichen Lebensstil als eine Art Sprache mit ihrer eigenen Grammatik vorstellt, kann das tatsächlich helfen zu verstehen, was Lehrer wie Paulus zu tun versuchten. Die meisten von uns lernen eine Art Muttersprache des Verhaltens: Wir beobachten, was unsere Familie und engen Freunde tun und gehen davon aus, dass auch wir uns entsprechend verhalten sollten. Wenn wir mit Menschen aufwachsen, die sich gegenseitig anschreien und Gewalt als Mittel der Streitschlichtung einsetzen, nehmen wir an, dass man sich so verhalten sollte. Wenn wir sehen, wie Menschen sich betrügen, halten wir das auch für uns für normal. Wenn die Menschen in unserem Umfeld freundlich und rücksichtsvoll sind, stehen die Chancen gut, dass wir uns dieses Verhalten aneignen. Und so weiter. Doch nehmen wir mal an, es gibt andere Verhaltenssprachen, andere Grammatiken! Wie sollen wir die lernen? Wie werden wir sie verinnerlichen?

Das christliche Ideal lautet natürlich, dass wir wie beim Sprechen an den Punkt kommen, an dem wir überhaupt nicht mehr darüber nachdenken müssen. Wenn z. B. Swahili Ihre Muttersprache ist und Sie wollen Chinesisch lernen, ist Ihr Ziel, auf Chinesisch hören und sprechen zu können, ohne je an die Grammatik zu denken. In dem Maße, in dem Sie Ihr Gehirn immer noch mit der Frage quälen, welches Wort Sie gebrauchen und wie Sie die Sätze bilden sollen, sprechen Sie noch nicht fließend. Doch mit zunehmender Übung werden die Regeln sozusagen „zur zweiten Natur“. Das ist auch das Ziel beim Erlernen der neuen Sprache des christlichen Lebensstils.

Für die meisten von uns handelt es sich tatsächlich um eine neue Sprache – wie auch für die Menschen, die sich damals durch Paulus bekehrt hatten. Einige meinen, diese Sprache sei nur bedeutsam, wenn sie wie eine Muttersprache wird – wenn wir überhaupt nicht an Regeln denken, sondern uns einfach aus ganzem Herzen christlich verhalten. Paulus, so erinnern sie uns, warnte vor **Rechtfertigung** aus den Werken des **Gesetzes**. Er wollte uns doch wohl mit Sicherheit keine neue Reihe von Regeln geben, die einfach die Gebote des Gesetzes ersetzen?

So zu denken heißt, am eigentlichen Punkt vorbeizugehen. Natürlich ist das Ideal, dass uns die neue Sprache des christlichen Verhaltens aufs Herz geschrieben sein sollte. Paulus sagt an einigen Stellen tatsächlich, dass Gottes **Geist** dies tun wird (z. B. Römer 2,25-29). Doch das passiert nicht über Nacht. Der Weg, auf dem Gottes Geist dies bewerkstelligt, ist nicht das geheime Wirken am einzelnen Herzen oder Verstand ohne irgendeine andere Intervention oder ohne bewusste Anstrengung durch die betreffende Person – auch wenn das bei einigen Menschen bis zu einem gewissen Maß geschehen kann und auch tatsächlich geschieht. Doch eigentlich bringt uns Gottes Geist auf drei Wegen dazu, die neue Verhaltenssprache sozusagen fließend zu sprechen, und alle diese Wege werden hier erwähnt.

Der erste ist die gründliche christliche Lehre und gute Leitung der Gemeinde (Verse 12-13). An mehreren Stellen bittet Paulus seine Konvertiten eindringlich, denen, die in der Kirche lehren und leiten, Aufmerksamkeit, Zuneigung und angemessene finanzielle Entlohnung zu geben (das ist wahrscheinlich die Bedeutung von „Liebe“ an dieser Stelle; vgl. 4,9-12). Das ist natürlich umso bemerkenswerter, als die Leiter und Lehrer in Thessalonich selber erst seit Kurzem Christen waren. Es gab bereits einige, die Gott für diese Arbeit berufen und ausgerüstet hatte.

Der zweite Weg ist der Einfluss, den die Menschen in der ganzen Gemeinschaft gegenseitig aufeinander ausüben (Verse 14-15). Jeder Christ und jede christliche Gruppe oder Familie hat die Verantwortung, sich um die Bedürfnisse der anderen zu kümmern, wo immer nötig – zu trösten, zu warnen, zu stärken und ein Vorbild zu sein. Es reicht nicht, Ärger zu vermeiden und das Beste zu hoffen. Das, was anderen Christen, ja, allen Menschen guttut, muss aktiv erstrebt werden (Paulus verwendet hier den Begriff „nachjagen“).

Drittens: Es gibt Entsprechungen zu den kleinen Grammatikregeln, den Reimen und Erinnerungshilfen, die den Verstand sanft in die richtige Richtung lenken. Die Verse 16-22 könnten gut und gerne eine Liste dieser Dinge darstellen, die man leicht auswendig lernen kann. Paulus hat sie zusammengestellt, damit die junge Kirche die Sprache des christlichen Verhaltens schnell lernt. Auswendig lernen heißt auf Englisch „lerning by heart“. Im Grunde meinen wir damit oft: „learning by mind“, also mit dem Verstand, mit einer Erinnerungsanstrengung. Doch sobald die Anstrengung unternommen wurde, nimmt das Herz das Gelernte in sich auf, bis es zur zweiten Natur wird wie eine Muttersprache. Genau das beabsichtigt Paulus mit dieser Liste.

Die Liste ist voller Freude. Die frühen Christen hatten viel Leid erfahren; Paulus wollte, dass sie lernten, wie man mitten im Leid feiert. Zu lernen, Gott für alles zu danken, was er gibt, ist manchmal sehr schwer. Doch es steht neben dem Feiern der Herrschaft Jesu über die ganze Welt, noch bevor diese öffentlich gemacht und allgemein anerkannt wurde. Und dann kommt die einfachste, aber tiefgründigste der moralischen Grundregeln: Wenn ihr auf etwas Gutes stoßt, haltet es mit beiden Händen fest, aber haltet euch weit fern von allem, das auch nur so aussieht, als könnte es böse sein. Lernt diese Lektionen – die heute so relevant sind wie damals – und ihr seid die ersten Schritte auf dem Weg zur Beherrschung der Grammatik des christlichen Lebens gegangen.

1. Thessalonicher 5,23-28: Abschließender Segen und Auftrag

23 *Möge der Gott des Friedens euch durch und durch heiligen. Euer*
ganzer Geist, Seele und Leib sollen untadelig sein, wenn unser Herr
Jesus, der Messias, wiederkommt. 24 *Er, der euch gerufen hat, ist treu;*
er wird es auch tun.
25 *Meine liebe Familie, betet für uns.*
26 *Grüßt die ganze Familie mit dem heiligen Kuss.* 27 *Im Herrn trage*
ich euch auf, dass dieser Brief der ganzen Familie vorgelesen wird.
28 *Die Gnade unseres Herrn Jesus, des Messias, sei mit euch.*

Als ich für den Dienst an **Wort** und Sakrament ordiniert wurde, erhielt ich viele Postkarten und Briefe mit guten Wünschen. Familienmitglieder und Freunde versprachen, für mich zu beten und mich zu unterstützen. Der Glückwunsch, der den tiefsten Eindruck bei mir hinterließ – und den ich nach fast 30 Jahren immer noch klar vor Augen habe – zitierte drei Worte aus Vers 24 dieses Abschnitts in der Ursprache: *Pistos ho kalon* – „Treu ist, der euch beruft." Das war und ist eine wunderbare Wendung, die Kraft gibt sowohl die unterschiedlichen Dienste in der Gemeinde als auch für das tägliche Leben jedes Christen, von Kindern, Frauen und Männern. Ich danke Gott für die Weisheit und Gebete des Heiligen, der mir diese Karte sandte.

Die Treue Gottes ist tatsächlich in allen Paulusbriefen durchgängig eines seiner großen Themen. Paulus hat eine Menge über die Botschaft des **Evangeliums** vom **Messias** Jesus zu sagen, doch am bedeutsamsten an Jesus ist, dass der lebendige Gott in ihm seine Treue hat wirksam werden lassen – gegenüber der gesamten Schöpfung, gegenüber Israel und gegenüber jedem Mitglied der Menschheit. Paulus hat eine Menge zum Leben der Kirche zu sagen, zu ihrer Einheit, ihren Leiden und ihrem Zeugnis vor der Welt; doch am bedeutsamsten an der Kirche ist, dass sie die Truppe der Menschen ist, die nicht aus menschlichem Willen oder Anstrengung am Leben und in der Wahrheit erhalten wird, sondern durch die bloße Treue Gottes. Paulus hat auch eine Menge zur Berufung des einzelnen Christen zu sagen, zur Heiligkeit in Körper, Seele und **Geist**. Doch dies degeneriert nie zu dem Gefühl, dass der Christ einfach schwer an seinem Verhalten arbeitet und das Beste hofft. Es hat wie hier seinen Rückhalt immer in der Treue Gottes. „Treu ist, der euch beruft."

Wie Paulus den Brief mit Gebet und Danksagung begann und sich dabei auf das Werk des einen Gottes durch den Messias Jesus in Thessalonich konzentrierte, so endet er hier auf dieselbe Weise. Der Gott des Friedens – ein Lieblingstitel von Paulus – ist derjenige, der sein Volk heilig machen wird, damit sie beim Kommen Jesu untadelig sind. Natürlich wird er sich dazu auch des Denkens, Leidens und Ringens des Volkes selbst bedienen. Das ist das Gleichgewicht, das wir im Kern allen christlichen Lebens aufrechterhalten müssen. Heilig zu sein ist harte Arbeit, aber wir glauben, dass es Gott selber ist, der durch den Geist in unseren Herzen gegenwärtig ist und uns befähigt, weiterzukommen und zu handeln. Paulus ist nicht der Auffassung, dass nur ein gewisses Maß an Heiligkeit gefordert ist; sie muss vollständig sein. Einige Christen, die die grenzenlose Liebe Gottes betonen sowie die Lehre von der **Rechtfertigung** aus **Glauben** ohne Werke, gehen das Risiko ein, den Ruf zur Heiligkeit zu unterschätzen, was Paulus nie tat – und er ist immerhin der größte Exponent der Liebe und Rechtfertigung durch Gottes freie Gnade.

Wie der Brief als Ganzer schaut auch der Schluss auf die Zeit voraus, in der Jesus endlich wieder persönlich gegenwärtig sein wird. Die vielen Bilder des Neuen Testaments von dem, was an jenem Tag geschehen wird, sind für Paulus nicht so wichtig wie die Wirkung, die die christliche Hoffnung auf den Gläubigen haben sollte. Zu wissen, dass eine Zeit kommen wird, in der sich jedes Knie vor dem Namen Jesu beugen wird (Philipper 2,10), heißt nicht, dass sich der Christ zurücklehnen und es ganz locker angehen lassen kann. Er oder sie muss lernen, schon in der Gegenwart das Knie vor ihm zu beugen, in Heiligkeit und Verehrung, und muss seine kommende Herrschaft in der Welt bekannt machen.

Die abschließenden Verse des Briefs zeigen, wie tief das Grundmuster des christlichen Lebens, wie es in der Apostelgeschichte (z. B. in 2,42) dargelegt wird und an mehreren Stellen widerhallt, im Denken der frühen Christen verankert war – auch im paulinischen Denken. „Sie fuhren fort", sagt Lukas in jenem Abschnitt der Apostelgeschichte, „in der Lehre der **Apostel**, in der Gemeinschaft, im Brotbrechen und im Gebet." Hier in den Versen 25-27 finden wir die Gebete; die Gemeinschaft (der „heilige Kuss" oder „Friedenskuss" symbolisierte das vielschichtige Familienleben und die Tischgemeinschaft des Volkes Gottes); und die Lehre der Apostel (hier sichtbar in der öffentlichen Verlesung des Briefs). Dies waren die Grundlagen und zentralen Merkmale des Lebens der Kirche, und sie bleiben es bis heute. Das ist der Weg, auf dem „die Gnade unseres Herrn Jesus, des Messias" nicht nur mit den Thessalonichern sein wird, sondern auch mit der gesamten Kirche bis zur Wiederkunft des Herrn.

Im Rückblick über den gesamten Brief können wir erkennen, wie Paulus seine persönliche Beziehung zu den Thessalonichern mit seiner Entschlossenheit verbindet, dass sie in Glaube, Liebe und Hoffnung verwurzelt sein sollen. Das Wort Gottes, das er von Anfang an predigte und durch das Gott kraftvoll am Werk war und die Kirche hervorbrachte und aufbaute, tut seinen Dienst nun weiterhin sowohl durch Paulus' eigene Schriften als auch durch die Lehre der Lehrer vor Ort. Das wird sie durch die Leiden tragen, die sie aufgrund ihrer Loyalität zu Jesus als König und Herr bereits erleben. Paulus hat ihnen sorgfältig die Hoffnung vor Augen gestellt, dass **Gottes Reich** und Herrlichkeit durch die turbulenten Zeiten hindurch, die über die ganze Welt kommen werden, offenbart werden wird. Und letztendlich wird Jesus selber erscheinen, um sein Volk zu rehabilitieren und um ihnen ultimativen Trost und Erlösung zu bringen. Gott macht sie durch sein Werk zu seinem heiligen Volk. Im Festhalten an dieser

Hoffnung sollen sie auch diesem Werk Gottes gestatten, seine volle Wirkung zu entfalten.

Der zweite Thessalonicherbrief

2. Thessalonicher 1,1-7a: Grüße und Dank

1 Paulus, Silvanus und Timotheus an die Gemeinde in Thessalonich in Gott, unserem Vater, und im Messias, dem Herrn Jesus: 2 Gnade sei mit euch und Friede von Gott, unserem Vater und dem Messias, dem Herrn Jesus.

3 Im Blick auf euch, meine liebe Familie, schulden wir Gott unaufhörlichen Dank. Das ist nur recht und angemessen. Es ist überwältigend, wie euer Glaube wächst und die Liebe, die jeder einzelne von euch zu den anderen hat, sich vermehrt. 4 Als Folge davon können wir allen Kirchen Gottes berichten, wie stolz wir auf euch sind – auf eure Geduld und Treue in all euren Schwierigkeiten und Leiden, durch welche ihr hindurchgeht.

5 All dies zeigt klar, dass Gott gerecht richtet. So macht er euch durch und durch würdig, zu Gottes Reich zu gehören, für das ihr leidet – 6 wie es ja von Gottes Seite nur gerecht ist, denen das Leiden zurückzubezahlen, die euch leiden lassen 7a und euch – zusammen mit uns – mitten in euren Leiden eine Zeit der Erholung zu gewähren.

Als unsere vier Kinder noch kleiner waren, mussten wir uns zu Weihnachten Notizen machen. Sobald die vier begannen, die Geschenke von Freunden und Verwandten auszupacken, entstand ein solcher Berg von Geschenkpapier und Verpackungsmaterial und daneben das Spielzeug, die Bücher und Spiele im ganzen Zimmer, sodass man nur mit Mühe im Kopf behalten konnte, welches Kind welche Geschenke bekommen hatte – und vor allem natürlich: von wem. Also versuchten meine Frau und ich, beim Auspacken alle wichtigen Einzelheiten mitzuschreiben.

Denn am nächsten Tag musste natürlich eine andere Aufgabe erledigt werden: Dankesbriefe schreiben. Viele Kinder sehen das mittlerweile als lästige Pflicht an, als die unerfreuliche Seite von Weihnachten; doch es ist natürlich ein wesentlicher Teil der ganzen Sache. Gottes freie Gnade zu lehren, das Geschenk seiner selbst, indem man Weihnachten feiert, ist nur eine Seite der Geschichte; Dankbarkeit und von Herzen kommende Danksagung zu vermitteln ist die andere. Gnade, die keine Dankbarkeit hervorbringt, hat es nicht vermocht, harte Herzen zu erweichen.

Als Paulus also diesen zweiten Brief an die junge Gemeinde in Thessalonich schrieb, betonte er nicht nur, dass er Gott für sie dankt, sondern dass es völlig richtig und angemessen ist, dass er das tut. Wie ein Kind der Person Dankbarkeit schuldet, die ihm ein großzügiges Geschenk gemacht hat, so schuldet Paulus Gott Dank für alles, was in Thessalonich passiert ist. Der **Glaube**, die Liebe und das Leiden der neuen Gemeinde – als Paulus sich das alles anschaute, konnte er nicht anders, als Gott die ganze Zeit zu danken.

Es ist wichtig, dass wir unterstreichen, was das für die Haltung von Paulus gegenüber dem Evangelium und der Gnade Gottes bedeutet, die im **Evangelium** am Werk ist. Als er das Evangelium – die Botschaft, dass der gekreuzigte und auferstandene Jesus der wahre Herr der Welt ist – in einer Stadt oder einem Dorf verkündigte, verstand er es nicht bloß als eine Reihe von Vorstellungen, die vielleicht den rationalen Verstand seiner Zuhörer ansprechen konnten (auch wenn er mit Sicherheit leidenschaftlich glaubte, dass die Botschaft auf der tiefsten Ebene von Kopf und Herz Sinn ergab). Er verstand seine Verkündigung auch nicht nur als Angebot einer emotionalen Erfahrung, die die Zuhörer einfach um ihrer selbst willen genießen konnten. Er verstand seine Verkündigung als das seltsame Transportmittel oder Gefäß der Gnade Gottes, durch das der wahre und lebendige Gott seine Hand ausstreckte, und mit dem er um die Herzen, den Verstand, den Körper und das ganze Leben der Menschen warb, um sie zu gewinnen – der Menschen, die diesen Gott bis dahin gar nicht gekannt hatten.

Was war das Ergebnis? Wenn Menschen auf das Evangelium mit Glauben reagierten, an diesen Gott glaubten und ihre gesamte Loyalität diesem Jesus gaben; wenn sie eine Gemeinschaft der Liebe bildeten und ihr Leben miteinander teilten und wenn sie bereit waren, für ihre neue Identität zu leiden – dann verstand Paulus dies als ein Geschenk von Gott höchstpersönlich (ein Weihnachtsgeschenk, könnte man fast sagen), eine neue Geburt. Und die einzig angemessene Reaktion darauf war Dankbarkeit von ganzem Herzen für den Gott, der das alles von A bis Z getan hatte. Dankbarkeit folgt der Gnade und bereitet das Herz auf weitere Gnade vor.

Der Souveränität Gottes in seiner Gnade, die Glaube, Liebe und Geduld in neuen Gläubigen hervorbringt, entspricht die Souveränität Gottes im Gericht. Wäre dem nicht so, wäre die Gnade unwirksam und willkürlich. Gottes „gerechtes Gericht" (Vers 5) wird am Ende diejenigen retten, die Gott und dem Evangelium treu waren und daher von der Welt verfolgt wurden – verfolgt von einer Welt, die Loyalität gegenüber ihrer eigenen Macht und ihren eigenen Gottheiten verlangt. Gott wird in seiner Gerechtigkeit denen vergelten, die sich loyal ihren Götzen und ihrer eigenen entmenschlichenden Lebensweise hingegeben haben und die Gewalt gegen Gottes Volk geübt haben.

Diese Vorstellung von einem kommenden Gericht, in dem zurechtgerückt wird, was falsch gelaufen ist, und in dem das Böse seine wohlverdiente Strafe bekommt, war unter den Juden zu Paulus' Zeiten eine allgemein verbreitete Vorstellung. In diesem jüdischen Denken war oft der **Messias** selber der Vermittler des Gerichtes Gottes gegen die Bösen. Paulus glaubte, dass Jesus der Messias ist und sah ihn als denjenigen an, durch den dieses Zurechtrücken alter Verfehlungen letztendlich bewerkstelligt werden würde (z. B. Apostelgeschichte 17,31; Römer 2,16).

Die Leiden, die die Thessalonicher aushalten (siehe 1. Thessalonicher 2,14-3,5), und die Geduld, mit der sie sie ertragen, dienen als Zeichen für dieses Gericht Gottes, sagt Paulus. Wenn die Christen tatsächlich der Beginn des **Reiches Gottes** sind, das alle menschlichen

Reiche ablösen wird, dann ist es unausweichlich: Die Welt wird sie als Bedrohung und Herausforderung ansehen und Widerstand gegen sie leisten, so gut sie kann. Die Welt kannte damals wie heute viele „Religionen", viele Kulte, viele „Gottheiten" und „Herren" (siehe 1. Korinther 8,1-6). Wenn Paulus dieser Liste nur noch einen weiteren Gott zugefügt hätte, hätte das niemanden besonders gestört. Doch genau das tat er ganz klar nicht, sondern er lud seine Zuhörer ein, sich von allen anderen Loyalitäten loszusagen und Jesus ihre ganze Treue zu schenken – und auch dem Gott, der in und durch Jesus bekannt gemacht worden war. Wenn sie das taten und wenn das eine heftige Reaktion hervorrief, war das tatsächlich ein Zeichen, dass die Botschaft wirksam war. Die Gnade des einen wahren Gottes war am Werk gewesen; diejenigen, die glaubten, wurden zu einem Zeichen dafür; und Dankbarkeit war die angemessene Reaktion. Angesichts von Leiden und Verfolgung muss das ziemlich paradox ausgesehen haben.

Daher erklärt Paulus, dass er sich der Thessalonicher rühmen kann (Vers 4). Bis zu der Zeit der Abfassung dieses Briefs war er nach Beröa gegangen, dann nach Athen und ist jetzt höchstwahrscheinlich in Korinth. Und an jedem Ort bestand seine Botschaft auch darin, den Leuten zu sagen, was passiert war, als das Evangelium in Thessalonich am Werk gewesen war. „Rühmen" meint hier etwas ganz anderes als „Prahlen". Paulus sagt den Leuten in keiner Weise, was für ein toller Gemeindegründer er ist. Vielmehr sieht er die Thessalonicher als einen entscheidenden Teil der Evidenz dafür an, dass er tatsächlich ein **Apostel** des Messias Jesus ist. Seine Berufung und sein Dienst sind durch ihre bloße Existenz gerechtfertigt – und jetzt noch umso mehr durch ihren Glauben, ihre Liebe und ihre Geduld. Wenn es uns schwerfällt, uns in die erste Generation der Christen zurückzuversetzen und wieder neu das Gespür für das Fremdartige einzufangen, das diese neue Blüte in der griechischen Welt ausgestrahlt haben muss, ist es umso wichtiger, dass wir uns fragen, vielleicht mit Bleistift und Papier, damit wir uns Notizen machen können: Wofür müssen wir dankbar sein? Welche Gaben haben wir aus Gottes großzügiger Hand erhalten? Was sind die Zeichen von Gottes Wirken in unserer eigenen Zeit, an unserem eigenen Ort, in unseren eigenen Kirchen?

2. Thessalonicher 1,7b-12: Das Kommen Jesu

7b *Das wird geschehen, wenn der Herr Jesus vom Himmel her mit den*
Boten seiner Kraft, 8 *in lodernden Flammen offenbart werden wird.*
Er wird alle strafen, die Gott nicht kennen und der Guten Nachricht
unseres Herrn Jesus nicht gehorchen. 9 *Sie werden mit ewiger Vernich-*
tung bezahlen, getrennt vom Angesicht des Herrn und der Herrlich-
keit seiner Macht, 10 *wenn er kommt, um zusammen mit all seinen*
Heiligen verherrlicht zu werden. Alle, die an ihn glauben, werden an
diesem Tag staunend zu ihm aufsehen – auch ihr, weil ihr im Glauben
angenommen habt, was wir euch bezeugt haben.
11 *Genau dafür beten wir auch regelmäßig für euch: Dass Gott euch*
seiner Berufung würdig macht und dass ihr jeden seiner Pläne vollen-
det, die er gefasst hat, um euch Gutes zu tun, und auch jedes Glau-
benswerk in Kraft. 12 *So wird der Name des Messias in euch verherr-*
licht werden, und ihr in ihm, gemäß der Gnade unseres Gottes und
des Herrn Jesus, des Messias.

Kurz vor Weihnachten 1988 explodierte ein Jumbojet der Airline Pan Am auf dem Weg von London in die Vereinigten Staaten über der schottischen Kleinstadt Lockerbie. Alle Personen an Bord wurden getötet und auch noch einige am Boden, wo das brennende Wrack landete. Während ich diese Zeilen einige Jahre später schreibe, hat ein schottisches Gericht, das in Holland tagt, gerade den Mann schuldig gesprochen, der die Bombe gelegt hatte. Für die Angehörigen der Opfer kam das keinen Moment zu früh.

Sie wollten keine Rache. Sie wollten Gerechtigkeit. Unsere Welt kann leider zwischen beidem nicht mehr so gut unterscheiden. Wir sind mit Recht derart abgestoßen von Taten, die von der Lust nach Rache getrieben sind, dass wir Schwierigkeiten haben, uns vorzustellen, dass es eine Bestrafung geben könnte, die wenigstens zum Teil nicht von Rache motiviert ist. Doch wie jedes Opfer eines mutwilligen Verbrechens weiß: Das Verlangen nach Gerechtigkeit unterscheidet sich deutlich von dem Verlangen, jemandem Schaden zuzufügen, weil man selber Schaden genommen hat. Es herrscht das tiefe Gefühl, dass die Welt wieder ins Lot gebracht werden muss.

Diejenigen von uns, die noch keine Opfer gewesen sind, sollten – wenn sie weise und reif sind – diese Leidenschaft für Gerechtigkeit teilen. Verfehlungen und Verbrechen müssen wiedergutgemacht werden. Das Böse kann nicht für immer triumphieren und das Gute verspotten. Unsere menschlichen Rechtssysteme ringen darum, dies klarzumachen. Einer der Gründe, warum es so lange dauerte, das Lockerbie-Gerichtsverfahren einzuleiten, bestand in dem Problem, einen neutralen Verhandlungsort zu finden, dem alle Seiten zustimmen konnten, damit dort Gerechtigkeit geschehen konnte.

Unser Text handelt von Gottes Gerechtigkeit, nicht von seiner Rache. Einige Übersetzungen von Vers 8 verwenden das Wort „Rache“, aber das legt heute eine völlig falsche Vorstellung nahe. Gott ist kein kleinlicher oder willkürlicher Tyrann, der seine politischen Gegner ins Gefängnis wirft, nur weil sie auf der falschen Seite stehen. Gott ist der lebendige und liebende Schöpfer, der die Welt entweder richten muss oder der dem Vorwurf der Ungerechtigkeit ausgesetzt ist, weil er zulässt, dass die Bosheit triumphiert. Menschen, die in Gesellschaften gelebt haben, in denen das Böse ungehindert blüht, erzählen uns, dass das ein Albtraum ist. In einer Welt zu leben, in der das für immer so wäre, wäre die Hölle.

Paulus’ Vision von dem Moment, in dem Gott die Welt endgültig ins Lot bringt, ist von mehreren biblischen Passagen geprägt. Die anschauliche Sprache ist voller Echos: vom **Exodus** aus Ägypten, als die versklavenden Ägypter durch eine Reihe von Plagen gewarnt und dann im Roten Meer überwältigt wurden; von der Niederlage der Babylonier nach dem **Exil** und der Versklavung Israels in Babylon; vom großen Tag, an dem Gott mit allen seinen Heiligen kommen wird, um Jerusalem zu befreien und diejenigen zu besiegen, die Jerusalem angegriffen hatten. In der Bibel gibt es viele Momente des Gerichts. Sie sind gleichzeitig Befreiungsmomente für diejenigen, die am Gott der Gerechtigkeit und Gnade festgehalten und sich geweigert haben, sich in die vorherrschende Kultur der Lügen und Bosheit hineinziehen zu lassen.

In dieses biblische Bild tritt die erstaunliche Nachricht, dass das Gericht in den Händen Jesu liegen wird. Dies ist einer von vielen Hinweisen, dass Paulus Jesus als **Messias** ansah, als denjenigen, durch welchen den Nationen Gottes Gerechtigkeit gebracht werden würde (z. B. Jesaja 11,1-10). Natürlich ist Jesus für Paulus vornehmlich allerdings der Gekreuzigte und auch derjenige, in dem Gottes Liebe und Gnade verschwenderisch in eine Welt gebracht wurden, die das nicht verdient hatte. Paulus arbeitet in diesem Abschnitt nicht heraus, wie das alles zusammenpasst. Das muss bis zu der königlichen Darstellung im Römerbrief warten. Wir, die wir darum ringen, diese Aussagen zum Endgericht zu verstehen, können jedoch dieses umfassendere Bild niemals vergessen.

Weil der lebendige Gott – der Gott, in dem alle Güte, Gerechtigkeit, Gnade und Wahrheit ist – in Jesus und seinem **Evangelium** enthüllt worden ist, können diejenigen, die an Bosheit, Ungerechtigkeit, Gewalt und Lügen festhalten, als Menschen beschrieben werden, „die Gott nicht kennen und die dem Evangelium von Jesus nicht gehorchen“. In Thessalonich waren die Anzeichen der Anwesenheit dieser Menschen überall mit Händen zu greifen, nicht nur in den Götzen und ihren Heiligtümern, sondern im Verhalten der Menschen auf der Straße und insbesondere im gewalttätigen Widerstand gegen das Evangelium und diejenigen, die es glaubten. Die kleine Gruppe der Gläubigen, die von der Botschaft ergriffen worden waren, die Paulus ihnen gebracht hatte, würden eines Tages staunen, wenn sie sehen, wie stark die Maßstäbe der sie umgebenden Kultur verändert werden würden. Götzendienst und alles, was dazugehört, würde abgetan werden und der Gott, der in Jesus bekannt gemacht wurde, würde von allen verherrlicht werden (Vers 10).

Christen dürfen jedoch angesichts des Endgerichts nicht selbstgefällig werden. Gott – und auch der **Apostel** – sehnt sich danach, dass die Gnade Gottes, welche die Christen durch das Evangelium berufen hat, jetzt auch ihre volle Wirkung in ihnen entfaltet. Wenn jener Tag kommt, dürfen sie nicht als Menschen erscheinen, die einen Anfang im Glauben gemacht hatten, aber niemals dazu kamen, den Glauben praktisch zur Auswirkung kommen zu lassen. Sie müssen Menschen sein, die ihrer anfänglichen „Berufung" gerecht geworden sind; mit anderen Worten: Sie müssen der rettenden Herrschaft Jesu gestatten, sich in ihrem Leben durchzusetzen.

Wenn er beschreibt, wie dies geschieht, klingt Paulus fast wie der Jesus des Johannesevangeliums: Der Satzteil „So wird der Name des Messias in euch verherrlicht werden, und ihr in ihm" (Vers 12) ist voller Echos aus Jesu großartigem Gebet in Johannes 17. Diese Verherrlichung des Namens Jesu erfordert fokussierte und konzentrierte moralische Anstrengung, hinter der jedoch ebenfalls das Geheimnis der Gnade Gottes liegt.

2. Thessalonicher 2,1-12: Der Gesetzlose

1 *Im Blick auf die königliche Gegenwart unseres Herrn Jesus, des Mes-*
sias, und wie wir um ihn herum versammelt werden, haben wir eine
Bitte an euch, meine liebe Familie. 2 *Bitte lasst euch nicht so schnell*
vom Kurs abbringen in eurem Denken oder euch in Aufregung verset-
zen, weder durch geistliche Einflüsse noch durch ein Wort oder einen
Brief, der angeblich von uns stammt und behauptet, dass der Tag des
Herrn bereits eingetroffen sei.

3 *Lasst nicht zu, dass irgendjemand euch in irgendeiner Weise ver-*

führt. Schaut, es kann nicht geschehen, wenn nicht zuerst die Rebel-
lion stattfindet und der Mann der Gesetzlosigkeit, der Sohn der Zer-
störung, offenbar wird. 4 Er wird jede sogenannte Gottheit und jeden
Gegenstand der Verehrung angreifen, um sich dann selbst in Gottes
Tempel einzusetzen und sich als Gott auszugeben.

5 Habt ihr schon vergessen, dass ich euch dies gesagt habe, als ich
bei euch war? 6 Und ihr wisst ja, was ihn noch zurückhält, damit er
nicht vor seiner Zeit offenbart wird. 7 Das Geheimnis der Gesetzlosig-
keit ist bereits an der Arbeit, aber derjenige, der es zurückhält, auch –
bis er weggenommen werden wird. 8 Dann wird der Gesetzlose offen-
bart werden; der Herr Jesus wird ihn mit einem Hauch aus seinem
Mund vernichten und ihn vollständig auslöschen, wenn seine Gegen-
wart enthüllt wird.

9 Die Anwesenheit des Gesetzlosen wird von Satans Handeln be-
gleitet, der voller Kraft, mit Zeichen und lügenhaften Wundern auf-
treten wird. 10 Diejenigen, die zum Untergang unterwegs sind, wird
er mit jeder Art von boshaftem Betrug verführen, weil sie die Wahr-
heit nicht geliebt haben, die zur Rettung führt. 11 Deshalb lässt Gott
eine kräftige Verblendung auf sie kommen, sodass sie der Lüge Glau-
ben schenken. 12 So wird das Gericht über alle kommen, die nicht der
Wahrheit geglaubt, sondern sich an Boshaftigkeit gefreut haben.

An Horatio Nelson (1758–1805), Englands berühmtester Kommandant zur See, erinnert man sich wegen vieler Dinge. Doch eine der bekanntesten Begebenheiten seines Lebens fand statt, als er die Belagerung Kopenhagens im Jahre 1801 anführte. Er wurde über ein Signal informiert, das ihn anwies, den Rückzug anzutreten, doch er war entschlossen, das nicht zu tun. Sieben Jahre zuvor hatte er in einer Schlacht sein rechtes Auge verloren. Er hielt sich das Fernrohr vor dieses Auge und erklärte, er habe das Signal wirklich nicht gesehen. In gewissem Sinne sagte er die Wahrheit, doch er blieb natürlich willentlich blind gegenüber der eigentlichen Wahrheit, die er in dem Moment nicht anerkennen wollte.

Diese Haltung ist leider nicht auf brillante und eigensinnige Kommandanten zur See beschränkt. Die meisten von uns sind Menschen begegnet, die um sich herum ein Netz aus Lügen spinnen und letztlich an die falsche Welt, die sie selbst erschaffen haben, glauben. Manchmal sind solche Menschen leider zutiefst religiös und ihre Frömmigkeit überzeugt sie, dass sie unmöglich falschliegen können. Das christliche **Evangelium** umfasst natürlich das Gebet des Herrn mit seiner regelmäßigen Bitte um Vergebung. Wir Christen sind aufgerufen, unser Gewissen täglich nach den Lügen abzusuchen, die auch wir nur zu leicht erfinden und letztlich glauben.

Paulus beschreibt in den Versen 11-12 Menschen in diesem Selbstverblendungszustand. Er spielt wiederum auf die Story der Rettung Israels aus Ägypten durch Gott an: Pharao, der König von Ägypten, fing damit an, sein eigenes Herz gegen die Israeliten zu verhärten, doch schlussendlich verhärtete Gott selber Pharaos Herz (2. Mose 4,21; 7,13; 9,12 etc.). Anscheinend kommt ein Punkt, an dem jemand so tief in Lügen und Bosheit versinkt, dass der Betreffende jede weitere Fähigkeit verliert, Wahrheit und Güte zu erkennen. In jenem Moment (und natürlich kennt nur Gott so einen Zeitpunkt) besteht für solche Menschen nur noch die Möglichkeit, schnell vollständig von ihren Fehlern überführt und damit gerichtet zu werden.

Doch was für eine Situation beschreibt Paulus in den ersten Versen des Kapitels? Dieser Abschnitt hat Generationen von Lesern vor Rätsel gestellt.

Denken Sie an ein anderes Fernglas, diesmal an eines, durch das Sie sehen können. Es gibt mehrere Linsen, die zusammen ein Bild von dem betrachteten Gegenstand erzeugen und diesen vergrößern, sodass es aussieht, als sei er näher, als er wirklich ist. Der Schreibstil, den Paulus hier benutzt, ist dem vergleichbar. Wir erkennen jetzt, dass er in die weit entfernte Zukunft schaut; das Endgericht hat noch nicht stattgefunden. Doch er sieht die Zukunft durch die Linse von Ereignissen, die in seiner eigenen Zeit abliefen.

Paulus nimmt nicht an, dass diese Ereignisse die letzten sind. Wenn

„der Tag des Herrn“ „das Ende der Welt“ bedeuten würde, müssten die Thessalonicher nicht per Brief über so ein Ereignis informiert werden! Die alttestamentlichen Propheten verwendeten die Wendung „Tag des Herrn“, um auf Katastrophen zu verweisen, die innerhalb der fortdauernden Geschichte über Jerusalem hereinbrachen. So spricht auch Paulus von Ereignissen, die er schnell auf seine kleinen Gemeinden zukommen sieht. Gleichzeitig sieht er durch diese Linsen das ultimative zukünftige Gericht als solches. Sein teleskopartiger Schreibstil mag uns verwirren, aber Paulus konnte problemlos im selben Atemzug von Ereignissen sprechen, die sowohl ganz nah als auch in ungewisser Zukunft lagen.

Doch was waren die zeitnahen Ereignisse? Kurz bevor Paulus seine Missionsreisen begann, hatte es im Mittleren Osten eine große Krise gegeben. Der römische Kaiser Gaius Caligula, von seiner eigenen Göttlichkeit überzeugt und im Zorn auf die Juden entbrannt, ordnete an, dass eine riesige Statue von ihm in den Jerusalemer Tempel gestellt werden sollte. Massive jüdische Proteste auf allen Ebenen und der besorgte Rat seiner Beamten vor Ort konnten ihn nicht von diesem provozierenden Projekt abbringen. Nur Gaius’ plötzliche Ermordung im Januar des Jahres 41 n. Chr. verhinderte eine große Katastrophe. Der römisch-jüdische Krieg von 66 bis 73 n. Chr. hätte ganz leicht auch 25 Jahre früher ausbrechen können.

Es sieht so aus, als ob Paulus in dem Bewusstsein, was beinahe passiert wäre, den Eindruck gehabt hat, dass irgendein anderer Größenwahnsinniger früher oder später auf dieselbe Idee kommen würde. Er spricht von einem „Mann der Gesetzlosigkeit“, der sich selbst auf die Stufe einer Gottheit erhebt, genau wie es die römischen Kaiser zu der Zeit anfingen zu tun. Paulus erkannte diese Gefahr am Horizont und wusste, dass ein derartiger Götzendienst zu einem katastrophalen Konflikt mit dem wahren Gott und seinem **Tempel** in Jerusalem führen würde. Hätte Paulus im Jahre 70 n. Chr. noch gelebt, hätte er die anfängliche Erfüllung seiner Worte in diesem Abschnitt erkannt. Das Böse muss auf die Spitze geführt werden und dann den plötzlichen

Untergang erleben. Das Römische Reich würde selber unvorstellbare Erschütterungen durchmachen: Der Tod von vier Kaisern in rascher Reihenfolge in den Jahren 68 und 69 n. Chr., gefolgt von der Zerstörung des Jerusalemer Tempels, würde mit Sicherheit aus alttestamentlicher Sicht den Titel „der Tag des Herrn“ verdienen.

Wer oder was ist dann „derjenige, der es zurückhält“? Was konnte Paulus zufolge diese schrecklichen Katastrophen aufhalten? Wir können da nicht sicher sein. Vielleicht dachte er an einige jüdische Anführer, welche die Art von zurückhaltendem Einfluss auf den Kaiser ausübten, den Herodes Agrippa (10 v. Chr. bis 44 n. Chr.) auf seinen Freund Gaius auszuüben versucht hatte. Oder er könnte an sein eigenes Wirken denken: Er war von Gott berufen, im ganzen Mittelmeerraum Gemeinden zu gründen, und er vertraute darauf, dass Gott die Katastrophe lange genug herauszögern würde, bis Paulus vollenden konnte, was er begonnen hatte. Oder er hatte vielleicht irgendwelche anderen zurückhaltenden Einflüsse oder Personen im Sinn, die für ihn und seine Leser klar waren, aber nicht für uns.

Klar ist jedoch Paulus’ fester Glaube, dass eine Zeit bevorstand, in der Gottes Gericht über eine götzendienerische Welt und ihre gotteslästerlichen Anführer enthüllt werden würde. Durch diese Linse sieht er auch die weiter entfernt liegenden Ereignisse, die endgültige persönliche Gegenwart (die **Parusie**) Jesu, der alles Böse zerstören wird und der Gottes gerechtes und wahrhaftiges Gericht für diejenigen wirksam werden lassen wird, die großen und kleinen Lügen auf den Leim gegangen sind.

Insbesondere wird Gott bereits im Verlauf der Weltgeschichte und an ihrem Ende die imperialen Systeme richten, die sich an seine Stelle gesetzt haben. Von denen gab es auch in unserer jüngsten Vergangenheit genügend, sodass wir erleben konnten, wie sie funktionieren: ihre Betrügereien und die Art und Weise, auf welche die Menschen sich im Netz ihrer Lügen verfangen. Paulus würde sich wünschen, dass auch wir die Tatsache begreifen, dass Gott über allem souverän bleibt und eines Tages alle Verfehlungen und Verbrechen wiedergutmacht. Er wird alle menschlichen Imperien unter die Herrschaft und das Gericht seines eigenen erlösenden **Reiches** bringen.

2. Thessalonicher 2,13-17: Aufforderung zur Standhaftigkeit

*13 Wir schulden Gott fortwährend Dank für euch, meine vom Herrn
geliebte Familie, weil Gott euch als Erstlingsfrüchte seiner Arbeit der
Erlösung ausgewählt hat. Ihr glaubt der Wahrheit, und der Geist hei-
ligt euch. 14 Dazu hat er euch durch unser Evangelium berufen, damit
ihr an der Herrlichkeit unseres Herrn, des Messias Jesus, Anteil habt.*

*15 Also, meine liebe Familie: Seid standhaft und haltet an den Tra-
ditionen fest, die euch vermittelt wurden durch alles, was wir gesagt
oder geschrieben haben. 16 Unser Herr Jesus, der Messias selbst, und
Gott, unser Vater, der uns geliebt und uns ewigen Trost und durch die
Gnade eine verlässliche Hoffnung gegeben hat, 17 tröste eure Herzen
und stärke euch in jedem guten Werk und Wort.*

„Festhalten!“ Wann haben Sie dieses Wort das letzte Mal gehört?

Vielleicht in einem Flughafenshuttle, das Sie vom Terminal zum Flugzeug brachte. Auf einer kleinen Bootsfähre, die Sie über einen belebten Fluss brachte. Auf einem engen Bergpfad mit Sicherungsseil, als ein plötzlicher Sturm aufkam. In einem Moment der Bewegung und Gefahr, wenn etwas geschehen könnte, das Verletzungen oder gar den Tod herbeiführen kann. Setzen Sie beide Beine fest auf den Boden, ergreifen Sie das Sicherungsseil oder irgendetwas, an dem Sie sich festhalten können, und machen Sie sich auf die Schockwelle gefasst.

Das ist genau die Position, die Paulus der jungen Gemeinde empfiehlt. Es stehen bewegte Zeiten vor der Tür und wie ein kleines Boot auf einer aufgewühlten See wird das kleine Schiff der Gemeinde hin- und hergeworfen werden. Wenn das passiert, müssen die Christen wissen, wie man aufrecht steht und woran man sich festhalten kann. An dieser Stelle ist Paulus vollkommen klar: Das Sicherungsseil besteht in „den Traditionen, die euch vermittelt wurden"; also in der grundlegenden christlichen Lehre, die er ihnen angedeihen ließ, als er bei ihnen war, und dann durch seine Briefe.

Wir kennen aus seinen verschiedenen Schriften den Inhalt dieser Traditionen. Er verweist oft auf sie, wie z. B. in 1. Korinther 11 (zum **Abendmahl**) und 15 (zur grundlegenden Botschaft des **Evangeliums** als solches). Oft sagt er: „Ihr erinnert euch …" oder: „Ihr wisst doch …". Damit erinnert er seine Zuhörer an die Lehre, die sie bereits erhalten haben (z. B. Römer 6,3). Diese Lehre dreht sich insbesondere um drei Dinge: die Grundtatsachen des Evangeliums, die zentralen Handlungen der Kirche beim Gottesdienst wie **Taufe** und Abendmahl und die grundlegenden Prinzipien des christlichen Verhaltens, insbesondere die gegenseitige Unterstützung, die er *agape* nennt, „Liebe". Haltet an diesen Dingen fest, so sagt er, und ihr werdet nicht groß falsch liegen. Das gilt heute genauso wie im ersten Jahrhundert.

Die mentale und moralische Anstrengung, die die junge Kirche unternehmen muss, um standfest zu bleiben und ihre Sichtweise zu behalten, ist auf allen Seiten von der Gnade und Kraft Gottes umgeben. Alles reife christliche Denken hat wesenhaft folgende beiden Seiten: Gott ist kraftvoll und wird Sie unterstützen, daher müssen Sie standhaft bleiben und festhalten. Wir nehmen nur zu leicht an: Wenn Gott die Kontrolle hat, können wir uns entspannen. Oder: Wenn wir schwer ringen und arbeiten müssen, heißt das, dass Gott nicht so kraftvoll ist, wie wir gedacht hatten. Das geht aber am eigentlichen Punkt vorbei. Gott übt seine Kraft gerade *durch* die Liebe, den Trost und die Lehre des Evangeliums aus. Diese funktionieren nicht sozusagen automatisch, ohne unsere bewusste Beteiligung. Im Gegenteil: Diese Dinge stärken unsere Entschlossenheit und geben unseren ermatteten Geistern neue Kraft. Wir sehen genau dieses Gleichgewicht, wenn Paulus in 1. Korinther 15,10 sagt, dass er schwerer gearbeitet hat als alle anderen – er hat es jedoch nicht selber getan, sondern Gottes Gnade, die mit ihm war.

Wie ist diese übergreifende Gnade Gottes am Werk? In den Versen 13 und 14 bietet Paulus eine ziemlich umfassende Darstellung der Gnade Gottes – so umfassend wie an anderen Stellen auch (vgl. z. B. Römer 8,29-30; die Ähnlichkeit zwischen diesen beiden Abschnitten legt nahe, dass Paulus dies in seiner Lehre regelmäßig sagte). Gott hat die Christen in seiner Gnade *auserwählt*, „Erstlingsfrüchte" zu sein, sozusagen das Pionierprojekt seines Erlösungswerkes. Deswegen hat er sie durch das Evangelium *berufen*. Das Ergebnis ist, dass sie „durch den **Geist** geheiligt" wurden, dass sie also wie **Priester** im **Tempel** für Gott ausgesondert wurden, wobei Heiligkeit jetzt allerdings das innere Prinzip ihres Lebens ist, keine Sache äußerer Waschungen oder anderer Rituale; und sie sind zum **Glauben** gekommen – wiederum durch das Evangelium; nicht nur zu irgendeinem religiösen Glauben, sondern zum „Glauben an die Wahrheit". Das Endergebnis lautet, dass sie Anteil an der *Herrlichkeit* Jesu **Christi** bekommen werden, an der Herrlichkeit, die ihm durch seine **Auferstehung** und Erhöhung zukommt (vgl. Philipper 3,20-21). Alles, was ein Christ tut, vom Glauben über die Taufe, die Heiligkeit bis zur Hoffnung, wird in diesem Rahmen der kraftvollen Liebe und Gnade Gottes gehalten. Daher kann Paulus Gott für die Thessalonicher danken. Alles, was in ihrem Leben erreicht wurde, ist sein Geschenk, und alles, was noch erreicht werden wird, wird zu seiner Herrlichkeit geschehen.

Das ist ebenfalls ein Grund, warum Paulus diesen Hauptteil des Briefs mit einem zuversichtlichen Gebet und Segen beenden kann. Als freies Geschenk in Christus hat Gott uns seine Liebe, seinen ewigen Trost und seine „gute Hoffnung" gegeben – „gut" sowohl in dem Sinne, dass wir auf all die guten Dinge hoffen, die uns in Christus zukommen, als auch in dem Sinne, dass wir uns auf diese Hoffnung vollkommen verlassen können. Diese Segnungen, die uns in Vollkommenheit in der Zukunft gehören werden, kommen aus der Zukunft in die Gegenwart in der Form von Trost für unsere Herzen und Kraft für unser Handeln und Reden.

So kurz diese Verse auch sein mögen, sie bieten eine erstaunlich umfassende Zusammenfassung sowohl der christlichen Theologie als auch der christlichen Praxis. Dieser Brief wird oft von denen, die Paulus studieren, vernachlässigt zugunsten der vermeintlich deutlicheren Texte wie dem Römer- oder Galaterbrief. Doch wenn dieser Brief das einzige Schreiben von Paulus in unserem Besitz wäre, könnten wir uns immer noch ein ziemlich gutes Bild von seinem Dienst, seinem Gebet, seinem Denken und seiner Leidenschaft machen. Vor allem hätten wir immer noch sein Bild von Gott: dem Gott der Gerechtigkeit und Gnade, der die Welt in Jesus ins Lot gebracht hat und der jetzt am Werk ist, jene Handlung durch die vom Geist erfüllte Kirche auszuleben. Also: Seid standhaft, haltet fest und feiert die Größe Gottes!

2. Thessalonicher 3,1-5: Bitte um Gebet

1 *Zum Schluss, meine liebe Familie, betet für uns, dass das Wort des*
Herrn sich schnell verbreitet und gepriesen wird, wie es bei euch ge-
schehen ist, 2 *und dass wir von den bösen und gemeinen Menschen ge-*
rettet werden. Wie ihr wisst, teilen nicht alle unseren Glauben! 3 *Der*
Herr aber ist treu, und er wird euch stärken und vor dem Bösen be-
wahren.

4 *Im Herrn sind wir zuversichtlich im Blick auf euch, dass ihr jetzt*
und auch in Zukunft lebt, wie wir euch gelehrt haben. 5 *Möge der*
Herr eure Herzen zur Liebe Gottes und zur Geduld des Messias hin-
ziehen.

Zu den seltsamsten Träumen, die uns nachts heimsuchen, gehört der äußerst frustrierende Traum – ich habe ihn recht oft –, dass wir versuchen wegzurennen und merken, dass uns das nicht möglich ist. Meine

Beine werden zu Blei: hoffnungslos schwer und ich kann sie kaum bewegen. Der Versuch zu rennen wird zur Qual. Stellen Sie sich das Gefühl von Freiheit und Erleichterung vor, wenn sich der Traum plötzlich drehen und Sie völlig losgelöst und problemlos losrennen könnten!

Nachdem er den Thessalonichern gesagt hat, was er für sie betet, bittet Paulus sie nun, für ihn zu beten. Er bittet darum (wörtlich übersetzt), dass das Wort des Herrn „läuft und verherrlicht wird", wie es bei den Thessalonichern der Fall war. Überall, wo Paulus hinkam, verkündigte er die **Gute Nachricht**, das Evangelium von Jesus; es war „das Wort des Herrn", sowohl *vom* Herrn als auch über den Herrn. Und Paulus sehnt sich danach, dass dieses Wort „läuft", dass es also seinen Weg ungehindert in die Herzen und Leben der Menschen findet, sie verändert und sie in ein heiliges und liebendes Volk verwandelt, das Gottes Herrlichkeit in die Welt trägt. Oft muss er beim Predigen jedoch das Gefühl gehabt haben, dass das Wort des Herrn wie der verhinderte Läufer im Traum war: Es versuchte, seine Wirkung zu entfalten, wurde aber von seltsamen unsichtbaren Kräften zurückgehalten, war also sozusagen kaum in der Lage, einen Fuß vor den nächsten zu setzen. Seine Erfahrung in Athen kurz vor der Verfassung der beiden Thessalonicherbriefe muss mit Sicherheit diesen Eindruck hinterlassen haben (Apostelgeschichte 17,16-21.32-34).

Was wird die verborgenen Ketten sprengen und das Wort des Herrn freisetzen, damit „das Wort des Herrn sich schnell verbreitet und gepriesen wird"? Die Antwort ist einfach: Gebet. Es muss den Thessalonichern als neuen Christen seltsam vorgekommen sein, dass Paulus, der große **Apostel**, durch den Gott so erstaunliche Dinge tat, *ihre* Gebete nötig haben sollte, damit seine Arbeit Frucht bringen konnte. Doch der Gott, der durch seinen **Geist** Gebete inspiriert und sich in Liebe darum kümmert, kennt kein Ansehen der Person. Wenn wir letztendlich erkennen, wie wir erkannt sind, wird klar werden, was für eine große Menge an Arbeit für das **Reich Gottes** von Menschen vorangetrieben und aufrechterhalten wurde, die in der großen weiten Welt unbekannt blieben, sich aber in Liebe und Hingabe dafür zur

Verfügung gestellt hatten, mit Ernst für die Verbreitung des Evangeliums zu beten.

Paulus bittet um Gebet – aber nicht nur, damit seine Predigt des Evangeliums effektiv ist. Er bittet sie auch zu beten, dass er den Fängen böser Menschen entkommen möge. Paulus steht mit beiden Beinen auf dem Boden. Er gestattet seinen Höhenflügen in der Liebe und Kraft Gottes nie, ihm die Augen vor der Niedertracht und dem schieren Bösen zu verschließen, die seine Schritte lähmten, wo auch immer er hinging. Diejenigen, die das Evangelium eine Zeit lang gepredigt und gelebt haben, wissen nur zu gut, was er hier meint. Wenn Gottes Licht in Orte hineinleuchtet, an denen die Finsternis dem Bösen gestattet hatte, unerkannt zu blühen, werden die Menschen nervös, dann zornig und schließlich niederträchtig. Bei Weitem nicht jeder glaubt an das Evangelium, wenn es gepredigt wird. Diejenigen, die es hören, aber nicht an es glauben, können gut und gerne zum Mittel der Verschwörung und Gewalt gegen die greifen, die es predigen. Paulus passierte das ziemlich oft, und er brauchte – so wie viele Prediger heute – Gebete um Gottes Schutz.

Wiederum steht hinter dem Predigen und Beten, also hinter der Arbeit, an der sowohl die Apostel als auch die Gemeinden Anteil haben, der Herr höchstpersönlich, der treu bleibt. Hier haben wir wieder das Paradox des christlichen Lebens: *Weil* der Herr treu ist und uns schützen wird, beten wir darum, *dass* er das tun wird. Das hört sich für diejenigen, die nicht beteiligt sind, immer unlogisch an. Doch die, die dazugehören, wissen, dass das Gebet eine Kraft und einen Sinn hat, die unterhalb und oberhalb der Logik arbeiten. Unsere betenden Herzen, Köpfe und Leben werden dem lebendigen Herrn zur Verfügung gestellt, der souverän bleibt, der sich aber nach unserer Mitarbeit bei seinem Werk sehnt, mit dem er die Kirche stärkt und vor dem Bösen schützt.

Noch einmal kehrt Paulus zur Gemeinde und ihren Bedürfnissen zurück. Er ist zuversichtlich, dass die Christen weiterhin auf die Weise leben werden, die er ihnen beigebracht hat, auch wenn es ganz unglaublich erscheint, dass eine Gruppe, die noch vor einigen Monaten nicht im Traum daran gedacht hätte, einen christlichen Lebensstil anzunehmen, diesen nun weiterleben soll. Wenn sie in der Lage sein sollen, dieses Leben fortzusetzen, müssen ihre Herzen und Leben fest verwurzelt sein – nicht durch irgendeinen menschlichen Druck wurzeln, nicht in irgendeinem Programm eines weiteren Menschen, sondern in der Liebe Gottes und der Geduld des **Messias**. Fokussiert euch mit Herz und Verstand auf Jesus, sagt Paulus, und während ihr über seine Geduld und seine Stärke im Leiden meditiert, wird etwas von jener Geduld auf euch abfärben.

Wenn das geschieht, werdet ihr wissen, dass Gottes Liebe euch umgibt und euch befähigt, den nächsten Tag, die nächste Woche und den nächsten Monat für seine Herrlichkeit zu leben. Ein christliches Leben ohne Gebet und Meditation kann manchmal wirklich so aussehen, als würde man in einem Traum wegzurennen versuchen. Wir alle müssen die Geheimnisse lernen, wie das Wort des Herrn und die Liebe Gottes freigesetzt werden können, um ihren Lauf zu nehmen und Gott zu verherrlichen – in unserem Leben und in seiner Welt.

2 Thessalonicher 3,6-13: Die Gefahren des Müßiggangs

6 *Im Namen unseres Herrn Jesus, des Messias, geben wir euch diesen Befehl, meine liebe Familie: Haltet euch von jedem Mitglied der Familie fern, das ein ungeordnetes Leben führt und sich nicht entsprechend der Tradition verhält, die ihr von uns gelernt habt.*

7 *Ihr wisst ja schließlich, wie ihr uns nacheifern sollt. Wir haben*
auch kein ungeordnetes Leben geführt 8 *und haben uns nicht von anderen durchfüttern lassen, ohne zu bezahlen. Tag und Nacht haben*
wir gearbeitet und gekämpft, um euch nicht zur Last zu fallen. 9 *Das*
Recht dazu hätten wir sehr wohl gehabt; wir wollten euch aber ein

Beispiel geben, an dem ihr euch orientieren könnt. 10 Und tatsächlich
haben wir euch ja dieses Gebot gegeben, als wir noch bei euch waren:
Wer nicht arbeiten will, soll auch nicht essen!
11 Schaut, wir hören davon, dass einige von euch in ungeordneten
Verhältnissen leben und nicht wirklicher Arbeit nachgehen; sie sind
bloß Müßiggänger. 12 Solchen Leuten tragen wir auf und ermahnen
sie zugleich im Herrn: Geht im Frieden eurer eigenen Arbeit nach und
esst euer eigenes Brot. 13 Für euch alle gilt, meine liebe Familie: Werdet
nicht müde, das Richtige zu tun!

Die Tänzer rauschten in perfekter Formation auf die Bühne. Es war atemberaubend. Sogar ich, der ich fast nichts von Ballett verstehe, fand die ganze Aufführung fesselnd. Und Teil der Schönheit einer sehr guten Ballettaufführung ist die Art und Weise, auf die das Individuum und die Gruppe perfekt harmonieren. Jeder Einzelne muss seinen oder ihren Teil exakt richtig tanzen, damit das ganze Ensemble exakt in der richtigen Linie bleibt, ohne dass auch nur ein einziger Zeh oder eine Ferse hervorstehen. Erst nach Jahren des Trainings kann man so tanzen, nach unzähligen Stunden der Übung jeder einzelnen Sequenz. Doch der Effekt ist die Arbeit wert.

In dieser Passage gebraucht Paulus dreimal ein Wort, das man auf einen Tänzer anwenden konnte, der einen kleinen Moment die Konzentration verlor, sodass ein Fuß oder ein Ellbogen nur ein wenig „aus der Reihe tanzte“. Achtet auf die, die „unordentlich leben“, also „aus der Reihe tanzen“, ausscheren, sagt Paulus (Vers 6). Wir tanzten nicht aus der Reihe, als wir bei euch waren (Vers 7); doch ich höre, dass einige aus der Reihe tanzen. Damit wird der Tanz beschädigt. Der Fluss des Dramas ist unterbrochen. Die Zuschauer werden sehen, dass etwas nicht stimmt. Jeder Einzelne muss dafür sorgen, dass er oder sie exakt in der Reihe bleibt, damit das ganze Ensemble die beabsichtige Wirkung haben kann.

Worin besteht das konkrete Problem? Es handelt sich um ein Problem, das nur in einer Gemeinschaft vorkommt, die ernsthaft versucht, *als eine Familie* zu leben, also mit gegenseitiger finanzieller Unterstützung. Wie in 1. Thessalonicher 4,9-12 steht Paulus fest zu einer bestimmten Sicht von der Gemeinde: Sie soll die *agape* praktizieren, eine Art von Liebe, bei der es nicht bloß um warme Gefühle füreinander geht (auch wenn diese hoffentlich mit dabei sind!). Es geht auch nicht bloß darum, einander freundlich und mit aufrichtiger Freundschaft zu begegnen (auch wenn das entscheidend wichtig ist). Es geht darum, sich tatsächlich finanziell zu unterstützen. Paulus verlangte nicht wie die frühe Kirche in Jerusalem, dass die Bekehrten ihren Hausbesitz zu Geld für die gemeinsame Kasse machen sollten. Die meisten besaßen immer noch Häuser, Geschäfte und verschiedene persönliche Dinge, die typisch für die damalige Zeit waren. Doch er verlangte, dass alle Mitglieder einer Kirche sich verpflichteten, miteinander zu teilen, wie es den Bedürfnissen entsprach, wie es auch in einer Familie im Mittelmeerraum damals üblich war. Das ist eine der Bedeutungen hinter seiner Gewohnheit, seine Gemeinden als „Familie" anzureden, als „Brüder und Schwestern".

Das Problem dieses Ansatzes besteht darin, dass es nur zu leicht passiert, dass einige in so einer Gemeinschaft in ihrem eigenen Arbeitseifer nachlassen und sich auf die Anstrengungen der anderen verlassen. Das kommt einem Ausscheren gleich, sagt Paulus. Als er bei ihnen war, hatte er zwar als **Apostel** das Recht, dass er für seinen Aufwand entlohnt wurde (und er legte großen Wert darauf, dass die Leitenden in der Gemeinde finanziell unterstützt werden sollten, wie wir in 1. Korinther 9 und 1. Thessalonicher 5,12-13 sehen). Doch er verzichtete darauf, von diesem Recht Gebrauch zu machen, um ihnen ein Vorbild zu geben. Jedes Mitglied sollte einer Beschäftigung nachgehen, wie es ihm oder ihr möglich war, um zum Wohlergehen aller beizutragen; und jeder sollte sich um jeden kümmern. Liebe darf nicht auf die Schippe und nicht für selbstverständlich genommen werden. Liebe bedeutet nicht, den guten Willen anderer auszunutzen – oder anderen zu gestatten, den eigenen guten Willen auszunutzen. Wenn Liebe empfangen und gegeben werden soll, darf niemand ausscheren.

Es scheint, als ob einige in Thessalonich auf genau diese Weise ausgeschert waren. Paulus nennt sie „Müßiggänger", die herumlaufen und Leute besuchen, hier und dort aufkreuzen, aber nie richtig arbeiten, sondern sich stattdessen auf den guten Willen anderer Christen verlassen. Einige haben vorgeschlagen, dieses Verhalten sei der Vorstellung geschuldet, dass die Welt in Kürze zu Ende gehen würde, doch das war wahrscheinlich nicht der Hauptgrund. Der Hauptgrund war Paulus' Lehre, dass die Kirche tatsächlich eine Familie war und dass sich ihre Mitglieder daher umeinander kümmern sollten. Was in jeder Familie vorkommen kann, kann auch in der Kirche passieren: Der eine oder andere steht manchmal in der Versuchung, sich vor den Pflichtarbeiten in der Familie zu drücken und sich darauf zu verlassen, dass die anderen „nett" sind und „sich nicht so anstellen" – die „Liebe" der anderen wird somit ausgenutzt und manche werden zu Trittbrettfahrern. Das ist jedoch nicht die Art und Weise, auf welche der Tanz der Liebe Gottes auf die Bühne gebracht wird, sodass die Zuschauer vor Freude nach Luft schnappen.

Paulus' Gegenmittel kommt schnell und ist wirksam. Solche Leute sollten gemieden werden. In Begriffen aus der Theaterwelt: Sie sollten zurück in die Räume neben der Bühne oder in die Tanzschule geschickt werden, bis sie lernen, was es heißt, in der Reihe zu tanzen. Die meisten westlichen Kirchen hassen die Vorstellung von Kirchenzucht; sie scheint ihnen „lieblos" zu sein. Natürlich gibt es so etwas wie überharte oder eigennützige Kirchenzucht. Doch wenn es ein echtes Problem gibt, gilt: Je eher es behandelt wird, umso besser. Andernfalls ist man tatsächlich lieblos gegenüber allen anderen.

Und in diesem Fall ist Paulus' Regel bemerkenswert: keine Arbeit – kein Essen! Natürlich gibt es immer einige, die aufgrund ihres Alters oder einer Krankheit schlicht nicht arbeiten können. Sie müssen unterstützt werden. Doch wenn jemand einfach nicht arbeiten will – nun, dann sollte man ihm sehr schnell den Zusammenhang zwischen seiner Faulheit und dem Gemeindebudget klarmachen. Wer nichts in die Kasse einlegt, soll auch nichts herausbekommen. (Es sei noch einmal angemerkt, dass dieses Szenario eine allgemeine Essensverteilung voraussetzt, vielleicht sogar regelmäßige gemeinsame Mahlzeiten.)

Das abschließende Wort ist eine der üblichen paulinischen Anweisungen. Werdet nicht müde zu tun, was richtig ist! Man kann sehr leicht müde werden, wenn man um sich herum lauter Menschen sieht, die anders leben und ausscheren. Doch der Tanz muss weitergehen, und auch wenn Sie müde werden, dürfen Sie nicht die Konzentration verlieren. Hören Sie auf die Musik der Liebe, die durch die Halle klingt. Beobachten Sie Ihre Mitchristen sorgfältig, während sie alle gemeinsam auf die Bühne der Welt rauschen. Und tanzen Sie nicht aus der Reihe!

2. Thessalonicher 3,14-18: Schlussbemerkungen

14 *Wenn jemand unseren Worten in diesem Brief nicht gehorcht, dann*
merkt ihn euch. Pflegt keinen Umgang mit einer solchen Person, damit
sie beschämt wird. 15 *Denkt aber nicht, dass sie ein Feind ist; weist sie*
wie ein Familienmitglied zurecht. 16 *Der Herr des Friedens gebe euch*
Frieden auf jegliche Weise. Der Herr sei mit euch.
17 *Ich, Paulus, schreibe euch diesen Gruß mit eigener Hand. Dies ist*
das Kennzeichen in jedem meiner Briefe; so schreibe ich. 18 *Die Gnade*
unseres Herrn Jesus, des Messias, sei mit euch allen.

Eltern wissen, dass ein Kind manchmal bestraft werden muss. Keine Eltern, die diesen Namen verdienen, werden das mit Zorn und Verbitterung machen wollen. Jeder echte Vater und jede echte Mutter steht vor der schwierigen Aufgabe, einem Kind die Tatsache zu vermitteln: Gerade weil das Kind von ihnen geliebt wird, müssen sie nun irgendeine Sanktion verhängen. Das Kind wird manchmal auf die harte Tour lernen müssen, was die Eltern, so unterstellen wir mal, vorher durch

Worte und ihr Beispiel zu vermitteln versucht hatten. In so einem Fall ist das Versäumnis einer Disziplinarmaßnahme, nicht die Maßnahme als solche, das Zeichen eines Mangels an Liebe.

So eine Maßnahme wird sich von Fall zu Fall, von Kultur zu Kultur und von Familie zu Familie unterscheiden. Paulus hat hier vor Augen, dass es in der eng miteinander verflochtenen Welt des kleinstädtischen Familienlebens, das die meisten seiner Gemeindemitglieder kannten, innerhalb einer Familie angemessene Erziehungsmaßnahmen gab; dass man also einem Kind oder Geschwisterteil angemessen klarmachen konnte, dass ein bestimmtes Verhalten inakzeptabel war. Doch niemand nahm normalerweise an, dass so eine Strafmaßnahme bedeutete, dass die betreffende Person für immer aus der Familie rausgeworfen wurde. Im Gegenteil war es umgekehrt: *Weil* die betreffende Person immer noch zur Familie gehörte, war die Maßnahme notwendig.

Das ist der Hintergrund, vor dem Paulus anordnet, dass Menschen, die dem Brief, den er gerade geschrieben hat, keine Aufmerksamkeit schenken, als Familienmitglieder angesehen werden müssen, die eine Maßregelung brauchen. Am einfachsten wäre, sie vom gemeinsamen Leben auszuschließen. In einer Familie mochte das bedeuten, das Familienmitglied, dass sich inakzeptabel verhalten hat, auf sein oder ihr Zimmer zu schicken oder es an einem getrennten Tisch essen zu lassen.

Die meisten westlichen Christen in den Kirchen des Mainstreams sind fast überhaupt nicht mehr vertraut mit solchen Maßnahmen – obwohl ich Fälle kenne, in denen offene Unmoral oder finanzielle Unehrlichkeit von einem Bischof oder Kirchenführer verlangten, den Übeltäter vom **Abendmahl** auszuschließen, bis eine **Umkehr** vollzogen wurde. Ein Großteil der gegenwärtigen Kultur hat so stark auf Machtmissbrauch reagiert und dann auch negativ auf die *Ausübung* von Macht oder die Anwendung von Maßregelungen in jedem Gesellschaftsbereich, dass eine bloße Andeutung in dieser Richtung Bilder von Menschen heraufbeschwört, die auf dem Scheiterhaufen verbrannt wurden, oder Bilder von den Schrecken der Inquisition. Jeder ist frei, zu tun und zu lassen, was ihm beliebt – wir haben heute diese

Vorstellung derart verinnerlicht, dass wir uns von der Idee verabschiedet haben, irgendjemanden derart auszugrenzen. Das ist eine gesunde Reaktion, doch sie darf nicht zu einer Überreaktion werden.

Das Ergebnis ist natürlich, dass wir dasselbe mit anderen Mitteln tun. Wenn wir jemanden nicht mögen oder nicht gutheißen, was derjenige getan hat, dann gehen wir einfach nicht mehr in die Kirche, in die der Betreffende geht, oder meiden Orte, wo wir denjenigen treffen könnten. Die meisten modernen Christen haben diese Möglichkeit; die Thessalonicher hatten sie nicht. Sie waren nur wenige und es gab dort keine anderen Gemeinden. Sie mussten sich dem Problem direkt zuwenden, wie in einer Familie oder in einem kleinen Dorf. Wenn nicht die ganze Familie dem **Evangelium** treu blieb, würden sie in Kürze alle miteinander zu existieren aufhören.

Die schwierige Vorstellung von Kirchenzucht beruht natürlich noch auf einer weiteren Vorstellung, die viele heute problematisch finden: apostolische Autorität. Wenn es um unsere Rolle als Leiter geht, neigen wir viel eher dazu, anderen freundlich zu empfehlen, sie mögen doch vielleicht dieses oder jenes tun, als ihnen zu sagen: *So* muss es gemacht werden. Natürlich muss aber auf kurz oder lang irgendjemand Entscheidungen fällen, von der Gottesdienstordnung bis zu den moralischen Maßstäben, die das Gemeinschaftsleben zusammenhalten. Ohne klare Führungsstrukturen wird etwas anderes diesen Platz einnehmen, mit hoher Wahrscheinlichkeit die Macht bestimmter Persönlichkeitstypen oder die Lautstärke bestimmter Stimmen. Der Wert klarer Führungsstrukturen (auch wenn sie natürlich potenziell missbraucht werden können) besteht darin, dass sie verhindern, dass die Dinge dahin abgleiten, dass die Mächtigen zu Tyrannen werden oder die Launischen ihren Stimmungen freien Lauf lassen. Paulus glaubte – er riskierte sein Leben dafür – dass Gott ihm diese Autorität verliehen hatte, nicht um seine Kirchen herumzukommandieren, sondern um sie auf Kurs zu halten wie junge Setzlinge, die an einer Stange angebunden werden, bis sie die Kraft haben, alleine aufrecht zu stehen. Die heutigen Kirchen brauchen unbedingt das Wissen, wie Autorität in ihren unterschiedlichen Situationen funktioniert, nicht zuletzt, da wir einer Welt begegnen, in der jegliche Autorität verdächtig ist und viele in der Kirche Anarchie vorzuziehen scheinen.

Wie es viele moderne Autoren tun, hatte auch Paulus Sekretäre angestellt, die seine Diktate niederschrieben. Zum Schluss nahm er dann den Stift und schrieb die abschließenden Grüße. Die Thessalonicher mochten gut und gerne Briefe erhalten haben, die fälschlicherweise vorgaben, von Paulus zu stammen (siehe z. B. 2,2). Einige Ausleger haben sogar gedacht, dass auch der vorliegende Brief von jemand anderem geschrieben wurde, auch wenn viele Forscher diese Annahme als zu gewagt und unnötig zurückweisen. Auf jeden Fall ist Paulus entschlossen, dass sie wissen, dass dieser Brief in der Tat von ihm stammt. Hier ist seine Unterschrift, und sie sollten seine Handschrift erkennen.

Wie allem, was er sagt, tut und schreibt, liegt schlussendlich die Gnade zugrunde – „Die Gnade unseres Herrn Jesus Christus."

Denken Sie sorgfältig über diese kurze Wendung nach, die einem Christen so leicht über die Lippen kommt. Betrachten Sie die Tatsache, dass ungefähr 25 Jahre vor der Verfassung dieses Briefs niemand außerhalb einer kleinen Stadt in Nordpalästina den Namen Jesus von Nazareth auch nur gehört hatte, ganz zu schweigen davon, dass irgendjemand die Worte „Herr" und „**Messias**" in Verbindung mit ihm benutzt hatte. Jetzt sah es so aus, dass nicht nur Menschen in einer wichtigen Stadt in Mazedonien ihm mit diesen königlichen Titeln zujubelten; sie erwarteten von ihm, dass er sie geradezu mit „Gnade" versorgte – mit der kraftvollen Liebe des einen wahren Gottes, die ihr Leben und die Welt durchströmte und verwandelte.

Doch stellen Sie sich nun einmal Folgendes vor: Derselbe Jesus, dieser König, dieser Herr, steht bereit, dieselbe Gnade auf Sie auszugießen, auf Ihre Gemeinschaft, Ihre Welt. Er verlangt nur, dass Sie auf seine Liebe und Treue mit Ihrer eigenen antwortenden Liebe und Treue reagieren. Dann werden Sie wie die Thessalonicher den Weg zu einem Leben der Dankbarkeit und Hoffnung finden.

Glossar

Abendmahl/Eucharistie
Das Mahl, mit dem die ersten Christen die Aufforderung befolgten, die Jesus beim letzten Abendmahl gab: „Tut dies zu meinem Gedächtnis" (Lukas 22,19; 1. Korinther 11,23-26). Das Wort „Eucharistie" stammt vom griechischen Wort für „Danksagung"; der Begriff bedeutet grundsätzlich „das Mahl der Danksagung". Er blickt auf die vielen Gelegenheiten zurück, als Jesus Brot nahm, für das Brot dankte, es brach und es an Menschen weitergab (z.B. Lukas 24,30; Johannes 6,11). Andere frühe Wendungen für dasselbe Mahl sind „das Herrenmahl" (1. Korinther 11,20) und „das Brechen des Brotes" (Apostelgeschichte 2,42). Später wurde es „die Messe" genannt (vom lateinischen Wort „missa" am Ende des Gottesdienstes, das „Aussendung" bedeutet) sowie „heilige Gemeinschaft" (Paulus spricht davon, „Anteil" am oder „Gemeinschaft" mit dem Leib und Blut Christi zu haben). – Spätere theologische Kontroversen über die genaue Bedeutung der verschiedenen Handlungen und Elemente des Mahles sollten seine Zentralstellung im frühchristlichen Leben und seine fortdauernde entscheidende heutige Bedeutung nicht verdunkeln.

Apostel, Jünger, die Zwölf
„Apostel" bedeutet: „jemand, der gesandt ist". Das Wort konnte einen Botschafter oder einen offiziellen Delegierten bezeichnen. Im Neuen Testament wird das Wort manchmal spezifisch in Bezug auf den inneren Kreis der Zwölf um Jesus benutzt; doch Paulus sieht nicht nur sich selbst, sondern etliche andere außerhalb des Zwölferkreises als „Apostel" an, wobei das Kriterium für den Apostelstatus darin besteht, ob jemand den auferstandenen Jesus persönlich gesehen hat. Jesus selbst symbolisiert mit seiner Auswahl von zwölf engen Mitarbeitern seine Absicht, Gottes Volk, Israel, zu erneuern (Israel bestand nach eigener Ansicht traditionell aus zwölf Stämmen). Nach dem Tod von Judas Iskariot (einer aus dem Kreis der Zwölf; Matthäus 27,5) wurde per Losentscheid Matthias an seiner Stelle gewählt, um die symbolische Zwölfzahl aufrechtzuerhalten (Apostelgeschichte 1,18). Während Jesu Lebzeiten wurden die Zwölf und viele andere, die ihm folgten, als seine „Jünger" angesehen, was „Schüler" oder „Lehrling" bedeutet.

Auferstehung

Fast im gesamten biblischen Denken ist der Körper des Menschen von Bedeutung; er ist nicht bloß das verzichtbare Gefängnis der Seele. In Zeiten, in denen Israel um die Güte und Gerechtigkeit **JHWHs**, des Schöpfergottes, rang, fand man letztendlich zu der Überzeugung, dass er die Toten auferwecken müsse (Jesaja 26,19; Daniel 12,2-3) – ein Vorschlag, der klaren Widerspruch durch das klassische heidnische Denken erfuhr. Die ersehnte Rückkehr aus dem **Exil** wurde auch in dem Bild von JHWH thematisiert, der verdorrte Knochen zu neuem Leben erweckt (Hesekiel 37,1-14). Diese Vorstellungen wurden in der Zeit des zweiten Tempels weiterentwickelt, nicht zuletzt in Zeiten des Martyriums (z.B. 2. Makkabäer 7). Auferstehung war nicht bloß „Leben nach dem Tod“, sondern ein neu verkörpertes Leben nach dem „Leben nach dem Tod“; die gegenwärtig Toten wurden entweder als „Schlafende“ bezeichnet oder als „Seelen“, „Engel“ oder „Geister“ angesehen, die auf ihre erneute Verkörperung warteten.

Die frühchristliche Überzeugung, dass Jesus von den Toten auferweckt worden war, meinte damit nicht, dass er „in den **Himmel** gekommen“ oder dass er „erhöht worden“ sei oder „göttlich“ war; all das glaubten die frühen Christen auch; doch jede dieser Überzeugungen hätte ohne die Erwähnung der Auferstehung ausgedrückt werden können. Nur die körperliche Auferstehung Jesu erklärt den Aufstieg der frühen Kirche, insbesondere ihren Glauben daran, dass Jesus der Messias ist (seine Kreuzigung hatte das infrage gestellt). Die frühen Christen glaubten, dass auch sie selbst zum Zeitpunkt der Wiederkunft oder **Parusie** des Herrn zu einem neuen, verwandelten körperlichen Leben auferweckt werden würden (Philipper 3,20f.).

Beschneidung

Die Entfernung der Vorhaut. Die Beschneidung der Männer war ein wichtiges Identitätsmerkmal für Juden. Sie geschah auf das ursprünglich an Abraham gerichtete Gebot hin (1. Mose 17), das von Josua neu bekräftigt worden war (Josua 5,2-9). Andere Völker, z.B. die Ägypter, beschnitten ebenfalls ihre männlichen Kinder. Eine gedankliche Linie von 5. Mose (z.B. 30,6) über Jeremia (z.B. 31,33) bis zu den **Schriftrollen vom Toten Meer** und zum Neuen Testament (z.B. Römer 2,29) spricht davon, dass das, was Gott eigentlich ersehnt, die „Beschneidung des Herzens“ sei. Durch diese wird ein Mensch innerlich zu dem, was ein männlicher Jude äußerlich ist, also zu einem Angehörigen des Volkes Gottes. In Zeiten jüdischer Assimilation versuchten einige Juden, die Spuren der Beschneidung zu entfernen (z.B. 1. Makkabäer 1,11-15).

Botschaft, siehe Gute Nachricht

Bund

Im Zentrum des jüdischen Glaubens steht die Überzeugung, dass der eine Gott, JHWH, der die ganze Welt erschaffen hat, Abraham und seine Familie berufen hat, damit er auf besondere Weise zu ihm gehöre. Die Verheißungen, die Gott Abraham und seiner Familie gab, und die Anforderungen, die als Resultat daraus ihnen auferlegt wurden, wurden entweder im Sinne einer Übereinkunft verstanden, die ein König mit einem unterworfenen Volk traf, oder im Sinne eines Eheschlusses zwischen Mann und Frau. Ein üblicher Begriff, mit dem diese Beziehung beschrieben wurde, war „Bund", was auf diese Weise sowohl Verheißung als auch **Gesetz** umfassen kann. Der Bund Gottes mit Israel wurde mehrfach erneuert: am Berg Sinai mit der Gabe der **Tora**; in 5. Mose vor dem Eintritt ins verheißene Land; und auf eine stärker fokussierte Weise bei David (z.B. Psalm 89). Jeremia 31 verhieß, dass Gott nach dem Gerichtshandeln des **Exils** mit seinem Volk einen „neuen Bund" schließen würde; er würde ihnen vergeben und sie enger an sich binden. – Jesus glaubte, dass diese Verheißung sich durch seine **Reich-Gottes-Verkündigung** und seinen Tod und seine **Auferstehung** erfüllte. Die frühen Christen entfalteten diese Vorstellung auf verschiedene Weise, da sie glaubten, dass die Verheißungen in Jesus endlich erfüllt worden waren.

Buße, siehe Umkehr

Christus, siehe Messias

Evangelium, siehe Gute Nachricht

Ewiges Leben, siehe Zeitalter, gegenwärtiges

Exil

Das 5. Buch Mose (29 – 30) spricht die Warnung aus: Wenn Israel JHWH ungehorsam sein würde, würde er sein Volk ins Exil schicken. Doch wenn sie umkehren würden, würde er sie in ihr Land zurückbringen. Als im Jahr 597 v.Chr. die Babylonier Jerusalem einnahmen und das Volk Israel ins Exil führten, interpretierten Propheten wie Jeremia dieses Ereignis als Erfüllung dieser Prophezeiung und machten weitere Vorhersagen darüber, wie lange das Exil dauern würde (laut Jeremia 25,12; 29,10 siebzig Jahre). Und tatsächlich begann die Rückkehr aus dem Exil für einige Menschen im späten sechsten Jahrhundert v.Chr. (Esra 1,1). Die nachexilische Zeit war jedoch weithin eine Enttäuschung, da das Volk nach wie vor an fremde Mächte versklavt war (Nehemia 9,36). Auf dem Höhepunkt der Verfolgung durch die Syrer sprach Daniel 9,2.24 davon, dass das „eigentliche" Exil nicht 70 Jahre dauern würde, sondern 70 Jahrwochen, also 490 Jahre. Die Sehnsucht nach der eigentlichen „Rückkehr aus dem Exil", nach der Zeit, in der die Prophetien von Jesaja, Jeremia etc. erfüllt und die Erlösung von der heidnischen Unterdrückung bewerkstelligt werden würden, charakterisierten nach wie vor viele jüdische Bewegungen, und diese Sehnsucht war ein Hauptthema in der Verkündigung Jesu und seiner Aufforderung zur **Umkehr**.

Exodus

Der Exodus (= Auszug) aus Ägypten fand dem gleichnamigen biblischen Buch zufolge (Exodus; 2. Mose) unter der Führung von Mose statt, nach langen Jahren, in denen die Israeliten dort versklavt gewesen waren. (Laut 1. Mose 15,13f. war diese Versklavung und dieser Auszug Teil der Bundesverheißungen Gottes an Abraham.) Der Exodus zeigte den Israeliten und dem Pharao, dem König von Ägypten, dass Israel Gottes besonderes Kind war (2. Mose 4,22). Sie wanderten dann vierzig Jahre lang durch die Wüste des Sinai, wobei Gott sie in einer Wolken- und einer Feuersäule führte. Zu Beginn dieser Zeit wurde ihnen am Berg Sinai die **Tora** (das Gesetz) gegeben. Nach dem Tod von Mose und unter der Führung von Josua überquerten sie den Jordan und zogen in das verheißene Land Kanaan ein, das sie schließlich eroberten.

Dieses Ereignis, dessen jährlich beim Passahfest und anderen jüdischen Festen gedacht wurde, gab den Israeliten nicht nur eine kraftvolle Erinnerung daran, was sie zu einem Volk gemacht hatte. Es gab ihrem Glauben an **JHWH** auch eine bestimmte Gestalt und einen bestimmten Inhalt. JHWH war nicht nur der Schöpfer, sondern auch der Befreier, der Erlöser. In späteren Versklavungen, besonders im **Exil**, wartete Israel auf eine weitere Erlösung, die im Grunde ein neuer Exodus sein würde. – Wahrscheinlich beherrschte kein anderes Ereignis der Vergangenheit die Vorstellungswelt der Juden des ersten Jahrhunderts so stark wie der Exodus. Zu diesen Juden gehörten auch die ersten Christen, die im Anschluss an Jesu eigene Praxis weiterhin auf den Exodus zurückverwiesen, um ihren eigenen entscheidend wichtigen Ereignissen, insbesondere dem Tod und der **Auferstehung** Jesu, Bedeutung und Gestalt zu verleihen.

Geist, siehe Leben, Heiliger Geist

Gesetz, siehe Tora

Glaube
Der Begriff Glaube deckt im Neuen Testament einen großen Bereich des menschlichen Vertrauens und der Vertrauenswürdigkeit ab. Am einen Ende des Spektrums verschmilzt er mit der Liebe, am anderen Ende mit der Loyalität. Im jüdischen und christlichen Denken umfasst Glaube auch das Fürwahrhalten, die Akzeptanz gewisser Dinge als wahre Aussagen über Gott und über das, was er in der Welt getan hat (z.B. dass er Israel aus Ägypten befreit und herausgeführt oder Jesus von den Toten auferweckt hat). Für Jesus, so scheint es, bedeutet „Glaube" oft: „anerkennen, dass Gott entscheidend am Werk ist, um das **Reich Gottes** aufzurichten, und zwar durch Jesus". Für Paulus ist „Glaube" sowohl die konkrete Überzeugung, dass Jesus der Herr ist und dass Gott ihn von den Toten auferweckt hat (Römer 10,9), als auch die dankbare Liebe des Menschen als Antwort auf die souveräne göttliche Liebe (Galater 2,20). Dieser Glaube ist für Paulus das einzige Merkmal der Zugehörigkeit zum Volk Gottes in Christus, ein Merkmal, das dieses Volk auf eine Weise kennzeichnet, wie es die Tora und die von ihr vorgeschriebenen Werke niemals tun können.

Gottes Reich, siehe Reich Gottes

Gute Nachricht, Evangelium, Botschaft, Wort
„Gute Nachricht", oder „Evangelium", hatte für Juden im ersten Jahrhundert zwei Hauptbedeutungen. Zunächst bedeutete es die Nachricht von **JHWHs** lange erwartetem Sieg über das Böse und von der Rettung seines Volkes. Die Wurzeln dieser Vorstellung reichen zurück in das Buch des Propheten Jesaja. Zum Zweiten wurde das Wort in der römischen Welt benutzt, um die Nachricht von der Thronbesteigung oder Geburt des Kaisers zu bezeichnen. Da die Verkündigung des anbrechenden **Reiches Gottes** für Jesus und Paulus sowohl

die Erfüllung der Prophetie als auch eine Herausforderung der gegenwärtigen Herrscher der Welt war, wurde das Wort „Evangelium" eine Art wichtiges Kürzel sowohl für die Botschaft, die Jesus selbst verkündigte, als auch für die apostolische Botschaft über Jesus. Paulus sah diese Botschaft als Träger der rettenden Kraft Gottes an (Römer 1,16; 1. Thessalonicher 2,13).

Die vier kanonischen „Evangelien" erzählen die Story von Jesus auf eine Weise, dass beide Aspekte ans Licht gebracht werden (im Unterschied zu einigen anderen sogenannten „Evangelien", die im zweiten und in späteren Jahrhunderten zirkulierten. Diese neigten dazu, die biblischen und jüdischen Wurzeln des Wirkens Jesu abzuschneiden und den Lesern eine private Spiritualität anstelle der Konfrontation der Herrscher der Welt einzuimpfen). Da diese schöpferische, Leben schenkende gute Nachricht bei Jesaja als Gottes eigenes kraftvolles Wort angesehen wird (40,8; 55,11), konnten die frühen Christen die Begriffe „Wort" oder „Botschaft" als weitere Kurzformel für die grundlegende christliche Verkündigung benutzen.

Heiden
Die Juden unterteilten die Welt in Juden und Nichtjuden. Das hebräische Wort für Nichtjuden, goyim, hat Anklänge sowohl an Familienidentität (d.h. nicht von jüdischer Abstammung) als auch an Anbetung (d.h. Anbetung von Götzen, nicht des wahren Gottes **JHWH**). Obwohl viele Juden gute Beziehungen zu Heiden aufbauten, nicht zuletzt in der jüdischen Diaspora (also in der Zerstreuung der Juden außerhalb von Palästina), gab es offiziell Tabus gegen den Kontakt, z.B. das Verbot der Mischehe. Im Neuen Testament vermittelt das griechische Wort ethne, „Nationen", dieselbe Bedeutung wie goyim. Es gehörte zu Paulus' Gesamtprogramm, darauf zu bestehen, dass Heiden, die an Jesus glaubten, in der christlichen Gemeinschaft die vollen Rechte genossen wie Juden, die an Jesus glaubten, ohne dass sich die an Jesus glaubenden Heiden der **Beschneidung** unterziehen müssen.

Heiliger Geist
In 1. Mose 1,2 ist der Geist die Gegenwart und Kraft Gottes innerhalb der Schöpfung, ohne dass Gott mit der Schöpfung identifiziert wird. Derselbe Geist war bestimmten Menschen gegeben, besonders den Propheten, und befähigte sie, für Gott zu sprechen und zu handeln. Jesus wurde bei seiner **Taufe** durch Johannes in besonderer Weise mit dem Geist ausgerüstet, was in seinem bemerkenswerten öffentlichen Werdegang resultierte (Apostelgeschichte

10,38). Nach seiner **Auferstehung** wurden auch seine Nachfolger von demselben Geist erfüllt (Apostelgeschichte 2), der nun als der Geist Jesu identifiziert wurde: Der Schöpfergott handelte auf neue Weise, erneuerte die Welt und auch die Jesusnachfolger selbst. Der Geist befähigte sie, eine Heiligkeit auszuleben, die die **Tora** nicht hervorbringen konnte. Der Geist brachte „Früchte" in ihrem Leben und gab ihnen „Gaben", mit denen sie Gott, der Welt und der Kirche dienten, und er sicherte ihnen die zukünftige Auferstehung zu (Römer 8; Galater 4-5; 1. Korinther 12-14). Von ganz früher Zeit an (z.B. Galater 4,1-7) gehörte der Geist im Christentum zur neuen revolutionären Definition Gottes als „der, der den Sohn und den Geist des Sohnes sendet".

Himmel
Der Himmel ist Gottes Dimension der geschöpflichen Ordnung (1. Mose 1,1; Psalm 115,16; Matthäus 6,9), während die „Erde" die Welt aus Raum, Zeit und Materie ist, die wir kennen. „Himmel" steht daher manchmal aus Ehrfurcht für „Gott" (wie in der bei Matthäus regelmäßig auftauchenden Wendung „Himmelreich" = **Reich Gottes**). Normalerweise dem Menschen verborgen, wird der Himmel gelegentlich offenbart oder enthüllt, sodass Menschen die Dimension Gottes hinter dem gewöhnlichen Leben sehen können (z.B. 2. Könige 6,17; Offenbarung 1,4-5). Himmel wird daher im Neuen Testament im Allgemeinen nicht als ein Ort verstanden, an den das Volk Gottes nach dem Tod gelangt; vielmehr kommt am Ende das neue Jerusalem vom Himmel zur Erde, sodass beide Dimensionen auf ewig vereint werden. „Ins Himmelreich eintreten" heißt nicht, „nach dem Tod in den Himmel kommen", sondern in der Gegenwart zu den Leuten gehören, die ihren irdischen Lebenskurs anhand der Maßstäbe und Absichten des Himmels steuern (vgl. das Gebet Jesu: „wie im Himmel, so auf Erden"; Matthäus 6,10), und die sich der Teilhabe am kommenden **Zeitalter** sicher sein dürfen.

Hohepriester, siehe Priester

JHWH
Der alte israelitische Name für Gott spätestens seit der Zeit des **Exodus** (2. Mose 6,2f.). Vielleicht wurde der Name ursprünglich „Jahwe" ausgesprochen, doch zu Jesu Zeiten galt er als zu heilig, um ihn überhaupt laut auszusprechen. Dies geschah nur einmal pro Jahr vom **Hohepriester** im Allerheiligsten im **Tempel**. Beim Lesen der biblischen Schriften sagten fromme

Juden stattdessen Adonai, „Herr". Dabei fügte man die Vokale von Adonai den Konsonanten von JHWH hinzu, was im Endeffekt zu der Mischform „Jehova" führte. Das Wort JHWH wird vom Verb für „sein" her gebildet. Es kombiniert die Bedeutung „Ich bin, der ich bin" mit „Ich werde sein, der ich sein werde" und vielleicht auch mit „Ich bin, weil ich bin" und betont so die souveräne schöpferische Kraft JHWHs.

Jünger, siehe Apostel

Leben, ewiges, siehe Zeitalter

Leben, Seele, Geist
Die Menschen der Antike vertraten viele verschiedene Ansichten zur Frage, was den Menschen zu dem besonderen Geschöpf macht, das er ist. Manche, darunter viele Juden, glaubten, dass zum vollständigen Menschsein sowohl der Körper als auch ein inneres Selbst gehört. Andere, darunter viele, die von der Philosophie Platons (4. Jahrhundert v.Chr.) beeinflusst waren, glaubten, dass der wichtige Teil eines Menschen die „Seele" sei (griechisch psyche), die im Tod glücklicherweise aus ihrem körperlichen Gefängnis befreit wurde. Verwirrend für uns ist die Tatsache, dass dasselbe Wort psyche im Neuen Testament oft innerhalb eines jüdischen Bezugsrahmens verwendet wird, wo es dann ganz klar „Leben" oder „das wahre Selbst" bedeutet, ohne einen Leib-Seele-Dualismus zu implizieren, der den Körper entwertet. Die Innerlichkeit der menschlichen Erfahrung und des Verstehens kann auch „Geist" genannt werden. Siehe auch **Heiliger Geist; Auferstehung**.

Menschensohn
Auf Hebräisch oder Aramäisch bedeutet dieser Begriff schlicht „Sterblicher" oder „Mensch"; im späteren Judentum wird er manchmal verwendet, um „ich" oder „jemand wie ich" zu sagen. Im Neuen Testament wird die Wendung oft mit Daniel 7,13 verbunden, wo „jemand wie ein Menschensohn" auf den Wolken des **Himmels** zum „Hochbetagten" gebracht wird, wo er nach einer Zeit der Leiden rehabilitiert wird und königliche Macht bekommt. Obwohl Daniel 7 dieses Szenario selbst als eine Verschlüsselung interpretiert, die „das Volk der Heiligen des Höchsten" bezeichnet, verstand man im Judentum des ersten Jahrhunderts die Stelle als eine **messianische** Verheißung. Jesus entwickelte diese Vorstellung auf seine eigene Weise in bestimm-

ten Schlüsselsprüchen weiter, die am besten als Verheißungen zu verstehen sind, dass Gott ihn nach seinem Leiden rehabilitieren und jene richten würde, die ihm widerstanden hatten (z.B. Markus 14,62). Jesus konnte so die Wendung als kryptische Selbstbezeichnung verwenden, die auf sein kommendes Leiden, seine Rehabilitierung und seine von Gott verliehene Autorität hinwies. Siehe auch **Sohn Gottes**.

Messias
Das hebräische Wort bedeutet wörtlich „der Gesalbte" und bezeichnet daher theoretisch entweder einen Propheten, **Priester** oder König. Auf Griechisch wird der Begriff mit Christos übersetzt; im frühen Christentum war „Christus" ein Titel und wurde nur schrittweise zu einem alternativen Eigennamen für Jesus. Der Begriff „Messias" ist praktisch auf die Vorstellung vom kommenden König beschränkt, der der wahre Erbe Davids sein würde, durch den **JHWH** Israel von seinen heidnischen Feinden befreien würde, eine Vorstellung, die im antiken Judentum verschiedene Formen annahm. Es gab nicht die eine singuläre Vorlage für die Erwartungen an einen Messias. Storys und Verheißungen aus den alttestamentlichen Schriften leisteten ihren Beitrag zu verschiedenen Idealvorstellungen und Bewegungen, die sich oft (a) auf einen entscheidenden militärischen Sieg über Israels Feinde und (b) auf den Wiederaufbau oder die Reinigung des **Tempels** fokussierten. Die **Schriftrollen vom Toten Meer** sprechen von zwei „Messiassen", von einem priesterlichen und einem königlichen. Die universale frühchristliche Überzeugung, dass Jesus der Messias war, ist angesichts seiner Kreuzigung durch die Römer (die eigentlich als klares Zeichen verstanden worden sein musste, dass er nicht der Messias war) nur aufgrund der Überzeugung erklärbar, dass Gott ihn von den Toten auferweckt und damit die impliziten messianischen Ansprüche seines früheren Wirkens bestätigt hatte.

Mischna
Die wichtigste Kodifizierung des jüdischen Gesetzes (**Tora**) durch die **Rabbiner**, erstellt um 200 n.Chr. Die Mischna reduzierte die „mündliche Tora" (die Auslegung der schriftlichen Tora), die zu Jesu Zeiten mit der „schriftlichen Tora" parallel existierte, auf einen geschriebenen Text. Die Mischna ist wiederum die Grundlage der viel umfassenderen Sammlungen von Traditionen in den beiden Talmuden (um 400 n.Chr.).

Opfer
Wie alle Völker der Antike brachten die Israeliten ihrem Gott Opfer in Form von Tieren oder Feldfrüchten. Anders als andere besaßen sie einen sehr detaillierten schriftlichen Kodex (hauptsächlich in 3. Mose) zu der Frage, was und wie sie opfern sollten; diese Dinge wurden dann in der **Mischna** weiter entfaltet (rund 200 n.Chr.). Das Alte Testament bestimmt, dass Opfer ausschließlich im Jerusalemer **Tempel** dargebracht werden durften. Nachdem dieser im Jahre 70 n.Chr. zerstört worden war, hörten die Opfer auf und das Judentum entwickelte eine Vorstellung weiter, die bereits in einigen seiner Lehren angelegt war: die Vorstellung, Beten, Fasten und das Geben von Almosen seien alternative Formen des Opferns. Die frühen Christen benutzten die Sprache vom Opfern in Verbindung mit Dingen wie Heiligkeit, Evangelisation und **Abendmahl**/Eucharistie.

Parusie
Wörtlich „Gegenwart" im Gegensatz zu „Abwesenheit" und von Paulus manchmal in diesem Sinne benutzt (z.B. Philipper 2,12). Der Begriff wurde bereits in der römischen Welt für die feierliche Ankunft z.B. des Kaisers in einer unterworfenen Stadt oder Kolonie benutzt. Obwohl der zum Himmel aufgefahrene Christus in seiner Kirche nicht „abwesend" ist, wird sein „Erscheinen" (Kolosser 3,4; 1. Johannes 3,2) bei seinem „zweiten Kommen" im Grunde eine „Ankunft" wie die des Kaisers sein, und Paulus benutzt den Begriff auf diese Weise in 1. Korinther 15,23; 1. Thessalonicher 2,19 etc. In den Evangelien findet er sich einzig in Matthäus 24 (Verse 3, 27, 39).

Pharisäer, Gesetzeslehrer, Rabbiner
Die Pharisäer waren eine inoffizielle, aber mächtige jüdische Interessensgruppe während eines Großteils des ersten Jahrhunderts vor und nach Christus. Sie wurden hauptsächlich von Laien geleitet, hatten aber auch einige Priester in ihren Reihen. Ihre Absicht bestand darin, Israel durch die intensivierte Einhaltung des jüdischen Gesetzes (**Tora**) zu reinigen. Dabei entwickelten sie ihre eigenen Traditionen über die genaue Bedeutung und Anwendung der Schrift, ihre eigenen Gebetsformen und andere Frömmigkeitsübungen und ihre eigenen Berechnungen im Blick auf die nationale Hoffnung. Zwar waren nicht alle Gesetzeslehrer Pharisäer, aber doch die meisten Pharisäer Gesetzeslehrer.

Sie erreichten eine Demokratisierung des Lebens Israels, da für sie das Studium und Praktizieren der Tora gleichbedeutend war wie der Gottesdienst im **Tempel** – auch wenn sie unerbittlich versuchten, ihre eigenen Regeln für die Tempelliturgie einer widerwilligen (und oft sadduzäischen) Priesterschaft aufzuzwingen. So waren sie in der Lage, das Jahr 70 n. Chr. zu überleben. Sie verschmolzen mit der frühen rabbinischen Bewegung, um neue Wege in die Zukunft zu entwickeln. Politisch standen sie für die angestammten Traditionen ein und standen an der Spitze verschiedener revolutionärer Bewegungen sowohl gegen die heidnische Vorherrschaft als auch gegen kompromissbereite jüdische Führer. Zu Jesu Lebzeiten gab es zwei eigenständige Schulen, die strengere von Schammai, die stärker der bewaffneten Revolution zuneigte, und die mildere Schule von Hillel, die bereit war, nach dem Motto zu handeln: leben und leben lassen.

In den Auseinandersetzungen, die Jesus mit den Pharisäern führte, geht es mindestens so sehr um Programm und Politik (Jesus stand in klarer Opposition gegen ihren separatistischen Nationalismus) wie um Details von Theologie und Frömmigkeit. Saulus von Tarsus war bis zu seiner Bekehrung ein leidenschaftlicher Pharisäer des rechten Flügels, vermutlich ein Anhänger Schammais.

Nach dem katastrophalen Krieg von 66 bis 70 n. Chr. setzten diese Schulen von Hillel und Schammai ihre erbitterten Debatten um die angemessene Politik fort. Im Anschluss an das weitere Desaster des Jahres 135 n. Chr. (der gescheiterte Bar-Kochba-Aufstand gegen Rom) wurden ihre Traditionen von den Rabbinern weitergeführt. Diese holten sich zwar Inspiration bei den früheren Pharisäern, aber sie entwickelten eine Torafrömmigkeit, in der an die Stelle der politischen Programme die persönliche Heiligkeit und Reinheit trat.

Priester, Hohepriester
Aaron, der ältere Bruder von Mose, wurde zu Israels erstem Hohepriester ernannt (2. Mose 28–29), und theoretisch waren danach seine Nachkommen die Priester Israels. Andere Mitglieder seines Stammes (Levi) waren „Leviten“, die andere liturgische Aufgaben ausführten, aber nicht Opfer darbrachten. Priester lebten im ganzen Land unter dem Volk und spielten vor Ort eine Rolle als Lehrer (3. Mose 10,11; Maleachi 2,7). Nach einem Rotationssystem gingen sie nach Jerusalem, um die Liturgie im **Tempel** auszuführen (z. B. Lukas 2,8).

David ernannte Zadok (dessen aaronitische Abstammung gelegentlich infrage gestellt wird) zum Hohepriester, und seine Familie stellte danach die

Hauptpriester in Jerusalem, wahrscheinlich die Vorfahren der Sadduzäer. Eine Erklärung der Ursprünge der Essener besagt, dass sie eine Gruppe von Dissidenten waren, die sich für die rechtmäßigen Hauptpriester hielten.

Rabbiner, siehe Pharisäer

Rechtfertigung
Als Richter über die ganze Welt erklärt Gott, dass jemand im Recht ist, trotz allgemeiner Sünde. Diese Erklärung wird am letzten Tag auf der Grundlage des gesamten Lebens abgegeben werden (Römer 2,1-16). Auf der Basis des Verdienstes von Jesus wird sie aber schon jetzt zugesagt, da die Frage der Sünde durch das, was am Kreuz geschehen ist, geklärt ist (Römer 3,21–4,25). Der Weg, diese Rechtfertigung bereits jetzt zu erlangen, ist allein der Glaube. Das bedeutet besonders, dass Juden und Heiden gleichermaßen vollgültige Mitglieder der Familie sind, die Gott dem Abraham verheißen hat (Galater 3; Römer 4).

Reich Gottes, Himmelreich
Der Begriff ist am besten zu verstehen als Königsherrschaft oder souveräne und rettende Herrschaft von **JHWH**, dem Gott Israels, wie sie in etlichen Psalmen (z.B. 99,1) und Prophetien (z.B. Daniel 6,26f.) gefeiert wird. JHWH war der Schöpfergott. Wenn er schließlich in der Weise König werden würde, wie er es immer beabsichtigt hatte, dann würde das umfassen, dass die Welt ins Lot gebracht und insbesondere Israel von seinen Feinden gerettet werden würde. „Reich Gottes" und verschiedene äquivalente Wendungen (z.B. „Kein König außer Gott!") wurden ungefähr in der Zeit, in der Jesus lebte, zu revolutionären Slogans. Jesu eigene Verkündigung des Reiches Gottes definierte diese Erwartungen neu im Sinne seiner eigenen ganz anderen Pläne und seiner eigenen Berufung. Mit seiner Einladung, in das Reich Gottes „einzutreten", rief er die Menschen zur Loyalität ihm und seinem Programm gegenüber, das als Beginn der lange erwarteten rettenden Herrschaft Gottes verstanden wurde. Für Jesus kam das Reich Gottes nicht mit einem einzigen Schachzug, sondern schrittweise. Sein eigener öffentlicher Werdegang war ein solcher Schritt, sein Tod und seine **Auferstehung** ein weiterer und eine noch in der Zukunft liegende Vollendung wieder ein anderer Schritt. Man beachte, dass „Himmelreich" der von Matthäus bevorzugte Begriff für dieselbe Sache ist. Er folgt damit einer üblichen jüdischen Praxis, „**Himmel**" statt „Gott" zu

sagen. Er verweist damit nicht auf einen Ort (den „Himmel"), sondern auf die Tatsache, dass Gott in und durch Jesus und sein Werk König wird. Paulus spricht davon, dass Jesus als **Messias** bereits im Besitz seines Reiches ist und darauf wartet, es letztendlich dem Vater zu übergeben (1. Korinther 15,23-28; vgl. Epheser 5,5).

Sabbat
Der jüdische Sabbat, der siebte Tag der Woche, war ein Tag der Erinnerung sowohl an die Schöpfung (1. Mose 2,3; 2. Mose 20,8-11) als auch an den Exodus (5. Mose 5,15). Wie die Beschneidung und die Speisegesetze war die Sabbatheiligung eines der Identitätsmerkmale des Judentums inmitten der heidnischen Umwelt der Spätantike. Ein beträchtlicher Teil des jüdischen Gesetzeskodexes und der Verhaltensgewohnheiten rankt sich um das Thema der Sabbatheiligung.

Satan, „der Ankläger", Dämonen
Die Bibel macht über die Identität der Gestalt, die als „Satan" bekannt ist, nirgends präzise Aussagen. Das hebräische Wort bedeutet „der Ankläger", und bisweilen scheint Satan ein Mitglied des himmlischen Rates **JHWHs** zu sein, mit der besonderen Verantwortung als Chefankläger (1. Chronik 21,1; Hiob 1–2; Sacharja 3,1f.). Die Gestalt wird jedoch verschiedentlich mit der Schlange im Garten Eden identifiziert (1. Mose 3,1-15) und mit dem rebellischen Morgenstern, der aus dem **Himmel** geworfen wurde (Jesaja 14,12-15). Von vielen Juden wurde sie als gewissermaßen persönliche Quelle des Bösen angesehen, das sowohl hinter der Bösartigkeit des Menschen als auch hinter der weltbeherrschenden Ungerechtigkeit steht und manchmal durch nur teilweise unabhängige „Dämonen" wirkt. Zu Jesu Zeiten wurden verschiedene Wörter verwendet, um diese Gestalt zu bezeichnen, u.a. „Beelzebul/b" (wörtlich „Herr der Fliegen") und schlicht „der Böse"; Jesus warnte seine Nachfolger vor den Täuschungen, die diese Gestalt anrichten konnte. Jesu Gegner beschuldigten ihn, mit Satan im Bund zu sein. Die frühen Christen dagegen glaubten, dass Jesus Satan besiegt hat – sowohl in seinen eigenen Kämpfen mit der Versuchung (Matthäus 4; Lukas 4), in seinen Dämonenaustreibungen und in seinem Tod (1. Korinther 2,8; Kolosser 2,15). Daher ist der endgültige Sieg über diesen ultimativen Feind bereits sichergestellt (Offenbarung 20), obwohl der Kampf für Christen immer noch ein erbitterter sein kann (Epheser 6,10-20).

Schriftrollen vom Toten Meer

Eine Sammlung von Texten, einige davon in erstaunlich gutem Zustand, andere extrem fragmentarisch, die Ende der 1940er-Jahre in der Gegend von Qumran gefunden wurden (nahe der nordöstlichen Küste des Toten Meers). Mittlerweile sind fast alle Schriften herausgegeben, übersetzt und der Öffentlichkeit zugänglich. Diese Schriften bildeten die Bibliothek (oder einen Teil davon) einer strengen klösterlichen Gruppe, höchstwahrscheinlich von Essenern, die von der Mitte des 2. Jahrhunderts v.Chr. bis zum jüdisch-römischen Krieg (66–70 n.Chr.) bestand. Die Schriftrollen umfassen die frühesten erhaltenen Manuskripte der hebräischen und aramäischen biblischen Schriften sowie mehrere andere wichtige Dokumente mit Gemeinschaftsregeln, Bibelauslegung, Hymnen, Weisheitsschriften und weiterer Literatur. Sie erhellen sehr deutlich ein kleines Segment des Judentums zur Zeit Jesu und helfen uns zu verstehen, wie zumindest einige Juden damals dachten, beteten und die Bibel lasen. Trotz Versuchen, das Gegenteil zu beweisen, finden sich in den Schriftrollen keine Verweise auf Johannes den Täufer, Jesus, Paulus, Jakobus oder das frühe Christentum im Allgemeinen.

Sohn Gottes

Ursprünglich ein Titel für Israel (2. Mose 4,22) und für den davidischen König (Psalm 2,7); wurde auch in Bezug auf alte Engelsgestalten verwendet (1. Mose 6,2). In neutestamentlicher Zeit wurde der Begriff bereits als ein **messianischer** Titel verwendet, z.B. in den **Schriftrollen vom Toten Meer.** Dort und wenn die Evangelien den Titel in Bezug auf Jesus verwenden (z.B. Matthäus 16,16), bedeutet oder verstärkt er den Begriff „Messias" ohne die spätere Bedeutung einer „göttlichen" Dimension. Der Übergang zu einer umfassenderen Bedeutung (der, der Gott gleich war und von Gott gesandt wurde, um Mensch und Messias zu werden) ist allerdings bereits bei Paulus sichtbar, ohne dass dabei die Bedeutung „Messias" verloren geht (z.B. Galater 4,4). Siehe auch Menschensohn.

Taufe

Wörtlich das „Untertauchen" von Menschen unter Wasser. Vor dem Hintergrund einer breiteren jüdischen Tradition von rituellen Waschungen und Bädern praktizierte Johannes der Täufer seine Berufung, Menschen im Jordan zu taufen. Diese Taufe war kein Ritual unter anderen, sondern ein einzigartiger Moment der **Umkehr**, durch die sich die Menschen auf das **Reich Gottes** vorbereiteten. Jesus selbst wurde von Johannes getauft. Dadurch identifizierte er sich mit dieser Erneuerungsbewegung und entwickelte sie auf seine eigene Weise weiter. Seine Nachfolger tauften wiederum andere Menschen. Nach seiner Auferstehung und der Sendung des **Heiligen Geistes** wurde die Taufe zum üblichen Zeichen und Eintrittsmodus in die Gemeinschaft der Jesusleute. Schon bei Paulus, also sehr früh, wurde die Taufe sowohl mit dem **Exodus** aus Ägypten (1. Korinther 10,2) als auch mit Jesu Tod und Auferstehung (Römer 6,2-11) in Beziehung gesetzt.

Tempel

Der Tempel in Jerusalem war von David (rund 1000 v.Chr.) geplant und von seinem Sohn Salomo als zentrales Heiligtum für ganz Israel gebaut worden. Nach Reformen unter Hiskia und Josia im 7. Jahrhundert v.Chr. wurde er 587 v.Chr. von den Babyloniern zerstört. Der Wiederaufbau durch aus dem **Exil** zurückgekehrte Israeliten begann im Jahre 538 v.Chr. und wurde im Jahr 515 vollendet, womit die „Zeit des zweiten Tempels" begann. Judas Makkabäus reinigte den Tempel im Jahre 164 v.Chr., nachdem er von Antiochius Epiphanes entweiht worden war (167 v.Chr.). Herodes der Große begann im Jahre 19 v.Chr., den Tempel zu erneuern und zu verschönern; diese Arbeiten wurden im Jahre 63 n.Chr. vollendet. Der Tempel wurde von den Römern im Jahre 70 n.Chr. zerstört. Viele Juden glaubten, er sollte und würde wieder aufgebaut werden; einige glauben das heute noch. Der Tempel war nicht nur der Ort der **Opfer**; er wurde auch als einziger Wohnort **JHWHs** auf Erden angesehen, der Ort, an dem sich **Himmel** und Erde berührten.

Tora, Gesetz

Die „Tora" besteht, wenn man sie eng definiert, aus den ersten fünf Büchern des Alten Testaments, den „fünf Büchern Mose" oder dem „Pentateuch". (Diese Bücher enthalten viele Gesetzestexte, aber auch viele narrative Texte.) Der Begriff kann auch in Bezug auf die gesamten alttestamentlichen Schriften benutzt werden, auch wenn das gesamte AT streng genommen aus dem „Gesetz, den Propheten und den Schriften" besteht. Im weiter gefassten Sinne verweist der Begriff auf das gesamte sich entwickelnde Korpus der jüdischen Rechtstradition, und zwar in geschriebener wie in mündlicher Form; die mündliche Tora wurde zunächst um 200 n.Chr. in der **Mischna** kodifiziert; Weiterentwicklungen finden sich im babylonischen und im palästinischen Talmud, die um 400 n.Chr. kodifiziert wurden. In der Zeit, in der Jesus und Paulus lebten, hielten viele Juden die Tora so sehr für gottgegeben, dass sie in gewissem Sinne selbst göttliche Qualität annahm; einige (z.B. Ben Sira 24) identifizierten die Tora mit der Figur der „Weisheit". Das Tun dessen, was in der Tora vorgeschrieben wird, galt nicht als Mittel, um Gottes Wohlwollen zu verdienen, sondern vielmehr als Ausdruck der Dankbarkeit und als Schlüsselmerkmal der jüdischen Identität.

Umkehr, Buße
Wörtlich meint das Wort Buße „sich umwenden, umdrehen, umkehren". Es wird im Alten Testament und in der nachfolgenden jüdischen Literatur häufig benutzt und bezeichnet sowohl eine persönliche Abwendung von Sünde und Israels gemeinschaftliche Abwendung vom Götzendienst als auch die Rückkehr zu **JHWH.** Beide Bedeutungen verbinden den Begriff mit der Vorstellung von der „Rückkehr aus dem **Exil**"; wenn Israel im umfassenden Sinne „zurückkehren" wollte, dann musste es zu JHWH „zurückkehren". Dies steht im Zentrum des Aufrufs zur Umkehr sowohl bei Johannes dem Täufer als auch bei Jesus. In den paulinischen Schriften wird das Wort hauptsächlich in Bezug auf **Heiden** benutzt, die sich von ihren Götzen abwenden, um dem wahren Gott zu dienen; es wird auch im Blick auf in Sünde geratene Christen benutzt, die zu Jesus zurückkehren müssen.

Wort, siehe Gute Nachricht

Zeitalter, gegenwärtiges und kommendes; ewiges Leben
Zur Zeit Jesu unterteilten viele jüdische Denker die Geschichte in zwei Perioden: „das gegenwärtige Zeitalter" und „das kommende Zeitalter". Letzteres wäre die Zeit, in der **JHWH** endlich entscheidend handeln würde, um das Böse zu richten, Israel zu retten und eine neue Welt der Gerechtigkeit und des Friedens zu erschaffen. Die frühen Christen glaubten: Obwohl die vollständigen Segnungen des kommenden Zeitalters immer noch in der Zukunft lagen, hatte es doch schon mit Jesus begonnen, insbesondere mit seinem Tod und seiner **Auferstehung**. Sie selbst waren durch den **Glauben** und die **Taufe** befähigt, bereits in das kommende Zeitalter einzutreten. „Ewiges Leben" meint nicht einfach „unendlich weitergehende Existenz", sondern „das Leben des kommenden Zeitalters".

Paul Lawrence

Der große Atlas zur Welt der Bibel

Länder, Völker, Kulturen

Herausgegeben von Alan Millard,
Heinrich von Siebenthal,
John Walton

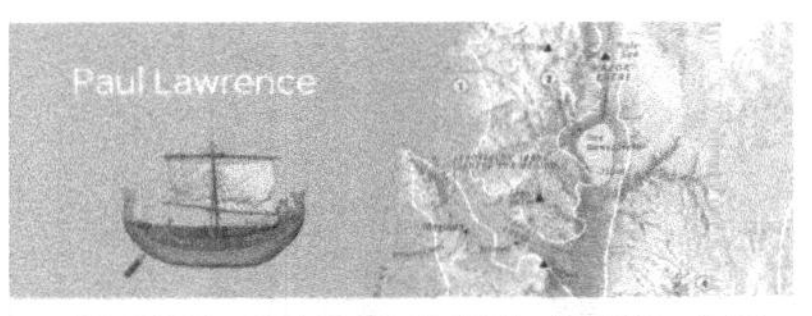

192 Seiten, gebunden
ISBN 978-3-7655-5446-9

97 Landkarten, 7 große Panorama-Konstruktionen, 17 Lagepläne und über 150 Fotografien lassen die Geschichte der Bibel von Abraham bis hin zu den ersten christlichen Gemeinden lebendig werden.

Ein unentbehrlicher Begleiter für alle, die die Bibel lesen, verstehen und in ihre Welt eintauchen wollen.

Der große Atlas zur Welt der Bibel ist ein unentbehrliches Werkzeug für alle, die an biblischer Geschichte, Geografie und Archäologie interessiert sind. Unter Einbeziehung der neusten historischen und archäologischen Erkenntnisse und illustriert anhand hervorragender Landkarten,
Fotografien und Rekonstruktionen spürt der Atlas den Ereignissen im Alten und Neuen Testament nach.

Die ganze Geschichte der Bibel, von Abrahams Reise nach Kanaan bis hin zu den Reisen des Apostels Paulus und der Gründung der ersten Gemeinden wird ausführlich dargestellt. Speziellen Themen wie Sprache und Schrift in biblischer Zeit, Klima und Landwirtschaft in Palästina, Nachbarvölkern Israels und Judas, Reisen im Römischen Reich ist je eine Doppelseite gewidmet.

Gordon D. Fee/ Douglas Stuart

Effektives Bibelstudium

384 Seiten, gebunden
ISBN 978-3-7655-0602-4

Die Bibel – ein Buch mit sieben Siegeln? Dieses altbekannte Vorurteil wird auf jeder Seite dieses Buches widerlegt. Bibellesen wird spannend, wenn man die Texte richtig versteht und weiß, wie sie auszulegen und anzuwenden sind. Was hat der Text seinen ursprünglichen Lesern gesagt? Und was bedeutet er für uns heute? Um diese zwei Fragen zu beantworten, muss man wissen, was für einen Text man vor sich hat: Ein Gedicht ist kein historischer Bericht, und ein historischer Bericht ist kein für alle Zeiten verbindlicher Gesetzestext. Evangelien, Gleichnisse, Offenbarung – „Effektives Bibelstudium" stellt die verschiedenen Textgattungen der Bibel vor und zeigt anschaulich, wie sie zu verstehen sind. Das Buch, das man braucht, um die „sieben Siegel" der Bibel zu brechen – damit Bibellesen Freude bringt und nicht in die Irre führt.

„Die wahrscheinlich beste deutschsprachige Anleitung zum Bibellesen"
Prof. Dr. Christoph Stenscke in „Die Perspektive", August 2005